세계사톡

2

세계사톡

2. 중세의 빛과 그림자

무적핑크 · 핑크잼 지음 ― YLAB 기획 ― 모지현 해설

위즈덤하우스

세계사톡 2
중세의 빛과 그림자

초판 1쇄 발행 2019년 1월 30일 **초판 10쇄 발행** 2023년 11월 17일

지은이 무적핑크·핑크잼
기획 YLAB
해설 모지현
펴낸이 이승현

출판1 본부장 한수미
컬처 팀장 박혜미
디자인 bigwave

펴낸곳 ㈜위즈덤하우스 **출판등록** 2000년 5월 23일 제13-1071호
주소 서울특별시 마포구 양화로 19 합정오피스빌딩 17층
전화 02) 2179-5600 **홈페이지** www.wisdomhouse.co.kr

ISBN 979-11-89709-32-7 04900
      979-11-6220-571-6 (세트)

그때, 그들은 어떤 사람들이었을까

—모지현

바야흐로 지식과 정보가 넘쳐난다. 어떤 사건이 발생하면 그 사건의 배경과 진행 과정, 관련 인물들의 소소한 일화와 결과 예측까지 수많은 정보가 내 일상으로 들어온다. 외국인들이 한국에 와서 가장 놀라는 무수한 와이파이존과 데이터 전송 속도 때문일까. 매일 교실 수업으로 배운 것보다 많은 데이터들이 쏟아진다. 그러다 보니 방대한 정보 속에서 길을 잃지 않고 잘 판단하는 것이 무척 중요해지고 있다.

지식은 사건 자체를 다뤄 시간이 지나면 잊히지만 지혜는 사건이 남긴 메시지를 사람들이 각자의 삶에 녹여 시간이 묵을수록 빛을 발한다. 역사를 배운 사람들의 삶에 지식만이 아닌 그 모든 지혜들이 스며들어 때로는 개인의 작은 삶을 통해서도 역사의 흐름이 이어지거나 바뀌기도 한다. 현재 우리의 '삶'에 과거 그들의 '역사'가 중요한 의미인 이유이다.

『세계사톡』에서는 세계 역사 속에서 익숙한 장면들은 더욱 실감나게, 그동안 희미하게 보였던 모습들은 잡을 수 있을 만큼 가깝게 느껴질 것이다. 『세계사톡』은 지금껏 시험 성적 때문에 외워야 하던 내용이 아닌, 그 세계와 친해지고 싶고 그를 통해 내 우주가 넓어지는 것이 즐거워 저절로 기억되는 이야기들이다. 게임에서 아군 혹은 적군으로 만난 아메리카와 유럽의 하드 캐리Hard Carry하는 게이머들의 이야기이며, 한국에서 많이 만날 수 있는 중국인들에 관한 이야기이기도 하다. 고대 이집트의 오벨리스크가 스물아홉 개 중 아홉 개만 이집트에 남아있는 이유에 대한 이야기이며 대영 박물관, 루브르 박물관 전시물 자체가 보여주는 그들의 침략에 관한 이야기이다. 일본, 베트남 사람들에 대한 우리의 시선에 관한 이야기이고, 인디언이

나 에스키모보다 아메리카 원주민, 이누이트나 유피크라고 부르는 것이 더 아름답다는 이야기이다. 이 지구상 우리와 같은 공간을 예전에 이용했던 사람들이 먹고 자고 울고 웃고 나누던 이야기이다. 농사를 짓고 도시를 만들고 문자를 사용하며 길을 이어 서로 오가고, 예술품과 사상을 만들며 업적을 쌓기도 하고, 전쟁을 벌이고 빼앗기도 했지만 화해하고 협력하기도 한 사람들의 이야기이다.

내가 배운 것은 내 삶의 변화를 통해 확증된다. 그저 알고 기억만 하는 것은 내 삶에 흔적을 남기지 못한다. 정당성을 기반으로 하지 못한 최고의 권력이 얼마나 허무한지, 무고한 희생 위에 쌓은 업적은 그 의미가 얼마나 뼈아픈지, 느리게 가도 같이 가는 것이 멀리 보면 얼마나 빨리 가는 것인지, 눈앞의 이익만 바라보다 결국 더 큰 것을 놓치는 일들이 얼마나 가슴을 시리게 하는지. 그리스와 로마, 페르시아의 흥망성쇠를 통해, 종교의 발흥들과 십자군전쟁을 통해, 신항로 개척과 절대왕정, 아시아 국가들의 근대사를 통해, 시민혁명들과 아메리카, 아프리카, 오세아니아의 숨겨진 역사, 공황과 세계 대전 등을 통해 인간이 얼마나 한계가 많은 존재인지, 그럼에도 함께하고자 하는 인간의 모습이 얼마나 위대하고 아름다운지, 새로운 길을 내 기 위해 희생하는 사람과 그로 인한 사회 변화의 물줄기는 얼마나 세차고 빛나는지. 이들을 느끼는 것이 그 변화의 시작이 되길 바란다.

누군가를 이해하고 사랑하게 되면 그 사람과 같은 공간을 나누는 것이 불편하지 않고 더 풍요로워졌다고 생각하게 된다. 우리나라를 찾아오는 많은 세계인들의 역사를 알고 이해한다면 그들과 함께하는 우리의 현재와 미래는 더욱 가치 있고 풍요로울 것이다.

"사람이 만든 책보다 책이 만든 사람이 더 많다"고 한다. 세계사를 공부한 사람과 만화를 사랑하는 사람들이 만나서 유쾌하게 그려간 『세계사톡』이, 그 여정에서 더욱 넓고 단단하고 아름다운 사람들을 책보다 많이 만들어낼 수 있길 소망한다.

세계의 다양한 문화권이 형성되다

-모지현

사람을 행동하게 만드는 것은 마음이다. 마음에 따라 사람은 행동하게 되어 있다. 마음을 움직이는 것은 때로 사랑이며 신념, 혹은 재물이기도 하다. 책임감이기도 하고 자존심이기도 하다. 『세계사톡』 2권의 시간에 살던 사람들에게는 '신앙'이 그런 역할을 했다.

역사가들은 14세기 '르네상스재생 시기'에 되살려낸 그리스 문화를 '고대'의 문화라고 칭했고, 르네상스 이후 시대부터 '근대'라 이름 붙였다. 그 사이의 시대를 '중세'라 하며 신앙이 인간 이성을 대신했던 일종의 '암흑시대'라고 보았다. 역사가들은 단순히 가운데에 낀 시대라는 뜻으로 이름 붙인 '중세'를 세계사가 정체 내지 후퇴했던 시기로 평가하면서 '근대'를 긍정했던 것이다.

시기적으로는 게르만족의 이동으로 서로마가 멸망한 5세기경부터 르네상스가 시작될 무렵인 14세기경까지다. 서로마 멸망 후 게르만 왕국들과 노르만족 등 이민족이 세운 왕국들은 로마가톨릭의 영향하에서 발전했고, 동로마는 비잔티움 제국으로서 서로마 멸망 후에도 천 년을 더 유지했다. 이슬람 세력은 서아시아를 중심으로 정통 칼리프, 우마이야, 아바스 제국을 거쳐 튀르크 계열의 왕조로 이어지며 영향력을 발휘했다. 중국에서는 위진남북조 시대 이래 수·당 제국과 5대 10국, 북송과 남송 시대를 거쳐 몽골 올스의 유라시아 정복으로 이어졌다. 삼국시대를 거쳐 남북국, 고려로 이어진 한반도의 천 년이 있었고 굽타 왕조를 거쳐 분열기를 지나 이슬람 왕조들의 흥기로 이어진 것은 비슷한 시기의 인도였다.

이러한 천 년 역사의 전개 가운데 세계는 공통적 특징을 보이는 지역으로 묶여갔다. 로마가톨릭은 영적, 세속적 권위로 서유럽인들의 탄생부터 죽음, 심지어 죽음 이후까지 영향을 미쳤다. 동방그리스 정교회의 확립에 따라 비잔티움 제국에서는 황제가 교회의 수장이 되었다. 아라비아 반도를 중심으로 북아프리카에서 중앙아시아까지는 이슬람교로부터 영향을 받은 문화권이 형성되었다. 중국에서는 불교가 토착화와 중국화를 거쳐 중국 불교로 완성되었고, 동아시아의 정신세계를 장악할 성리학이 등장했다. 인도에서는 불교와 브라만교를 흡수한 힌두교가 일상을 지배하며 힌두 문화권을 성립시켰고, 아메리카 대륙에서도 거대 신전과 도시들이 건설되었다. '종교'가 중심이 된 각 문화권의 형성이었고, 그 문화권들이 충돌하면서 장기간의 광범위한 전쟁도 벌어졌다.

중세라는 개념이 서양 중심이기 때문에 다른 지역에서의 구분은 무의미하다는 의견들도 있다. 그러나 이 당시 중앙집권적 권력에 의해서가 아닌, 역사가들이 '봉건제'라 이름 붙인 토지 수여를 기반으로 하는 지방 분권적인 제도로 유지된 왕조들이 많았다. 지배 세력들이 혼란기를 감당할 무사武士적 성격을 띠었던 왕조들도 다수였다. 서유럽의 기사와 영주들이 대표적이고, 고려의 호족, 무인, 신흥 무인 세력들이 그러했으며 일본의 바쿠후 정권이 그러했다. 비잔티움의 군관구제, 둔전병제와 셀주크 튀르크의 이크타 제도 모두 같은 맥락에서 형성된 제도였다.

중세인과 이야기하면서 인간이 신앙이라는 이름으로 얼마나 큰 움직임을 만들 수 있는지, 그것이 잘못 발휘되면 인간을 얼마나 갈라놓을 수 있는지 생각할 수 있다면 좋겠다. 현대 세계가 안고 있는 분쟁의 해결 실마리를 중세인의 삶에서 찾을 수 있지 않을까?

중세 시대 세계 각 지역은 확실하게 신앙이라는 색감으로 그 특징을 드러낸다. 근대는 서양의 세계 진출로 오히려 각 지역의 색이 혼합되는 시간일 수 있다. 그렇기에 중세는 어쩌면 문화권들의 색채가 뚜렷하게 드러나는, 세계 역사의 가장 화려한 시기인지도 모르겠다. 그 찬란한 시대에 빠져 중세인들과 함께 이야기를 나누어보자.

무적핑크(변지민)

작가의 말

무적핑크(변지민)

안녕하세요, 무적핑크입니다.

조선시대를 다룬 『조선왕조실톡』에 이어 세계를 무대로 한 '세계사톡' 시리즈로 여러분을 뵙게 되어 정말 기쁩니다. 1권 「고대 세계의 탄생」에 이어, 2권 「중세의 빛과 그림자」가 짠! 태어났습니다.

1권에서 우리는 인류가 만든 다양한 '도구들'을 보았습니다. 돌도끼, 청동검은 물론, 종교, 신분제, 제도, 예법처럼 눈에 보이지 않는 것도 있었지요. 모두 험한 세상을 살아남기 위해 궁리해낸 발명품들이었습니다.

그런데 재미있지요? 시간이 지나자 사람들은 도구에 오히려 휘둘리기 시작했습니다. '그 제도를 왜 만들었더라? 무슨 소중한 가치를 담았지?' 등은 생각지 않은 채 무조건 따르기만 한 것이지요. 누군가가 '아, 그 종교에서 하는 말은 좀 이상해! 옛날엔 옳았지만, 지금과는 맞지 않는걸?' 하며 따르지 않으면? "너 아웃!" 가차 없이 공동체에서 쫓아내거나 심지어는 범죄자로 몰아 죽이기도 했습니다.

중세 사람들은 내가 사는 이 땅 너머, 머나먼 미지의 세계를 상상했는데요. "세상의 끝에는 낭떠러지가 있대!" "착하게 살면 천당에 간다나 봐." "신선들만 갈 수 있는 무릉도원이 있다던데?" 그러자 '삶'의 의미가 크게 변했습니다. 그저 먹고사는 것이 아닌, '신을 축복하기 위한', '황제(혹은 왕)를 향한 충성심과 어버이를 향한 효심을 증명하기 위한' 과정이 되었지요. 그 믿음을 무기 삼아 '내가 하는 모든 일이 신(주군)의 뜻'이라며 다른 나라, 다른 종족을 잔혹하게 정복하기도 했고요. 사람은 참 다양하죠? 이렇게 중세는 나와, 내가 사는 세상과, 내가 보는 세계가 한꺼번에 변하는 중요한 시기였습니다.

많은 친구들을 사귈수록 내 세계는 넓어집니다. 그래서 수많은 세계인들을 단톡방에 초대했습니다. 그분들과 우리 한바탕 수다를 떨어보도록 해요. 함께해요!

 feat. 무적민트, 무적그린, 무적퍼플, 무적블랙

차례

1부
중세가 시작되다

세계사 속 그분들의 기나긴 이야기

궁금하지 않아?

우리가 사는

이 지구 어딘가에

머물렀을

그때

그시절

그 사람들의

기~나긴 이야기.

『조선왕조실톡』에 이은
역사톡 블록버스터!

이제 세계인과 톡한다!

세계사톡 출발합니다.

중세가 시작되다

300 전후 ≫ 600 전후

비슈누

구 부첩니다ㅎ
비슈누로 개명했어요

앞으로 이 신 저 신
안 가리고 소통할겁니다~

 콘스탄티누스

ㅋㅋ로마도 열린문입니다
우리 기독교 인정했어요~
앞으로 탄압안함ㅋㅋㅋ

 흉노

어쩌냐ㅋㅋ

나 지금 로마쪽으로 이사가는데ㅋㅋㅋㅋ

 게르만

나도 덩달아 강제이사중,,,ㅜ

청담귀족쓰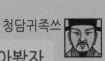

ㅉㅉ아등바등 살아봤자
다 무쓸모다 이것들아

나랑 수다나 떨면서 한잔하자! ㅇㅋ?

 +

 전송

흉노야! 이사 가자

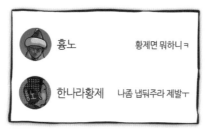

흉노   황제면 뭐하니 ㅋ

한나라황제   나좀 냅둬주라 제발ㅜ

하
나
요

단 하나의 고민

여기는 한나라.
하… 그거 알아?
나 요즘 탈모 심하다?

나좀 냅둬주라 제발ㅜ

한나라 황제

이게 다 흉노 탓이야아…ㅜㅜ

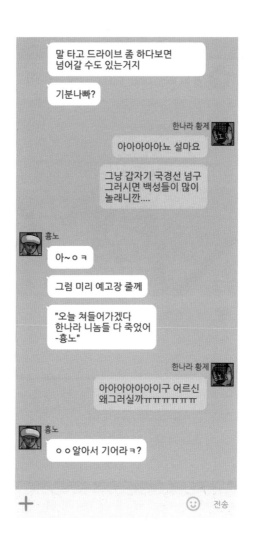

하씨…ㅠㅠ
오랑캐새끼… #발음주의

집 없이 여기저기 떠돌아다니면서
말만 좋은 거 타는 주제에!

人數多口來問

흉노 @hyung_no   📍초원에서

♥ 54,185명이 좋아합니다.

드라이브ㅋ
#흉노차 #뽑아따 #한 #때리러가

하나도 안 부럽… 부럽…
부럽다아아아아…

흉노격퇴 대책회의방

한나라 황제

급매

무사고/최신형마/상태 특AAA급
급매물
주행거리 적음 (연식 및 상태는 쪽지…

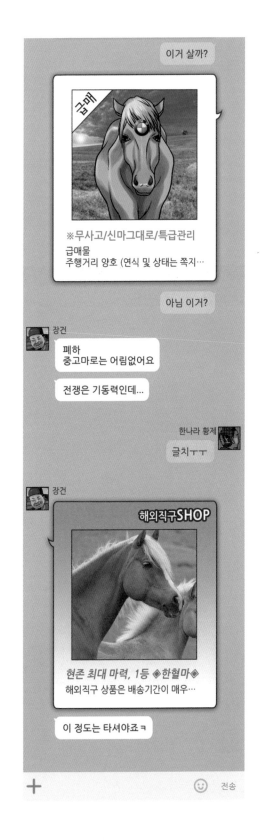

민족 대이동

내가 큰맘 먹고
말에 투자한 덕분일까?

ㅋㅋㅋㅋㅋㅋㅋㅋ
크하하할ㅎ하하하하하하!!!
#유쾌통쾌

그랬다고 합니다.

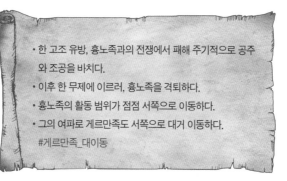

- 한 고조 유방, 흉노족과의 전쟁에서 패해 주기적으로 공주와 조공을 바치다.
- 이후 한 무제에 이르러, 흉노족을 격퇴하다.
- 흉노족의 활동 범위가 점점 서쪽으로 이동하다.
- 그의 여파로 게르만족도 서쪽으로 대거 이동하다.
  #게르만족_대이동

BC 3세기~AD 4세기경

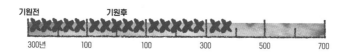

기원전　　　기원후

300년　　100　　　100　　300　　　500　　700

정복대마왕 아틸라

 아틸라　　　　훈훈ㅋ

I
청혼

크큭… 얘들아ㅋ
너네 프로포즈 받아본 적 있냐ㅋㅋ

그것도 거의
슴살 차이 나는 여자애한테ㅋㅋ

14:36

호노리아
오빠 내 남편 할래ㅎ?

29

쿱… 이놈의 쩌는 인기란ㅎㅎ
받아줄까 말까ㅋㅋ

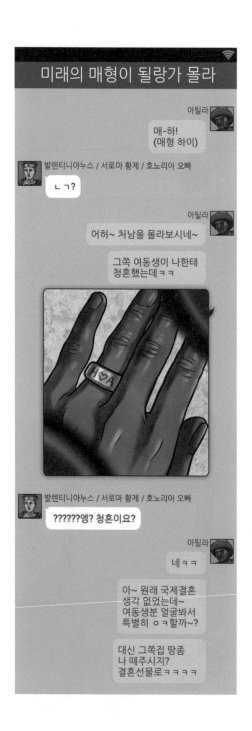

세계사록
30

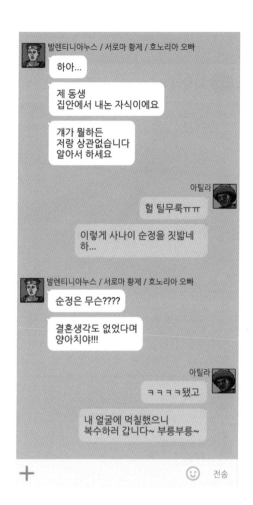

협
상

ㅋㅋㅋㅋㅋㅋㅋㅋ
구실을 먼저 제공하다니, 바보들!

이 몸이 바로 공포의 신!
아직도 몰라??

아틸라그램

아틸라 @Attila　📍내 마음 속에서

♡ 1,584명이 좋아합니다.

서로마 칩니다. 알아서 기세요.
#아틸라가 #알려드립니다 #미리 #스윗

로마겁쟁이
미리 무릎 꿇어요ㅜ.. 40분 전

프로항복러
항.복. 20분 전

오픈더시티
저희 도시는 아틸라님께 열려있습니다ㅎㅎ 방금전

서로마놈들
이빨 빠진 호랑이 주제에
감히 날 거절하다니ㅋㅋㅋㅋㅋ

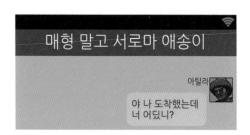

매형 말고 서로마 애송이

아틸라

야 나 도착했는데
너 어딨니?

만나서 얘기 좀 하자ㅋㅋ

앗 너네 백성들 도망간다
가서 너 어디있나 물어봐야지

땅 질척거리네
발 푹푹 빠져

야 읽씹하지 말고
어딧는지 그냥 말해

나 슬슬 빡칠라구 하니깐!

서로마 황제님이 로마교황님을 초대하셨소

레오 / 로마교황 / 협상가

안녕하시오

나 로마 교황이오

화가 많이 난 모양인데
일단 화좀 푸시오

아틸라

늙은이는 ㄲㅈ

황제애송이 나오라그래!!

레오 / 로마교황 / 협상가

긴히 드릴 말씀이 있소~

만나서 얘기합시다!

아틸라

아~

겁먹은 황제 대신
나랑 협상하시려고?ㅋㅋ

ㅇㅋ 들어는 드릴게

피의 결혼식

로마뉴스

로마 교황, 아틸라와 극적 협상 체결…
아틸라, 본국으로 돌아가기로…

[로마 뉴스] 연관 기사
서로마 피난민들, 진흙땅에 자리잡아… "베네치아"

ㅋㅋㅋ엥? 나 양아치라고?
야, 기왕이면 영토 확장을 위한
빅픽처라고 불러주라!!

서로마는 꿀꺽한 거나 다름없으니까
공주는 굳이 만나줄 필요 없잖아?

다른 여자랑 결혼해야지~ㅋㅋㅋㅋㅋㅋ

"훈족의 아틸라,
게르만 미녀와의 결혼식 날,
돌연 사망하다."

그랬다고 합니다.

- 아틸라, 호노리아로부터 청혼을 받다. 서로마 황제 발렌티니아누스 3세에게 결혼지참금으로 서로마 영토의 반을 요구하다.
- 발렌티니아누스, 이를 거절하다. 이에 아틸라, 서로마를 공격하다. 서로마-게르만 연합군과 싸우다. 서로에게 막대한 피해를 남긴 채 전쟁이 일단락되다. #카틸라우눔_전투
- 이듬해 452년, 재공격에 들어간 아틸라. 무차별적으로 도시들을 짓밟고 약탈하다. 교황 레오 1세의 권유로 공격을 멈추고 철군하다.
- 453년 아틸라, 게르만의 미녀 일디코와 백년가약을 맺다. 그러나 첫날밤 피를 토하며 죽음에 이르다.

453년 훈 제국

4세기~6세기
유목민족의 이동,
고대 세계를 중세로 이끌다

3세기 무렵까지 유럽과 아시아에는 고대 제국들이 번성했다. 지중해 세계와 유럽 대부분을 지배한 로마, 태평양에서 타클라마칸 사막에 이르는 광대한 영토를 지배한 중국의 한, 그 사이의 페르시아 제국. 동서 교통로를 이용해 이들 사이의 교류가 열렸고, 강대국의 공존은 국제 관계에서 대체적인 평화기를 누리게 했다.

4세기 이후는 이러한 고대 제국 시대가 변화를 맞는 때이다. 고대 제국들은 기동성과 타격력을 갖춘 북방 유목민족의 침략과 위협을 받기 시작했다. 304년 몽골 지역의 흉노가 만리장성을 넘어 남하해 한의 수도였던 장안서안, 시안을 약탈316한 이후 3세기 동안 북중국은 유목민족이 세운 왕조의 지배체제하에 들어간다. 5호오랑캐가 세운 16개의 왕조5호 16국가 부침을 반복한 화북은 선비족의 북위에 의해 통일된다. 한족 왕조는 강남으로 이주하여 동진부터 송-제-양-진의 시기를 거치며 유목민족과 한족이 대등하게 병존하고 융합하는 체제를 이루었고, 이것이 중국사에서 300년 넘게 진행된 위진남북조 시대220~589의 전개이다.

흉노족은 스키타이를 잇는 유목민족으로 기원전 4세기경에 등장해 몽골 고원을 통일기원전 3세기말함으로써 최초의 스텝 제국을 건설했다. 가공할 기마군단의 전투력으로 단기간에 대제국으로 발전한 흉노는 진과 한을 위협했다. 진시황은 흉노를 막기 위해 만리장성을 쌓았고, 흉노가 타는 말들을 얻는 것이 꿈이었던 한무제는 대원으로부터 한혈마붉은 땀을 흘리는 말 수십 필을 얻고 만족했을 만큼, 중국의 국력이 최고조였을 때에도 흉노는 두려운 존재였다. 이러한 흉노가 서진하면서 유라시아 역사의 물줄기를 바꾸는 강력한 흔적을 남겼다.

주변의 다른 유목민을 흡수하여 혈통의 차이나 문화적 양식의 변화가 있었지만 그들의 뿌리를 흉노로 여기며 유럽 역사를 바꾼 민족이 훈족이다. 흉노와 훈족의 관계는 아직 명확하게 밝혀지지는 않았다. 스스로를 몽골 고원에서 유래한 튀르크족의 후예라고 밝히는 터키의 역사교과서에 따르면, 흉노 제국은 튀르크족이 세운 최초 국가로 그 영역이 오늘날 만주, 몽골, 남시베리아, 북중국, 티베트, 중앙아시아 지역에까지 이르렀다고 한다. 기원전 3세기경 동튀르크족이 흉노로 서튀르크족이 훈족으로 자리 잡았고 이에 동쪽의 흉노 제국은 대흉노 제국, 서쪽의 훈족 국가는 유럽 훈 제국을 가리켰다. 훈족은 4세기 아프가니스탄과 인도 북부 지역을 휩쓸고 흑해 및 도나우강 주변 게르만족에게 영향을 미쳤다. 게르만족의 하나인 서고트족이 이들을 피하기 위해 발칸반도로 이동했고 이들은 이탈리아로 쳐들어가 로마시를 약탈했다410. 결국 게르만족은 대이동을 통해 서로마를 멸망476시키며, 갈리아, 이베리아반도와 북아프리카, 브리튼 등에 왕조를 세우면서 중세를 이끌 새로운 세력으로 떠올랐다. 게르만족의 이동을 불러온 훈족은 돈강과 도나우강 사이에 훈 제국을 건설했고 위대한 지도자 아틸라의 지휘하에 서방으로 진출을 꾀했지만451 그의 사망 이후 급속도로 해체되었다453.

에프탈은 5세기 중엽부터 약 1세기 동안 중앙아시아를 중심으로 투르키스탄과 서북 인도에 세력을 떨친 유목민족이다. 훈족이 와해되기 시작한 5세기부터 세력이 강성해져 백훈족이라고도 불리는 이들은 쿠샨 왕조의 붕괴에 편승해 세력을 키웠다. 480년에는 굽타 제국을 파괴했고 사산 왕조 페르시아를 공격해 왕을 살해하기도484 하면서 인도, 중국, 남러시아, 페르시아를 연결하는 무역 노선을 장악해 중앙아시아에서 큰 세력을 이루었다. 인도 지역의 에프탈은 인도 지방 국가인 마가다국과의 결전에서 패배해 카슈미르로 쫓겨났고530경, 중앙아시아를 장악하던 에프탈은 사산 왕조 호스로 1세와 돌궐에게 멸망567했다.

중국 북방 유연의 지배를 받다가 부민에 의해 국가로 건설552된 돌궐은 후계자들이 제국을 동서로 나누어 관장하면서 중앙아시아 실크로드를 완전히 장악하고 세계 제국으로 급성장했다. 동돌궐 지배자인 '카간'이 제1왕, 서돌궐 지배자 '야구브'가 제2왕이 되는 연방제 형식의 정치체제로 동으로는 중국 남북조 국가들을 상대하고, 서로는 동로마 제국과 사산 왕조 페르시아와 삼각 외교를 펼친 결과였다570경. 수당과의 대립이 잦아진 고구려와 친교 관계를 맺으며 중국을 압박하는 데 일익을 담당했던 돌궐은 약 200년 동안 국가 체제를 유지했다.

6~7세기 전성기를 누렸던 돌궐 제국은 흉노의 전통과 행정체제를 답습, 흉노 제국을 계승하고 튀르크 문화를 표방한 튀르크 제국이었다. 돌궐은 튀르크의 중국식 표기로 정식 명칭은 '괵-튀르크Gök-Türk', '하늘Gök에 속한 신성한 튀르크'라는 의미이다. 튀르크는 돌궐 제국 이후부터 정식 종족명이나 국명으로 사용되기 시작했고, 그들의 조직 체계, 문화, 관습, 생활양식 등의 특성이 자리 잡았다. 이후 중앙아시아와 투르키스탄, 북인도, 이란, 소아시아, 이라크, 발칸반도 등의 다양한 튀르크 종족과 그들이 세운 무수한 군소 국가들은 역사적 정통성을 가지게 되었다. 그리고 그 중 오스만 튀르크의 후예가 유럽 터키 공화국으로 자리 잡았다. 알타이, 천산톈산 산맥을 배경으로 활동하며 흉노 제국과 돌궐 제국 시대까지 고유한 문화를 발전시킨 튀르크족은 고대 유럽과 아시아의 역사를 중세로 전환시킨 역사적 힘을 가졌던 민족의 하나였고, 그 저력은 중세 이슬람과 만나면서 근대까지 이어졌다.

5세기경 로마와 장안을 포함한 고대 유라시아 대도시들은 유목민족들의 침략과 국가 건설들로 급격하게 쇠퇴한다. 중국과 서구, 북아프리카와 이탈리아, 비잔티움과 서유럽 사이의 접촉은 축소되고 고대에 발달했던 지역은 수세 국면에 접어들었다. 그러나 이러한 과정은 붕괴라는 표현보다는 새로운 시대로의 변화라는 서술이 더 어울릴 듯하다. 인도와 북중국, 서유럽을 침략했던 유목민족들은 자신들의 통치방식을 강요했지만 지방 실권자에게는 전통과 문화를 허용하면서 새로운 문화를 이룩했고 이는 '중세'라 불리는 시대의 문화적 특징이 되었다. 이와 함께 그동안 역사에서 주목받지 못했던 지역에서 새로운 시대를 여는 주인공들이 등장하며 그로부터 세계사는 다양한 문화권의 성립을 기약하게 된다. 세계사록

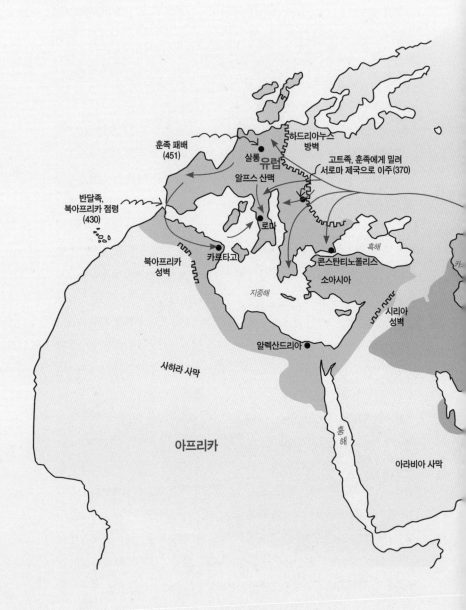

유목민족의 이동

훈족 패배
(451)

하드리아누스
방벽

살롱
유럽

고트족, 훈족에게 밀려
서로마 제국으로 이주 (370)

알프스 산맥

반달족,
북아프리카 점령
(430)

로마

북아프리카
성벽

카르타고

콘스탄티노폴리스

흑해

소아시아

지중해

시리아
성벽

알렉산드리아

사하라 사막

아프리카

홍해

아라비아 사막

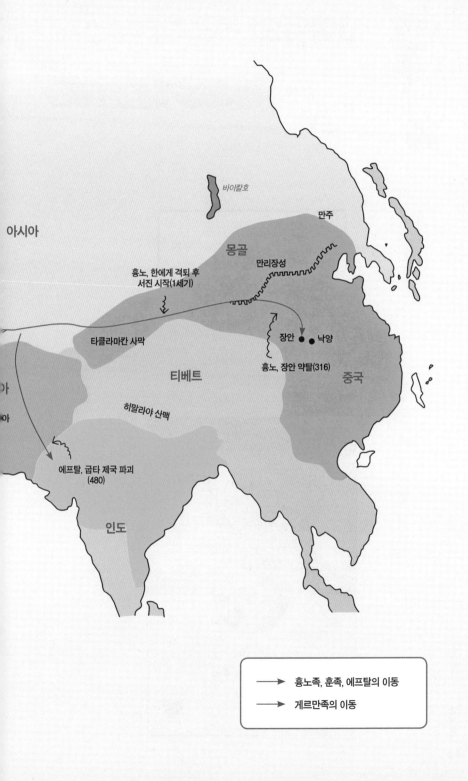

바이칼호

아시아

만주

몽골

흉노, 한에게 격퇴 후
서진 시작(1세기)

만리장성

타클라마칸 사막

장안 ● ● 낙양

티베트

흉노, 장안 약탈(316)

중국

히말라야 산맥

아

에프탈, 굽타 제국 파괴
(480)

인도

⟶ 흉노족, 훈족, 에프탈의 이동

⟶ 게르만족의 이동

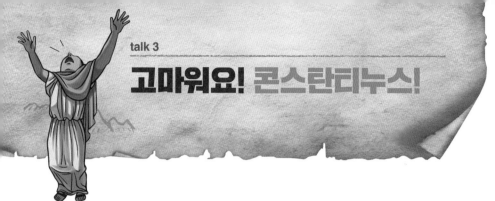

talk 3

고마워요! 콘스탄티누스!

콘스탄티누스   ㅇㅈ

I

말할 수 없는 비밀

나는 로마 제국 시민,
마리아

마리아

ㅎㄴㄴ ㅅㄹㅎㅇ

난 가끔 단톡방에 초대글을 올려…
나처럼 외롭고 힘든
사람들만 볼 수 있게…

박해

휴… 안 들켰네.

얼핏 피크닉 가자는 것 같겠지만,
사실 이건
우리 기독교인들끼리의 대화야.

아주 조심해야 하거든…ㅠㅠ

#호랑이=하느님
#동물원=교회
#고기=성경책

※ 카타콤: 초기 기독교인들의 비밀 기도소이자 지하묘지.

이게 다 로마 황제 때문이야ㅜㅜ
하느님 말고 자기를 믿으라는데…
그거… 우상숭배잖아?

어떻게 그래…
내 맘속엔 하느님뿐인데…

주여, 우리를 보살펴주소서ㅠㅠ

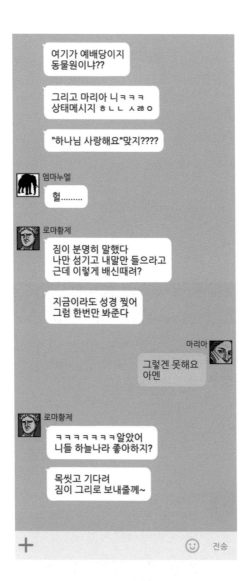

하… 눈물 난다ㅠㅠ

내가 뭘 잘못했어…
그냥 믿는 것뿐인데ㅠㅠ

이제 나도 이렇게 되겠지…?

마리아 @maria

(형) 노약자는 보지마시오
기독교인들 처형 장면이라고 해요...
너무 끔찍하네요... 더 보기

하느님… ㅠㅠㅠㅠㅠㅠ

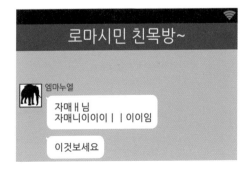

로마시민 친목방~

엠마누엘

자매ㅐ님
자매니이이이ㅣㅣ이이임

이것보세요

암어크리스차안!!!!!!!

#고마워요 #갓콘스탄티누스

그랬다고 합니다.

- 기독교인, 우상 숭배라 하여 로마 황제 숭상 명령을 따르지 않다.
- 로마 황제들, 대대적으로 기독교를 박해하다. 교회를 파괴하고 기독교인들을 처형하다. 모든 예배 행위를 근절하다.
- 기독교인, 감시를 피해가며 예배를 드리다. 카타콤은 좁은 통로로 된 지하묘지였으나, 박해가 심할 땐 임시 예배소로 기독교인들의 피난처가 되다.
- 콘스탄티누스 1세, 313년 밀라노에서 신앙의 자유와 교회 재산 환수 등의 칙령을 발표하다. 혼자 한 건 아니고, 당시 공동 황제였던 리키니우스와 함께 발표했다.

313년 로마 제국

기원전 기원후

300년   100   100   300   500   700

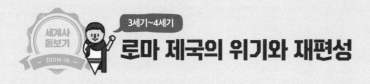
로마 제국의 위기와 재편성

[뉴스속보] 콘스탄티누스, '밀라노칙령' 발표

종교자유 보장하겠다!
하느님이든 태양신이든 맘껏 믿으라!

팍스 로마나 이후 로마는 위기를 맞았다. 반세기 동안 26명의 군인 황제가 등극, 살육을 반복한 군인 황제 시기(235~284)를 거치면서, 대외적으로도 동쪽 사산 왕조 페르시아의 위협이, 도나우와 라인강 북방 국경선을 중심으로는 게르만족의 침입이 빈번해졌다.

이런 혼란을 수습하고 3세기 말 제국의 재편성에 나선 황제가 디오클레티아누스(284~305재위)이다. 천민 출신으로 전 황제의 친위대장이었던 그는 황제가 암살당한 후 군대의 지지로 등극했다. 그는 권력 투쟁을 방지하고 광대한 제국을 효율적으로 통치하기 위해 제국을 동서로 나누고 각 2인의 정황제(Augustus)와 부황제(Caesar)로 분할 통치하는 4제 통치를 실시했다. 그리고 자신은 풍부한 물산과 헬레니즘 문화 전통으로 좀 더 안정적인 동로마 지역을 관장했다. 수도도 로마에서 터키 지방의 니코메디아로 옮기면서 제국의 중심이 동방으로 이동, 동방식 전제주의 기풍이 나타났다. 그는 자신을 '주님(Dominus)' '신의 화신' 등으로 숭배하게 했고 이를 거부하는 기독교도 등 반대파에 대한 탄압도 강화했다. 또한 산업을 국유화하고 관료 정치를 확대하는 등 국가 시책 전반도 전제주의적으로 변모시켰다.

4제 통치가 디오클레티아누스 당대에 끝난 이후 로마는 서방의 콘스탄티누스(306~337재위)와 동방의 리키니우스(308~324재위)의 통치체제로 양분되었다. 이 시기 그동안 박해를 받았던 기독교가 칙령을 통해 공인되면서 로마는 새로운 변화를 맞는다. 로마의 각 속주에 보내는 서한 형식을 띤 칙령은 메디오라눔Mediolanum, 현재 밀라노에서 공동으로 발표하여 밀라노 칙령313이라고 명명되었다. 이는 상당수의 로마 시민이 기독교로 개종한 상태에서 탄압을 계속하는 것은 혼란만 부추길 뿐이라며 공인을 제안한 콘스탄티누스 황제의 제안을 리키니우스가 받아들인 것이다. 모든 로마 시민에게 종교의 자유가 있듯 기독교도들도 자신의 신앙을 가질 법적 권리가 있으며 그동안 국가나 개인이 빼앗았던 교회와 기독교인들의 재산을 아무 대가 없이 반환해야 한다는 것이 주된 내용이다. 이에 따라 기독교도들은 합법적으로 교회를 설립하고 공개적으로 포교 활동을 할 수 있게 되었다.

이후 콘스탄티누스가 참석한 가운데 니케아에서 열린 종교회의325에서는 향후 기독교의 정통과 이단을 가르는 핵심지표인 '삼위일체'가 확정되면서 교리가 체계화되었다. 이집트 신학자 아타나시우스 등이 예수를 완전한 신으로 간주한 교리에 대해, 그리스 신학자 아리우스는 예수가 하느님의 피조물 가운데 최고의 존재지만 하느님 그 자체는 아니라고 주장해 이단으로 낙인찍혔다. 아리우스파는 로마 교회에서 추방되었지만 북방 게르만족을 중심으로 퍼져나갔다.

그 후 콘스탄티누스는 동로마까지 통일해 그리스 옛 식민지 비잔티움에 새 수도를 건설 이전330했다. 콘스탄티노폴리스현재 이스탄불로 불린 도시 곳곳에 교회가 세워졌고 전제군주제가 시행되었다. 디오클레티아누스 때부터 시작된 중앙집권적 관료제와 군대에 의존하는 동방식 전제군주제하에서 콜로누스제로마제국 말기 지주로부터 토지를 빌려 농사를 지었던 농민는 확산되었다. 이처럼 이들 시기의 기독교 공인과 개혁, 통치체제의 재편성으로 로마 제국의 질서는 일시적이지만 회복되었고 제국의 붕괴는 그만큼 늦춰졌다.

4세기 말 훈족의 압박을 받은 서고트족이 이동하자 이른바 '게르만족의 이동'이 시작375된다. 훈족은 아틸라의 지휘로 불가강을 넘어 동고트, 서고트족을 침공했고 이에 서고트족이 이동을 개시했다. 도나우강을 넘어 이들의 이동이 계속되었던 테오도시우스 황제379~395재위 시기 기독교의 국교화392는 정신적 통일을 꾀해 당시 로마의 위기를 타개하고자 했던 황제의 의도를 여실히 보여준다. 테오도시우스는 로마를 동과 서 독립국으로 나누어 두 아들에게 상속했고 이후 동서 로마는 완전히 두 나라로 나뉘었다395. 내치, 군사, 외교 등 모든 면에서 독자적인 주권을 가지게 된 동서 로마의 분열은 국세가 상대적으로 취약하고 게르만족의 침입에 시달리고 있던 서로마의 쇠퇴를 가속화시켰다. 결국 5세기에 서로마가 먼저 역사의 뒤안길로 사라지고476 서유럽의 역사는 게르만족에게 그 주도권이 넘어간다. 세계사록

📍 로마의 영토 변천

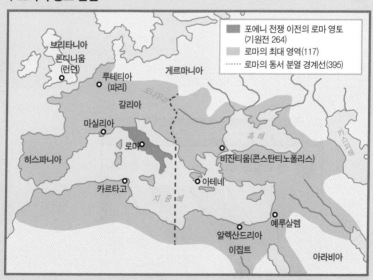

포에니 전쟁 이전의 로마 영토
(기원전 264)
로마의 최대 영역(117)
...... 로마의 동서 분열 경계선(395)

브리타니아
론디니움
(런던)
루테티아
(파리)
게르마니아
로나우강
갈리아
마실리아
로마
히스파니아
카르타고
비잔티움(콘스탄티노폴리스)
아테네
흑해
카스피해
지 중 해
예루살렘
알렉산드리아
이집트
아라비아

아내 말 듣길 참 잘했어요

 클로비스   굳ㅋ

 클로틸드   믿어요 ✝

I

그늠‥님

나 클로비스.

프랑크 왕국의 군주이자,
사랑스러운 내 와이프의
하나뿐인 남편이지ㅎㅎ

그런데.

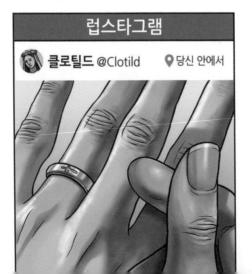

럽스타그램

클로틸드 @Clotild   ◉ 당신 안에서

♡ 2,348명이 좋아합니다.

당신을 만나고 내 삶이 얼마나 행복한지..
당신 안에서 영원히 행복할 거예요.
당신을 사랑합니다♥
#매주 #일요일 #기다려요

요즘 아내가 이상해ㅠㅠ

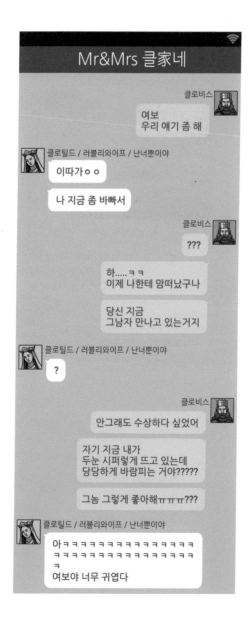

근데 그놈 아니고 그님

클로비스

????????

클로틸드 / 러블리와이프 / 난너뿐이야

봐봐 이분이 바로 내가
사랑하는 분이야..

클로비스

잘생겼네 행복해라

클로틸드 / 러블리와이프 / 난너뿐이야

ㅋㅋㅋㅋㅋㅋㅋㅋㅋㅋㅋㅋㅋㅋ 아
여보야

하느님 몰라? 갓하느님!!!

아~~ 신이셔??

진작 말을 하지ㅋㅋㅋ
괜히 오해했네ㅋㅋㅋ

그런데 쫌 그르타~
난 성당 안 다닌단 말야.
부부는 일심동체랬는데ㅜ

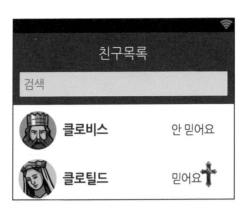

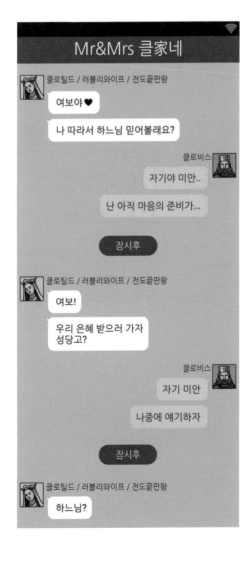

어… 나 그냥 해본 말인데
진짜 전쟁에서 이김ㅋㅋ

남아일언중천금이라고
약속한 건 지켜야겠지…?

아멘스타그램

클로틸드 @Clotild 📍하느님 안에서

♡ 4,892명이 좋아합니다.
오늘부터 우리 남편도 #하느님 #아들
#여보야 #수고했어요 #할렐루야

흠 좀 등 떠밀린 기분…ㅠㅠ

Mr&Mrs 클家네

클로틸드 / 러블리와이프 / 빅픽처오지구요

자기야~
오늘 전투 이겼다며?

궁딩팡팡 ♥ ♥ ♥ ♥

클로비스
♥ ♥ ♥

클로틸드 / 러블리와이프 / 빅픽처오지구요

[게르만일보] 서고트 원주민,
"클로비스, 이단으로부터 우리 구해줘…"
www.newsGermanic.com

사람들이 자기한테 고맙대ㅎㅎ

역시 믿는 사람은 다르다구
다들 자기 좋아함ㅎㅎ

클로비스

오 반응 좋네ㅋㅋ

클로틸드 / 러블리와이프 / 빅픽처오지구요

또 있어ㅎ

[가톨릭일보] 로마 교황청, "클로비스, 깡패
같은 게르만족 출신이지만… 지지해"
"프랑크왕국도 인정…" 믿는 사람들의 나라
www.newsCatholic.com

자기 이제
가톨릭의 수호자야ㅎㅎ

클로비스

헐 지지도 확오르네

클로틸드 / 러블리와이프 / 빅픽처오지구요

거봐
내 말 듣길 잘 했지?

와이프 말 잘들으면
자다가도 떡이 나온다니까?

클로비스

ㅇㅇ

여보 사랑해♥

＋   ☺ 전송

그랬다고 합니다.

- 486년 클로비스, 부족을 통합하고 프랑크 왕국을 세우다.
- 아내 클로틸드로부터 로마가톨릭으로 개종할 것을 권유받다.
- 여러 차례 거절하던 클로비스, 496년 세례를 받고 로마가톨릭으로 개종하다.
- 프랑크 왕국, 서유럽 세계의 중심으로 떠오르다.

496년 프랑크

기원전		기원후				
300년	100	100	300	500	700

4세기~6세기

게르만족, 서유럽을 접수하다

아멘스타그램

클로틸드 @Clotild ○ 하느님 안에서

♡ 4,892명이 좋아합니다.
오늘부터 우리 남편도 #하느님 #아들
#여보야 #수고했어요 #할렐루야

게르만족의 이동과 서로마 멸망을 계기로 서유럽에는 새로운 막이 오른다. 역사 무대가 지중해에서 유럽 대륙으로 이동하고, 게르만족으로 주연이 바뀌었다. 문화적 배경은 그리스로마 문명에 기독교, 게르만적 요소가 결합된 새로운 문명으로 변화했다.

게르만족은 팍스 로마나 이후 꾸준히 로마 제도권 안으로 진출해왔다. 용병 고용, 상업적 교류, 소규모 이주, 통혼 등을 통해서였다. 그러다 4세기 훈족이 압박하자 도나우강을 건너려다 로마와 갈등376을 빚기도 한 이후 본격적인 대규모 이동을 시작했다. 5세기 초부터는 로마시를 약탈할 정도로 세력이 커져, 서로마에서는 장군들이 황제를 지명하면서 국가 명맥을 간신히 이어갔다. 결국 로마 용병대장이자 훈족 지도자 아틸라의 애첩이 낳은 오도아케르가 로마의 마지막 황제 로물루스를 폐위시키면서 서로마는 멸망했다476. 그는 라벤나에서 왕이라는 칭호는 얻었으나 다른 게르만족들은 그를 왕으로 인정하지 않았고 로마 황제의 휘장은 동로마 황제에게 넘어갔다. 동로마는 군사력이 아닌 협상과 금품으로 게르만족의 이동 경로를 서로마 방향으로 유도해 콘스탄티노폴리스를 보호, 위기를 모면했다.

게르만족의 이동은 정주와 이동을 주기적으로 반복한 오랜 시간 동안의 도미노 현상과 같았다. 그 결과 서고트족은 이베리아반도에, 반달족은 아프리카 북해안에 왕국을 건설했다. 반달족은 서고트족보다 먼저 이베리아에 도착했으나 그들에게 밀려 아프리카로 건너갔다. 이들이 이탈리아를 약탈한 이후 반달은 '야만'을 뜻하게 되었다. 앵글로 색슨족은 브리튼섬으로 건너가 원주민인 켈트, 스코트족 대신 지배 세력이 되었다. 동고트족과 프랑크족은 이들보다 안정적인 왕국들을 건설했다. 특히 아리우스파 기독교를 받아들여 로마인과 게르만인의 통합과 안정에 한계가 있었던 동고트에 비해, 로마가톨릭으로 개종하고 갈리아 지방에 건설된 프랑크 왕국은 가장 성공적인 게르만 왕조였다.

프랑크 왕국 최초의 왕인 클로비스481~511재위는 자신의 왕국을 할아버지 이름 메로비치를 따 '메로베우스 왕조'라고 칭했다. 그는 15세의 나이로 부족장이 된 후 프랑크족 대부분을 규합해 왕국을 건설했는데, 특히 게르만족 최초로 로마가톨릭으로 개종하여 갈리아 지배 세력의 협조를 이끌어내 왕국 발전에 결정적 계기를 만들었다. 결국 프랑크 왕국은 6세기 초 프로방스를 제외한 갈리아 전역을 장악, 서유럽의 안방을 차지하면서 게르만 최대의 통일국가로 성장하는 데 성공했다. 프랑크 왕국은 원래 거주지를 버리지 않고 팽창하여 고유의 지역적 문화적 기반을 유지할 수 있었고, 이동할 지역에 대한 정보가 풍부해서 비옥한 땅을 차지하는 데 용이했다. 거기에 갈리아 자체가 지정학적으로 이슬람과 비잔티움으로부터 멀리 떨어져 있어 그들 방어보다 이웃한 게르만 왕국들에게 군사력을 집중할 수 있었던 것도 또 다른 성공 요인이다. 클로비스는 수도를 파리로 옮기고 생 주느비에브 성당을 건축해 예수의 사도들에게 헌정했다. 또한 교회법을 제정하고 살리 법전을 공포, 갈리아의 전 부족들에게 준수할 것을 지시하면서 국가 체제를 정비했다. 이로써 프랑크 왕국은 서로마의 멸망으로 형성된 세력 공백 상황을 메울 강력한 국가로 자리매김했다.

알프스산을 넘어온568 롬바르드족이 4년 만에 이탈리아반도 전역을 장악하면서 4세기부터 2세기에 걸쳐 일어났던 게르만족에 의한 서유럽 분할이 마무리되었다. 이 시기 메로베우스 왕조는 왕가 내부의 분열로 귀족을 견제할 만한 역량을 차츰 상실하게 된다. 2대 국왕 클로타르 1세497~561가 아들들에게 왕국을 분할 상속한 후 이들이 치열한 영토 전쟁을 벌이면서 왕권이 약화되기 시작했기 때

문이다. 영토 분쟁의 중심은 킬페리크 1세561~584재위로 그는 세 번째 왕비 프레데
군트와 함께 수많은 암살과 독살을 저질러 '프랑크의 네로'라고 불릴 정도였다. 왕
국을 분할 계승한 다른 3명의 이복형제들과 끊임없이 대립해야 했던 킬페리크 1세
는 왕비들 사이의 원한 관계 때문에 특히 형 시기베르트 1세와 사이가 좋지 않았다.

본래 클로비스의 네 아들 중 막내였던 클로타르 1세도 형들과 왕국을 4등분
해 통치하다 위 세 형이 사망할 때마다 형수와 결혼해 세 형수를 모두 부인으로 삼
으며 왕국을 재통일했다. 하지만 왕국을 아들에게 분할 상속하는 게르만의 전통
상 형제간 골육상쟁은 예견된 것이었다. 결국 7세기 중엽에 이르면 약화된 왕 대
신 궁재라 불리는 귀족의 대표들이 프랑크 왕국에서 실질적인 권력을 행사하
게 된다. 특히 아루스트라지아 왕국의 궁재를 역임해오던 카롤루스 가문은 강력
한 무장 세력을 배경으로 프랑크 왕국의 지배 세력으로 떠오른다. 세계
사록

📍게르만족의 이동

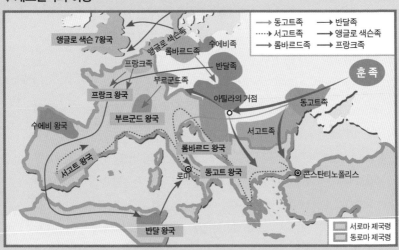

우리 오래오래 해 먹어요

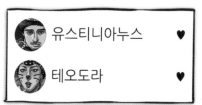

| 유스티니아누스 | ♥ |
| 테오도라 | ♥ |

I

덕질

난 새로운 로마의
새로운 황제,
유스티니아누스ㅎ

요즘 내가 좀 이상해…
막 심장이 몰캉몰캉하고
막막 입이 근질근질해ㅎㅎ

사람들한테 얘기하고 싶어ㅎ
나 연애한다고ㅋㅋ

쯔쯔 사실을 말해줘도 못 믿네ㅋㅋ
나 진짜로 테오도라랑
연애하거든?

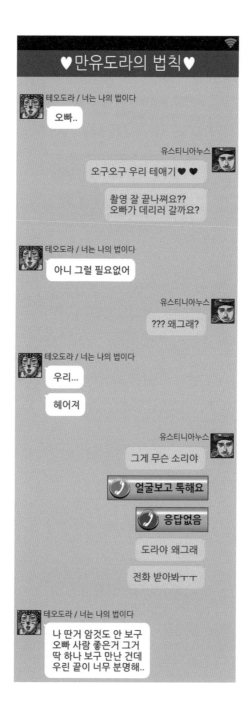

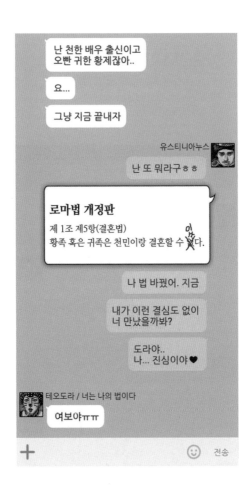

난 사랑을 위해서라면
뭐든 하는 남자ㅋ

법 개정하는 것 정도야
츄잉껌이지ㅋㅋ

비잔티움 @Byzantium_official
10분 전

유스티니아누스 황제, 테오도라와 백년가약
맺어… 법까지 바꾼 황제의 눈물겨운 사랑…

옥타비아님 외 19.62K

에르투리아
황제의 "역겨운" 사랑이겠죠

티에리우스
헐 내로남불 오진다ㅋㅋ
여자때문에 법을 바꾸네ㄷㄷ

옥타비아
테황후님 과거에 엄청 노셨다던데..ㅎ

델티마
ㅇㅇ나도 들어봄ㅋ 남자 진짜 많다고ㅋㅋ

하! 어느 정도 예상은 했다만
악플이 넘 심하네!

우리 여보야도 봤겠지…ㅜ?

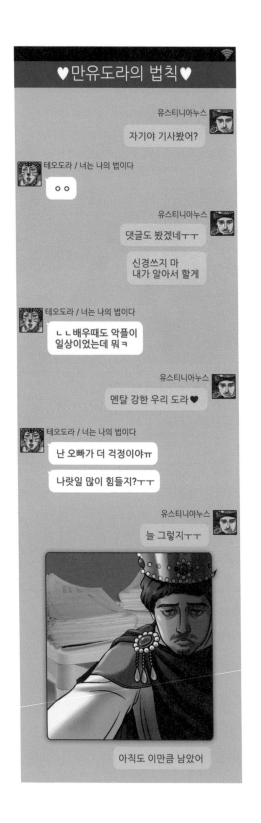

III 데이트

내 일도 도와주고
힘든 일 있으면 조언도 해주고
#여보야 #최고

한동안 바빠서 못 놀았는데
오랜만에 데이트 좀 해야겠다ㅋㅋ

[스포츠] 대전차 경기 관람 중, 폭력사태 벌어져…

[로마뉴스] 연관 기사

[사회] 블루팀 vs 그린팀, 팬들 대격돌!
[정치] 유황제, "그깟 경마가 뭐라고… 싸우면 감옥행!"
[정치] 민중들, "황제 니가 뭔데?" "끌어내자!" 폭동 번져…

엥? 이게 왜
나 때문이냐고오ㅜㅜ

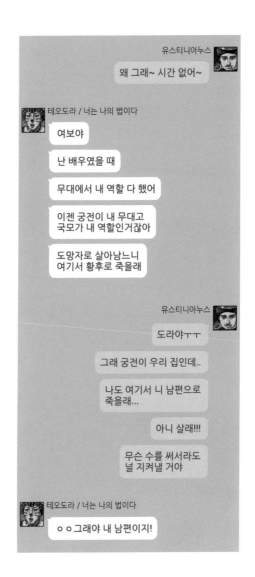

왜 그래~ 시간 없어~

테오도라 / 너는 나의 법이다

여보야

난 배우였을 때

무대에서 내 역할 다 했어

이젠 궁전이 내 무대고
국모가 내 역할인거잖아

도망자로 살아남느니
여기서 황후로 죽을래

유스티니아누스

도라야ㅜㅜ

그래 궁전이 우리 집인데..

나도 여기서 니 남편으로
죽을래...

아니 살래!!!

무슨 수를 써서라도
널 지켜낼 거야

테오도라 / 너는 나의 법이다

ㅇㅇ그래야 내 남편이지!

그랬다고 합니다.

지켜줄게…

벨리사리우스 장군

- 테오도라, 대극장의 인기 배우로 많은 이들의 사랑을 받다.
- 유스티니아누스, 테오도라와 결혼하기 위해 당시 황제이자 자신의 삼촌인 유스티누스에게 부탁해 법을 개정하다.
- 532년 대전차 경기를 관람하던 중, 군중 난동이 일어나다.
- 피신하려던 유스티니아누스, 테오도라의 설득으로 궁에 남아 폭동을 진압하다.
- 로마법을 집대성하고, 옛 로마 제국의 영토를 회복하려는 등 로마의 부활을 꿈꾸다.

6세기 비잔티움 제국

기원전　　　　기원후

300년　　100　　100　　300　　500　　700

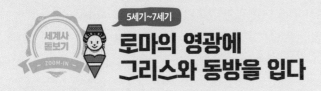

로마의 영광에 그리스와 동방을 입다

게르만족의 이동으로 서로마는 멸망하였으나 동로마 제국은 그들의 침입을 막아내고 천 년 넘게 유지되었다. 북쪽 도나우강과 서쪽 발칸 산맥은 천연 요새가 되었고 둘러싼 바다는 수도 콘스탄티노폴리스를 보호했으며 자영농과 상공업자들이 기초가 된 든든한 국가 재정은 게르만족과의 협상을 끌어냈다.

유럽 전역의 민족 이동 혼란이 안정된 6세기, 로마 제국을 재건하고 그 전통의 계승을 시도하여 동로마 제국의 전성기를 이룬 황제가 유스티니아누스 대제 483~565다. 그는 벨리사리우스 장군을 기용하여 반달족으로부터 북아프리카를 탈환534했고, 시칠리아를 거쳐 이탈리아의 동고트족을 굴복시킴으로써 과거 지중해 연안의 로마 영토를 회복, 지중해를 로마의 호수로 만들어 로마의 영광을 재현했다. 또한 방대한 법률을 『로마법대전』으로 재정비하여 새 로마 제국의 제도적 기초를 다졌는데, 법률학자들은 그의 후원으로 역대 황제의 칙법을 10권으로 정리하고 9000항목의 법해석 지침, 4권의 법률다이제스트를 편찬했다. 이민족 이동의 혼란에서 보호된 도시들은 상공업 중심지로 번영했다. 국제적인 시장이었던 콘스탄티노폴리스는 동서 각종 상품의 집산지로 100만의 인구를 자랑했고 테살로니카는 인구 50만을 헤아렸다.

유스티니아누스는 재위 중 부인의 도움을 많이 받았던 황제로도 유명하다. 테오도라는 수도에서 일어난 니카의 반란532 때 반란군이 궁전으로 몰려오자 도망가려는 남편을 잡아 세우면서 "추한 모습을 보이느니 차라리 황제로 죽으라."고 질타했다고 한다. 그녀는 게르만 용병대를 동원, 반란 세력을 일망타진했고 이후 사실상 남편을 능가하는 제국의 통치자로 군림한 여걸이 되었다. 당대 역사가 프로코피우스500~565는 동로마 제국의 전쟁들을 기록한 『전사戰史』(전 8권)를 썼는데, 동로마 황실의 알려지지 않은 뒷얘기를 『비사秘史 secret history』550로 남겼다. 그는 이 책에서 유스티니아누스 황제 부부와 벨리사리우스 부부에 대한 추문을 적나라하게 밝혔다.

7세기 그리스어 공용화를 선포한 헤라클리우스 황제575~641 이후의 동로마를 콘스탄티노폴리스의 전신이었던 그리스 시대의 비잔티움과 관련해 비잔티움 제국이라고 부르며 그 이전 시기와 구분한다는 견해도 있다. 그러나 명확하게 한 시점을 가지고 동로마와 비잔티움을 나눌 수는 없다. 330년 수도가 로마에서 그리스 반도의 콘스탄티노폴리스로 옮겨지면서 이미 헬레니즘의 영향력은 커지기 시작했기 때문이다. 특히 유스니티아누스 시대 즈음부터 서유럽과 구분되는 비잔티움의 특징은 드러나고 있다. 유스티니아누스는 로마 영토를 찾고 로마법을 정리하고 라틴어를 쓴 황제였으나 그 시대에 건축된 성소피아신의 지혜가 내리는 집 성당은 순수한 로마식이 아닌 서아시아의 영향을 받은 동방적 건축물이었다. 그는 기독교 신의 은총을 받은 세속 황제로 자칭하면서 자신에게 내린 신의 지혜와 은총을 기리기 위해 콘스탄티노폴리스에 비잔티움 건축의 정수인 성소피아 성당을 건축했다532~537. 이슬람의 돔과 로마의 바실리카 양식이 결합된 웅장한 이 건축물은 그리스의 헬레니즘적 요소에 동방적 요소가 결합된 비잔티움 제국의 독특한 성격의 형성을 보여준다. 40개 창문으로 찬란한 햇빛이 신의 은총처럼 쏟아지고 황금빛 유리 테세라정육면체 조각을 촘촘히 이어 붙여 성인을 묘사한 동방식의 색 모자이크는 신비한 분위기를 자아내 실용적인 로마의 건축과는 다름을 보인다.

비잔티움 제국에서는 종교 또한 로마가톨릭과 분리된 그리스정교동방정교가 확립되어 서유럽 세계와는 다른 독자적인 문화권으로 자리매김했다. 그리스정교는 황제가 군사와 정치에서 최고의 지배자이자 교회의 수장인 황제교황주의를 특징으로 한다.

유스티니아누스 사후 비잔티움 제국은 북쪽에서는 아바르족과 슬라브족의 침입을 받았고, 동으로는 사산 왕조 페르시아의 공격으로 시리아, 이집트를 상실했다. 7세기 이후에는 이슬람의 공격으로 소아시아를 포함한 수도 주변으로 영토가 축소되면서 위태로워지기도 했다. 그럼에도 '임페라토르 카이사르 아우구스투스'라는 칭호 대신 '바실레우스왕 중의 왕'라 공식적으로 불리기 시작한 헤라클리우스 시대부터 시행된 <u>군관구제</u>군단의 사령관이 군정과 함께 주둔지의 민정도 실시한 제도와 <u>둔전병제</u>군관구의 장관이 병사들에게 복무에 대한 대가로 땅을 지급해 그 병사들이 둔전병이자 자영농민층을 이룬 제도는, 무너져가는 제국의 군대와 행정을 개편하여 비잔티움 제국이 이후 800년이나 더 존속할 수 있는 기반이 되었다.

로마 제국이 붕괴한 자리에 세워진 서유럽, 비잔티움, 이슬람 중 비잔티움 제국은 당시 정치나 문화면에서 가장 뛰어났다. 서유럽에 '문화'가 다시 꽃피는 것은 12세기의 일이다. 이슬람이 비잔티움의 뒤를 이어 헬레니즘을 흡수하며 비잔티움을 능가하는 문화를 발전시키게 되지만, 적어도 5~7세기 비잔티움은 지구의 서반구에서 문화다운 문화를 가진 유일한 존재였다. 그들에 의해 이루어진 그리스 고전의 수집과 연구는 플라톤과 아리스토텔레스로 대표되는 <u>고대 그리스 사상과 학문을 보존</u>했고, 이는 이슬람에게 영향을 주며 르네상스에서 고전 문화가 부활하는 바탕을 이룬다. 또한 그들의 문화와 그리스정교는 발칸반도와 러시아가 포함된 슬라브 세계에 로마가톨릭이 서유럽의 게르만족에 대해 가진 비슷한 역사적 위치를 차지했다. 슬라브족은 비잔티움 제국에 살면서 문화에 동화되었는데, 그들에게 <u>그리스정교가 전파</u>됨으로써 독자적인 문화 형성의 기반이 마련되었다. 15세기 이후 500여 년간 오스만 제국의 지배에도 발칸반도의 그리스인, 알바니아인, 루마니아인, 남슬라브인 등 여러 민족이 해체되지 않고 부활할 수 있었던 것은 그리스정교라는 정신적 문화적 구심점이 있었기 때문이다. 세계사록

이 중에 네가 덕질할 신이 하나는 있겠지

브라흐마   암욜갓

비슈누   피쓰~

시바   ㅅㅂ

I

종교대란

하… 썽질난다ㅠ

우리 브라만교가
여태껏 1위를 놓친 적 없었는데,
요샌 영 힘을 못 쓰네 ㅜㅜ

H	실시간 인기검색어
1위	부처
2위	불교
3위	부처 인수다

4위	부처 1집 JABI 발매
5위	부처 근황
6위	해탈하는 법
7위	불귀미어 리그
8위	부처 헤어스타일링
9위	무소유 인테리어
10위	브라만

특히, 저 부처란 놈.
요즘 어딜 가도 부처 얘기뿐이야ㅠㅠ

안 되겠어…
새로운 아이돌종교 하나
만들어야지!

[직캠] 데뷔 첫 쇼케이스 무대 "HINDU"
조회수 26,341,015회

BRM E&M BRM기획사   구독

[직캠] 데뷔 첫 쇼케이스 무대 "HINDU"

닥치고비슈누
오오 두근두근

시바페인
무슨 신 숫자가 저리많아ㅋㅋ

[직캠] 데뷔 첫 쇼케이스 무대 "HINDU"

닥치고비슈누
힐 여태껏 본적없는 비주얼이야

부처팬점
개머싯어♥시바 날가겨요(욕아님)

프로해탈러
팬닉달고 왜그래?? 난 울부처오빠뿐이야♡♡

시바 : 눈부신 SHIVA SHIVA
세발 이 몸을 픽미 픽미

[직캠] 데뷔 첫 쇼케이스 무대 "HINDU"

프로해탈러
오빠가 왜 거기서 나와??

부처현접
부처도 원래 힌두멤버래ㅋㅋ

부처현접
솔로때는 부처, 그룹땐 비슈누~!!

프로해탈러
힐 그 팔 네개 스윗님?? 대박ㅋㅋㅋ
브라만 기획 : 여러분이 뭘 좋아할지 몰라
다 준비해봤습니당ㅋㅋㅋ

부처 : 자비로운 이 시간 tonight
오늘밤 해탈자는 너야 너

크핳핳ㅎㅎㅎㅎ
#힌두 #데뷔 #대성공

다른 종교들 세계관
몽땅 힌두에 끌어다 합체했더니
모든 팬덤이 넘어왔어ㅋㅋㅋ

인기 많아지니까 거참~
러브콜이 많네ㅎㅎ

힌두 매니저, 굽타왕

굽타왕
> 안녕

힌두 매니저
> 헐..전하 어인 일이신지

> 엥 프사 저희
> 비슈누인가요ㅎㅎ?

굽타왕
> ㄴㄴ
> 얼굴은 나야나

> 인기가 많더군
> 워낙 스윗하다고

> 그래서 말인데 오늘부터
> 과인이 비슈누 코스해도 될까?

힌두 매니저
> 네에?

굽타왕
> 자비로운 신 비슈누가
> 인도왕 굽타의 모습으로
> 내려온거지ㅇㅇ

> 그럼 백성들이 기뻐해줄거야

힌두 매니저
> 아아 컨셉놀이!
> 좋은 생각이세요 전하

> 아니
> 비슈누허엉 ♥

카~ 역시 우리 비슈누!
굽타 전하 지지도 급상승했다네?
ㅋㅋㅋㅋㅋㅋㅋㅋ

응?
이미지소비 심해서
금방 질릴 거라고?

ㄴㄴ 우리 멤버 중에
비슈누만큼 잘나가는 신
또 있거든ㅋㅋㅋㅋ?

라디

몰라ㅋㅋㅋ

비슈누가 자비로움 담당이고
우리 시바오빠 카리스마
담당이니까...

콱이나 힙합? 랩??

힌두 매니저 **BRM E&M**

ㅋㅋ

ㄴㄴ
댄스다 얘들아

라디

헐?

알리샤

엥?

힌두 매니저 **BRM E&M**

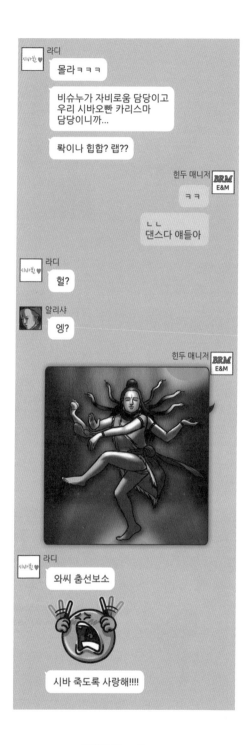

라디

와씨 춤선보소

시바 죽도록 사랑해!!!!

#춤神춤王 #ㅅㅂ
#파괴신 #ㅅㅂ

그랬다고 합니다.

- 브라만교에 불교, 인도 민간신앙이 합쳐져 새롭게 힌두교가 탄생하다.
- 비슈누, 다양한 모습의 화신으로 나타나다. 불교의 부처도 포함되다.
- 굽타의 왕들, 자신을 비슈누의 화신이라 하여 백성들의 지지를 얻다. 힌두교를 더욱 적극적으로 지원하다.
- 파괴신 시바, 세상을 파괴시킬 때 춤을 추다.

인도 굽타 왕조 전반

기원전   기원후

300년   100   100   300   500   700

320년경~550년경

굽타 왕조의 '힌두민족주의'

[직캠] 데뷔 첫 쇼케이스 무대 "HINDU"

프로돼밀러
오빠가 왜 거기서 나와??

부처팬캡
부처도 원래 힌두멤버래

부처팬캡
솔로때는 부처, 그룹땐 비슈누~!!

프로돼밀러
헐 그 말 네개 스웟남?? 대박
브라만 기획 : 여러분이 뭘 좋아할지 몰라
다 준비해봤습니닼 ㅋㅋㅋㅋ

부처 : 자비로운 이 시간 tonight
오늘밤 해탈자는 너야 너

쿠샨 왕조의 쇠퇴 후 마가다 지방에서 굽타 왕조가 흥기하여 혼란한 시대를 통일했다. 320년경 '마하라지아디라자대왕 중의 왕'라는 칭호와 독자적 연호를 사용해 '위대한 인도 제국' 건설 의지를 밝힌 찬드라굽타 1세320~335

재위는 갠지스강 유역의 패권을 장악했다. 최초의 통일 왕조 마우리아의 창건자와 동명인 그는 인도 역사상 두 번째 통일 왕조 건국의 아버지가 되었고, 그의 아들 사무드라굽타335~376재위 시기 굽타 왕조는 대제국의 반열에 올라섰다. 이후 인도 정복전쟁의 완성으로 동서로는 벵갈에서 펀잡까지, 남북으로는 데칸고원에서 히말라야산맥까지 영토가 확대되었으며 인도 남부 12개국 등으로부터 공납을 받았다.

수백 년간 헬레니즘과 페르시아의 영향으로 간다라 미술 등 동서양 혼합된 문화가 유행했던 인도는 굽타 왕조 시기 아리아적인 인도 고전 문화를 성숙, 다채롭게 전개시켰다. 이 시기 등장한 힌두교는 그 대표적 유산이다. 창시자도 체계적 교리도 없으나 브라만교를 중심으로 원시 신앙에서 불교, 차원 높은 철학까지 다양한 요소를 포함하고 있는 힌두교는 '힌두' 자체가 '인도'를 뜻하는 만큼 민족주의 색채를 강하게 띤다. 분신이나 화신을 뜻하는 '아바타'는 '지상에 강림한 신의 화신'

을 뜻하는 산스크리트어 '아바타라avataara'에서 유래되었는데, 비슈누의 화신만을 의미하기도 한다. 창조의 신인 비슈누는 인류를 구원하기 위해 보통 열 가지 모습으로 지상에 나타난다. 물고기, 거북, 라마서사시 『라마야나』의 주인공, 크리슈나 신성한 목동, 부처 등이 비슈누의 아바타라이다. 이외에도 파괴의 신 시바, 지혜의 신 가네샤, 비슈누의 탈것으로 인도네시아 대표 항공사가 이름을 딴 가루다 등도 힌두에서 숭배되는 신들이다. 굽타 시대 왕들은 권위를 높이기 위해 자신을 비슈누 신에 비유하면서 힌두교를 후원했고 백성들도 쉽게 받아들였다.

힌두교에서는 신상의 좌위를 물로 씻고 발을 닦고 꽃잎을 바치는 '푸쟈(공양)' 의식이 중요하다. 매일 아침 음악, 벨, 고둥 소리로 신상을 깨우고 푸쟈 의식을 하면서 꽃, 향, 등불로 경의를 표하고 음식을 바치며 의식을 행하기 위해 '만다라'라는 원형의 공간을 설치하기도 한다. 개인의 일생 동안 약 40가지의 '삼스카라정화 의식/통과의례'를 행해야 하는데, 아기의 최초 외출 의식출유식, 아기의 생애 최초 고기를 먹는 의식식초식도 그 일부이다. 이처럼 일상생활의례를 중시한 힌두교가 퍼지면서 이를 주관하는 브라만의 지위와 영향력은 강화되었다. 카스트에 따른 의무를 성실히 수행해 더 나은 카스트로 태어날 수 있다는 믿음과 함께 카스트와 힌두교는 인도 사회에 뿌리 깊게 자리 잡았다.

문학, 과학, 미술 등에서도 아리안의 문화 전통을 계승하고자 하는 고전 문화가 완성되었고 아름다운 걸작들이 만들어졌다. 힌두 문학의 최고봉으로 평가되며 『일리아스』와 『호메로스』보다 일곱 배나 긴 거대한 서사시로 각종 전설과 설화를 담은 『마하바라타』, 『라마야나』가 완성되었고, 이를 토대로 한 새로운 문학작품들도 나타났다. 이 모든 작품들은 인도의 지방 언어 대신 산스크리트어로 쓰였다. 산스크리트어는 '완성된 언어', '순수한 언어'라는 뜻으로 중국과 한국에서는 범어梵語라고 불린다. 고대 인도의 표준어로 기원전 400년경 문법학자 파니니가 문법 체계를 완성했다고 한다. 산스크리트어는 습득하기가 쉽지 않아 중국에서는 산스크리트어 불경 번역 작업에 많은 시간이 필요했고, 인도에서도 브라만 사이에서만 주로 사용되어왔다. 그런 산스크리트어 사용의 확산은 굽타 왕조 당시 브라만 계층의 지도력과 발언권의 확대를 보여주는 것이다.

힌두 문화에 대한 자존심은 자연과학 분야에서 수학과 천문학의 발달을 가져왔다. 이 당시 인도에서 만들어진 0의 개념은 아라비아 숫자 형성에 기여했고, 십진법 또한 발명되었다. 뛰어난 수학자이자 천문학자인 아리아바타476~550는 원주율π을 3.1416으로 소수 넷째 자리까지 밝혀냈으며 지구가 공 모양으로 자전과 공전한다고 주장했다. 그가 남긴 『아리아바타』에는 도형의 넓이와 부피를 재는 공식, 원주율, 하루의 시간 등이 담겨 있는데, 이는 8세기 무렵 이슬람에서 연구, 유럽까지 전해져 이후의 수학과 천문학 발달에 영향을 주었다. 1975년 인도는 자신들의 최초 인공위성을 '아리아바타'로 명명했다.

미술에서도 인도 고유의 특징을 간직한 굽타 양식이 발달했고 아잔타와 엘로라 석굴사원의 불상 및 조각 양식은 중앙아시아와 동아시아 미술에 많은 영향을 주었다. 무역과 종교를 타고 전파된 굽타 시기 문화는 특히 승려 학자를 통해 동남아시아와 중국, 한국, 일본 등 동북아시아로 확산되었다. 각국의 승려법현, 현장, 혜초 등들은 대승 불교의 다양한 교리에 대한 철학적 연구가 이루어지고 있던 인도로 유학을 와 순례하며 날란다 사원 등지에서 불법을 배우고 자국에 전파했다. 시리아, 메소포타미아, 동남아시아 등지로 보낸 인도의 사절단은 힌두교를 전파했다. 캄보디아 압사라 춤의 '압사라'는 '춤추는 여신'을 뜻하는 말로 시바와 비슈누 신을 기쁘게 하는 춤이라고 한다. 12세기에 세워진 앙코르 와트는 원래 비슈누를 섬기는 사원이었다가 불교 사원으로 바뀐 것이다.

5세기 후반 쿠마라굽타 1세415~454재위 말기부터 굽타 왕조는 쇠퇴하기 시작했다. 에프탈족의 침략으로 왕조의 발상지인 마가다 지역만 다스리는 소왕국으로 전락, 나머지 지역은 3개의 소왕국이 등장, 분할 통치했다. 4세기 훈족을 비롯한 북방 유목민족의 침입은 성공적으로 방어했으나 과도한 군비 지출로 국력이 급속도로 약화된 결과였다. 유목민족은 인도 침공에 실패하고 중국 방면 진출도 여의치 않자 서쪽으로 계속 이동했다. 결국 영광을 회복하려는 노력에도 불구하고 굽타 왕조는 6세기 중엽 멸망550경했다. 이후 인도는 분열 상태에 놓이면서 12세기 가즈니조와 구르 왕국 이후 델리 술탄 시대1206~1526로 이어지는 이슬람 왕조의 흥기까지 각 지방의 특색을 지닌 사회와 문화가 형성된다. 세계사록

청담? 어 사상

대나무	살랑살랑
술	꿀꺽

하나요

하아…

얘들아, 니들도 알지?
공무원 되기 진짜 힘든 거ㅠㅠ

공무원증

왕린
귀족

송
동진 ~~위~~ 나라

나 너무 무섭다…
열심히 공부해서 증 달았는데,
나라가 계속 위기상태야ㅠㅠ

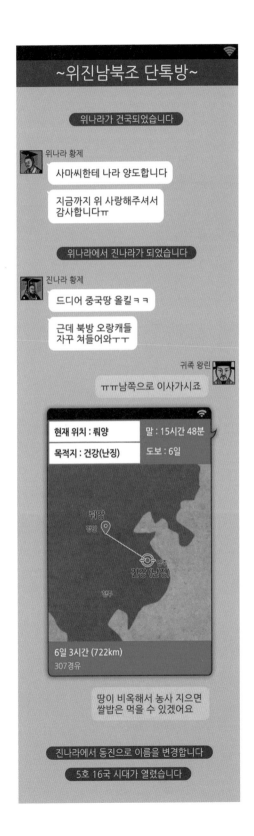

~위진남북조 단톡방~

위나라가 건국되었습니다

위나라 황제
사마씨한테 나라 양도합니다

지금까지 위 사랑해주셔서
감사합니다ㅠ

위나라에서 진나라가 되었습니다

진나라 황제
드디어 중국땅 올킬ㅋㅋ

근데 북방 오랑캐들
자꾸 쳐들어와ㅜㅜ

귀족 왕린
ㅠㅠ남쪽으로 이사가시죠

현재 위치 : 뤄양 　　말 : 15시간 48분

목적지 : 건강(난징)　도보 : 6일

뤄양
장안

건강 (난징)
양주

형주

6일 3시간 (722km)
307경유

땅이 비옥해서 농사 지으면
쌀밥은 먹을 수 있겠어요

진나라에서 동진으로 이름을 변경합니다

5호 16국 시대가 열렸습니다

동진 황제

여러분!!!!!

원래 우리 것이었던
땅을 찾읍시다!!!
화북 오랑캐들 물러날ㄹ

동진이 망했습니다

남북조시대가 열렸습니다

귀족 왕린

하아...ㅠㅠ

이젠 못 해먹겠어…

망해가는 편의점도 아니구
맨날 나라 이름 바뀌고
뻑 하면 왕 바뀌고…

일이고 뭐고 다 때려치우고
맘 편하게 살래…

귀족 왕린, 귀족 한량

귀족 왕린

야
나 회사관둠

귀족 한량

드디어ㅋㅋ

잘했어 잘했어
일해봤자 소용없다

왕 바뀌고 나라 바뀔때마다
목숨이 왔다갔다하는데

그냥 니 인생을 즐겨ㅋ

귀족 왕린

ㅇㅇ아예 귀촌하려고ㅋㅋ

산속에 집지어놓고
유유자적 살거야

나 어제부터
컬러링도 시작함ㅋㅋㅋ

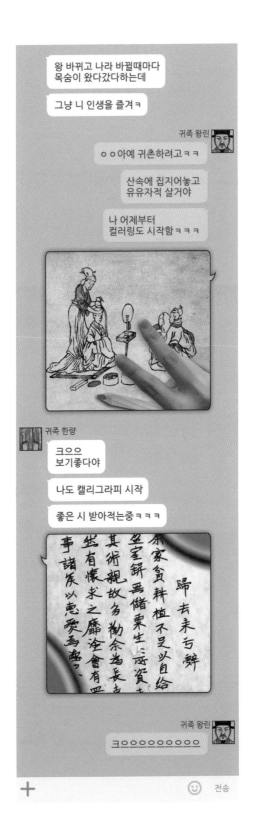

귀족 한량

크으으
보기좋다야

나도 캘리그라피 시작

좋은 시 받아적는중ㅋㅋㅋ

귀족 왕린

ㅋㅇㅇㅇㅇㅇㅇㅇㅇㅇ

전송

하아아아아아~~
일 안 하고 여유를 즐기니까 좋다ㅎ
진작 이럴 걸ㅋㅋㅋㅋㅋ

뭐? 금수저가
현실도피한다고?

나만 이러는 거 아닌데에~~?
다들 그러는데에~~?

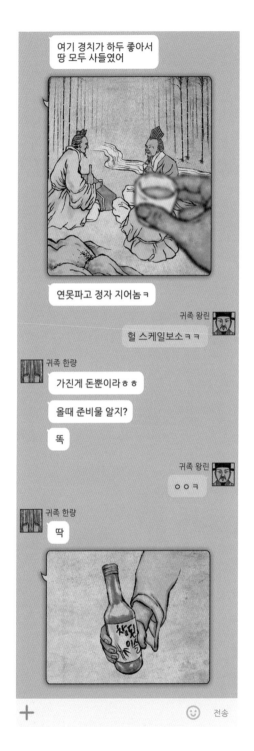

#부어라마셔라
#신선놀음

그랬다고 합니다.

• 위진 시대에 형식에 얽매인 유가에 대한 반발로, 귀족들 사이에 무위자연의 도가가 성행하다.
• 전란이 잦고, 왕이 자주 바뀌면서 현실정치를 외면하는 귀족들이 늘어나다. 철학적 공론을 일삼으며 형이상학적인 이야기를 주로 하다. 이를 청담이라 하다.
• 대표적인 예로 위진 시대의 죽림칠현이 있다. 대나무 숲에서 아침부터 밤까지 술 마시며 수다를 떨다.

위·진·남조 전반

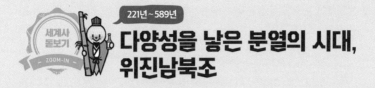

다양성을 낳은 분열의 시대, 위진남북조
221년~589년

북방민족과 한족의 위태로운 동행

위진남북조 시대는 <u>한이 멸망한 후부터 수가 통일하기까지의 분열기를 가리킨다</u>. 소설 『삼국지연의』의 배경인 위촉오 삼국은 위를 거쳐 진晉265~316에 의해 통일되었다. 그러나 상류층 사이에서 50리약25km 담장을 비단으로 장식하는 경쟁이 벌어지는 등의 사치와 향락적 퇴폐풍조는 진 단명의 원인이 되었다. 거기에 진 무제가 아들 25명에게 군왕 자리와 영토를 분할 상속하자 황위 쟁탈전8왕의 난 291~306이 벌어졌다. 그 과정에서 흉노족이 용병으로 유입되었고, 용병대장 유연은 혼란을 틈타 군주로 행세하기 시작영가의 난 307~312했다.

결국 진은 흉노족이 세운 전조前趙에게 멸망했고, 그 과정에서 유입된 북방 민족 5호저, 강, 갈, 선비, 흉노족는 화북에 16국을 세운다. 진의 멸망부터 선비족의 북위가 평정하는 시기까지 123년을 특별히 <u>5호 16국 시대316~439</u>라 부른다. 이 시기는 중국 역사상 처음으로 북방 민족이 중원에 들어와, 강남으로 피신한 <u>한족 왕조와의 공존</u> 상태에서 이민족 국가를 건설한 때이다. 중국 고대 강남지방은 화북에 비해 미개발지가 많아 변두리로 천시되었다. 이러한 강남이 화북인들에 의해 삼국의 오나라 때 개발되기 시작, 동진317~420, 한족이 강남으로 피난해 건강(남경)에 세운 왕조 시대부터 본격적인 경제 발전이 추진되었다. 화북 출신 귀족들은 황무지를 개간하며 농지를 확대했고, 그들의 발달된 선진 문화는 강남의 귀족문화 형성에도 영향을 미쳤다.

북에서는 5호 16국이 북위의 통일439 후 서위북주 동위북제로, 남에서는 동진 이후 송, 제, 양, 진으로 이어진 시기가 남북조 시대이다. 북위는 문화적으로 우월한 한족의 통치를 위해 중국식 통치체제를 받아들였다. 특히 효문제471~499재위 시대 한화 정책이 그 절정에 달해 수도는 평성에서 낙양으로 천도되었고 호한胡漢간 결혼이 장려되었다. 언어와 의복을 한족화하고, 선비족 성姓 대신 한족의 성을 써서 효문제 스스로도 이름을 '탁발굉'에서 '원굉'으로 고쳤다. 이러한 정책은 선비족 군인들의 반발, 왕실의 문약화, 한인의 군사력 강화를 초래해 결국 북위는 동서로 분열535되었다. 그러나 이를 통한 유목민족의 문화와 한족 농경문화의 융합은 중국 문화를 다양하게 만들었다. 남조의 지배층은 토착 세력과 결탁하면서 세력을 키웠는데, 특히 9품중정제를 통해 관직을 세습하면서 문벌귀족으로 성장했다. 문벌귀족은 강남의 안정을 보장하고 북조의 침략을 막을 수 있는 한미한 가문 출신의 무인 실력자를 황제로 추대하는 대신, 자신들은 대토지와 고위 관직을 차지해 부를 누리며 가문의 발전을 꾀했다.

♥ 위진남북조 시대의 전개

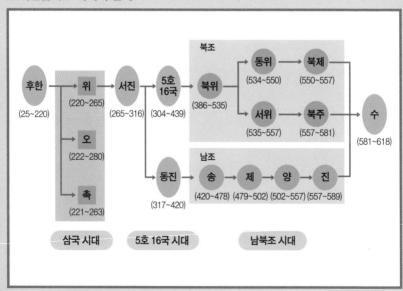

수당 제국의 풍요를 낳는 토양이 되다

중국의 다른 통일 왕조와 구별되는 위진남북조의 시대적 성격은 당시 문화의 성격에 영향을 끼쳤다. 연이은 전란과 왕조 교체로 지속된 정치적 불안은 종교에 대한 관심을 높였고 이러한 배경하에서 불교가 발전하였다. 불교의 사상적 연구가 본격적으로 시작된 것은 5호와 동진 시대부터이다. 유목민족에 의한 국가 수립으로 유교주의에 기반을 둔 중화의식이 퇴색하면서 남북왕조 존립의 사상적 기반을 불교의 주술적 기능과 호국적 성격에서 찾았던 것이다.

북위에 앞서 화북을 통일했던 저족의 전진前秦 왕 부견357~385재위은 적극적인 불교 보호, 장려 정책을 실시해 성장을 주도했다370경. 승려 순도를 통해 고구려에 불교가 유입된 것도 이때소수림왕2년 372이다. 서역 승려 불도징의 학승學僧이었던 도안은 부견에게 쿠차 왕국의 고승 구마라습쿠마라지바344~413을 데려올 것을 건의했다. 장군 여광이 그를 위해 쿠차 왕국을 토벌한 뒤 구마라습을 데리고 귀국했을 때 부견은 동진 정벌 실패 후 반란으로 피살된 뒤였다. 이에 여광은 후량後凉 왕조를 세웠고 구마라습은 포로 생활을 하며 중국 언어와 풍습에 완벽히 적응했다. 후량 이후 후진後秦 황제 요흥의 적극적 후원으로 구마라습은 장안에서 불경 원전을 번역해냈다400경. 그는 35부 300권이라는 엄청난 양의 경전을 화려한 문체로 번역하여 진체499~569, 현장602~664과 함께 중국 불교 3대 번역가로 꼽히게 된다. 제자가 3000명에 달했다는 그에 의해 중국 최초의 대승 불교 경전이 번역되었다.

남조 동진에는 사찰이 약 1800개소, 승려가 2만 4000명에 달했다고 할 만큼 불교가 발전했고 백제는 동진의 고승 마라난타를 통해 불교를 수용했다침류왕1년 384. 이 시기 법현342경~423경은 불경을 직접 구하기 위해 비단길을 통해 천축국으로 떠나기도 했다399. 불경을 가지고 바닷길을 통해 중국으로 돌아온414 그는 1만여 자로 자신이 순례한 30여 개국에 대한 기록인 『불국기』를 남기며 최초의 인도 순례승이 되었다.

북위 시대에는 불교가 국가권력과 밀착하면서 더욱 융성했다. 그 과정에서 유교나 도가 사상을 비롯한 전통 사상과의 마찰로 일시적인 박해를 받기도 했으나 당시 불교의 위용은 돈황둔황, 운강윈강, 용문룽먼 등의 석굴사원 조성 규모를 통해 알 수 있다. 이 시기 불교의 자극으로 도가 사상도 교단을 갖추어 종교로 발전했다. 구겸지에 의해 중국 토착 종교로 확립된 도교는 황실에 수용되었고, 백성들 사이에서도 불교와 함께 유행했다.

위진남북조 시대는 지배 계층이 귀족이고 그들이 문화를 이끌었기 때문에 귀족문화가 발달했는데, 귀족들은 자신들의 가문을 자랑하고 존경받기 위해 유학 외에 불교, 도교, 서書, 화畵 등 다양한 학문의 습득을 중요시했다. 도연명의 『귀거래사』, 고개지의 그림 「여사잠도」 「낙신부도」는 이 당시의 문화적 분위기를 보여준다. 353년 왕희지가 쓴 『난정서』의 '행서' 글씨는 단순한 글씨를 넘어 예술로 승화되었다고 평가받는다. 당시 장안에서는 왕희지가 쓴 글씨를 얻으려는 사람들이 장사진을 이뤄 돈을 주고도 사기 힘들었고 심지어 종이 값까지 폭등했다고 한다. 죽림칠현竹林七賢은 위·진 정권교체기에 부패한 정치권력에서 벗어나 죽림에서 거문고와 술을 즐기며 청담淸談으로 세월을 보낸 일곱 명의 선비를 가리킨다. 그들의 대표 격인 완적은 『대인 선생전』에서 예법을 존중하는 유생을 '옷 속의 이'로 묘사했고 심지어 모친의 죽음에도 술에 취하는 행동을 서슴없이 행하며 유교의 형식주의를 비판했다. 남조 양나라 수학자 조충지는 1년을 365.24281481일이라고 발표510해 '대명력'이라는 달력의 토대를 만들었고, 원주율을 소수 일곱째 자리까지 계산해내기도 했다. 인도 출신의 선승 달마가 하남성 소림사에서 참선 끝에 소림사 권법을 창시539한 것도 이 시기이다.

북위를 제외한 남북조 8개국은 평균 수명이 32년이었다. 황제들의 재위 기간은 평균 7년이 못 되고, 각 왕조의 최장수 황제를 빼면 평균 재위 기간은 3년이다. 그만큼 치열한 정권쟁탈전과 위태로웠던 왕조, 황제의 무능력과 심각했던 지배층 사이의 갈등을 보여준다. 그러나 이 시기부터 시행된 국가 통치제도들, 북방민족과 한족의 융합된 문화, 귀족문화 등은 앞으로 수당 제국의 단단한 통치와 화려한 문화 발달을 가져올 풍요로운 토양이 되었다. 세계사록

취업하고 싶어요

 중정관   자기소개를 하시오

 취준생   헐

난, 수나라 공무원.
조정 관리는 모두
내 손으로 뽑고 있지.

내가 100% 합격하는
취업노하우 하나 알려줄까?

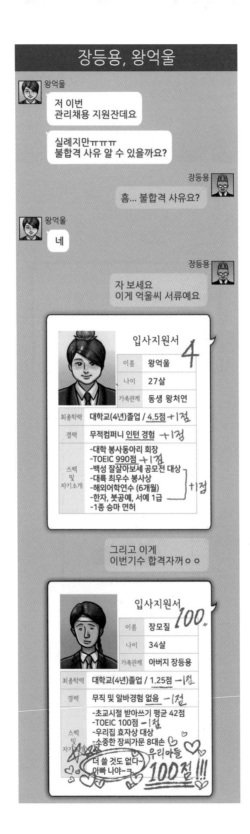

이제 본인이
왜 떨어졌는지 아시겠죠ㅎㅎ?

왕억울
아씨퓨ㅠㅠㅠㅠㅠㅠㅠ

어차피 합격자는 내 핏줄

ㅋㅋㅋ 오해하진 마~
우리 애만 뽑아주는 건 아냐~

내 사촌네 애도 뽑구~
내 친구네 조카도 뽑는걸?
ㅋㅋㅋㅋㅋㅋㅋㅋ

관리 채용 합격자

급수	이름	기타사항
1급	장모질	추천인 : 장등용
3급	장사촌	추천인 : 장등용
4급	장조카	추천인 : 장등용
4급	장베프	추천인 : 장등용
7급	장사돈	추천인 : 장등용
7급	장팔촌	추천인 : 장등용
합격을 축하합니다!		

사회가 원래 이래~
끼리끼리 상부상조하는 거지ㅋ
권력도 좀 키우고ㅋㅋㅋㅋ

아~ 세상 살기 편하다!

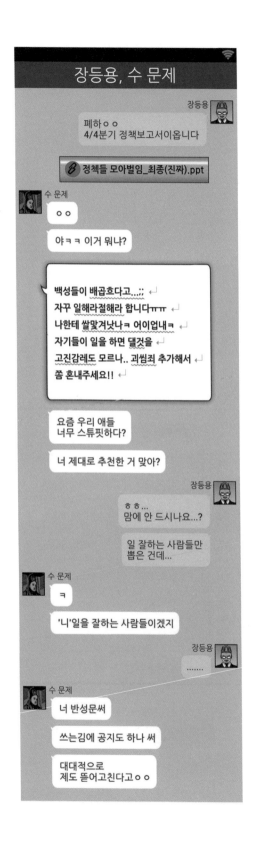

뜯어고쳐?
하~ 웃기시네ㅎㅎ

이름만 바뀌는 거지
뭐가 됐든 어차피 사람은
사람이 뽑는 거잖아?

우리 폐하 너어무
순진하시다~ㅋㅋㅋ

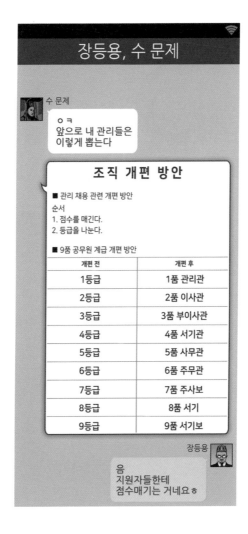

"587년, 수나라 때 과거제가
처음 실시되다."
"오늘날 각종 시험의 모태가 되다."

그랬다고 합니다.

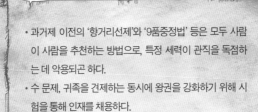

- 과거제 이전의 '향거리선제'와 '9품중정법' 등은 모두 사람이 사람을 추천하는 방법으로, 특정 세력이 관직을 독점하는 데 악용되곤 하다.
- 수 문제, 귀족을 견제하는 동시에 왕권을 강화하기 위해 시험을 통해 인재를 채용하다.
- 587년에 처음 실시된 후, 청나라 말기까지 약 1300년 동안 관리채용제도로 시행되다.

587년 수나라

기원전   기원후

300년   100   100   300   500   700

수 통일과 발전, 제도와 대운하를 남기다

조직 개편 방안

■ 관리 채용 관련 개편 방안
순서
1. 점수를 매긴다.
2. 등급을 나눈다.

■ 9품 공무원 계급 개편 방안

개편 전	개편 후
1등급	1품 관리관
2등급	2품 이사관
3등급	3품 부이사관
4등급	4품 서기관
5등급	5품 사무관
6등급	6품 주무관
7등급	7품 주사보
8등급	8품 서기
9등급	9품 서기보

북주 총관 양견541~604은 중국 역사상 가장 쉽게 나라를 세운 인물로 꼽힌다. 그는 북주 정제로부터 선양581을 받아 국호를 수隋, 연호를 개황이라고 칭하며 수 문제가 되었다. 문제는 남조의 진陳을 멸망시키고 통일589해 후한 이후 370여 년간 분열에 종지부를 찍었다.

북주에서 뿌려진 통일의 씨앗은 수 통치의 안정까지 일구어냈다. 본래 서위북주는 협소한 영토, 적은 인구로 모든 면에서 동위북제에 뒤떨어졌다. 그러나 도읍 장안은 지리적 요충지로 통일에 큰 역할을 했고, 강남이나 북제에 비해 척박한 땅은 오히려 빈부 격차를 줄여 건전한 사회 기풍 유지에 기여했다. 거기에 북위에서 시작485된 균전제 계승은 북주의 경제 기반을 든든히 했다. 균전제는 모든 토지를 국가가 환수, 이를 15세 이상의 농민에게 균등하게 분배해주고 일정한 세금을 거두는 제도로 북위 효문제 시대에 반포되었다. 또한 서위에서 실시된 부병제 확대는 북주의 군사력을 강화하는 데 주효했다. 부병제도는 국민개병의 원칙하에 민족 차별 없이 병역 의무를 부과하고 훈련받게 해 단결을 촉진했다. 이러한 부국강병의 원동력을 밑거름 삼아 북주는 북제를 멸망시켰으며 수나라도 이를 계승하여 무방비와 문약함으로 점철되어 있었던 남조의 진을 병합한 것이다.

문제는 중앙집권체제의 확립과 남북 융합을 통한 민심 수습, 국가 재정의 부흥이라는 과제를 안고 통치에 임했다. 그는 중앙 관제로 3성 6부제를 채택하여 유교 이념에 입각한 정치를 구현했으며 그동안 실시되었던 '9품중정제9品官人法' 대신 '과거제'를 시행587해 인재를 등용, 행정 관료를 통한 통치를 실시하고자 했다. 9품중정제는 삼국 위나라 때부터 실시된220 추천에 의한 관리 선발제도이다. 외척, 환관이 좌지우지하는 무능한 후한 관리 대신 지방의 숨은 인재를 선발하려는 취지였다. 각 주와 군에 현지 사정이 밝은 지역출신 고관이 중정관으로 임명되어 인물을 9품으로 나누어 추천하고 관품을 제수했다. 그러나 이는 당시 지방 여론을 장악하던 호족의 자제들이 상품에 추천되어 고위관직을 독점하는 결과를 낳았고 문벌귀족 형성 배경이 되었다. '상품上品에는 한문寒門이 없고 하품下品에는 세족世族이 없다.'는 표현은 9품중정제와 문벌귀족 탄생과의 관계를 적나라하게 보여준다. 따라서 수 문제가 시행한 시험으로 관료를 선발하는 과거제는 적어도 명목상으로는 능력만 있으면 서민들에게도 신분상승의 기회가 주어지는 것이어서 획기적인 제도였다. 과거제는 이후 20세기 초 청 말기에 폐지될 때까지 1300여 년간 중국의 관료 선발제도로 중요한 역할을 담당했고, 한국에서도 고려광종9년, 958부터 시작해 갑오개혁1894으로 폐지될 때까지 900여 년 동안 실행된 인재등용제도였다.

관제의 정비와 지방 기구의 간소화, 균전제 정비와 새로운 세법인 조용조법의 반포583, 삼장제 정비와 부병제 개혁 등 수 문제의 정치, 경제, 군사적 정책은 통일 왕조 안정에 성공적이었다. 문제 통치 20여 년간 농민의 토지 소유는 확대되고 국가 재정은 늘었으며 천하가 안정되고 번영했다. 하루에 고기 한 점 이상을 먹지 않을 정도로 스스로도 검소했던 문제 말년, 창고에 쌓인 양곡은 정부가 50~60년 사용할 만한 양이 되어 '고금에 나라의 재정이 수만 한 적이 없다.'라고 할 정도로 국부가 늘었다고 한다. 이 시기 안정되고 풍요로운 국민생활을 두고 연호를 따 '개황의 치治'라고 칭송할 정도였다.

610년 문제의 아들 양제604~618재위 시대 수년간의 대역사 끝에 중국 대륙을 남북으로 관통하는 대운하가 완공되었다. 낙양, 북경, 장안을 향해 뻗고, 동서로 흐르는 5대 강을 종단하는 대운하는 장장 2700여 킬로미터에 달한다. 이는 정치 중심인 화북에 경제 중심인 강남을 이어 경제 활성화와 사회 통합을 가져왔다.

그러나 총 공사인원 1억 5000만 명이 투입된 공사에 이어 양제가 벌인 개통식은 국가 근간을 흔들 만큼의 문제를 야기했다. 양제는 개통식을 위해 대운하 전체 구간에 40여 개의 행궁과 대로를 건설해 수양버들의 유래가 될 버드나무를 심고 비단 꽃들을 뿌렸다. 3만 명 규모의 행사단을 꾸며 대규모 공연을 거행했고 '대용주'라는 배로 낙양에서 강남까지 순행했다. 수행선만 1000척, 궁궐 규모의 용주를 끄는 데 동원된 장정만 8만 명에 개통식 선단이 지날 때마다 산해진미 진상이 강제되면서 지방 경제는 초토화되었다. 개통식 이후에도 양제는 이 엄청난 규모의 뱃놀이를 수시로 행했다. 이후 양제가 110만 명 이상을 이끌고 나선 <u>고구려 원정</u>612~615이 <u>실패</u>하면서 각지에서 일어난 <u>농민 반란</u>은 통일 30년 만에 수를 <u>멸망</u>으로 이끌었다. 그러나 수 왕조가 지나간 뒤의 중국 역사에 수가 계승, 완성시킨 제도와 운하는 그대로 남아 당 제국 발전에 큰 기여를 하게 된다. 세계사록

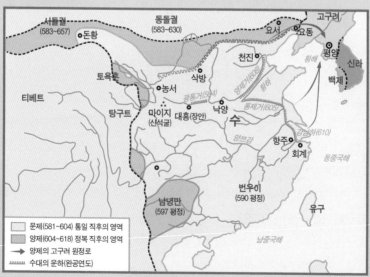

📍수의 중국 통일

4세기~6세기
백제, 고구려 전성기에서 신라의 시대로

중앙집권적 고대 국가로 발전한 삼국은 백제, 고구려, 신라 순서로 각 세기별 전성기를 누렸다. 전성기를 누렸던 나라는 한강을 차지했고 다른 두 나라는 친선이나 동맹 관계를 맺어 이에 대응했다. 각 국가는 발전을 위해 중국 위진남북조 시대의 전개에 맞춰 외교관계를 맺고 불교를 수용, 공인해 사상적 통일을 꾀했다.

기원전후 초기국가로 성장한 백제는 3세기 고이왕 때 중앙집권 국가의 기틀을 마련했다. 4세기 근초고왕346~375재위 때 마한의 남은 세력을 통합, 남해안까지 진출했고 고구려를 공격해 고국원왕을 전사시키고 황해도 일부까지 차지했으며 일본 규슈 지방과 교류하며 전성기를 이루었다. 이러한 발전은 아들 근구수왕에게 이어졌고 침류왕 시기 동진으로부터 수용384된 불교는 고대 국가의 사상적 기반이 되었다. 5세기 고구려의 강성에 대응하여 나제동맹433~553을 체결하고 중국 북위에 도움을 요청해 위기를 타파하고자 했다. 그러나 장수왕의 3만 대군에게 한성이 함락, 개로왕은 죽고 수도를 웅진공주, 문주왕 475으로 천도하면서 상대적 쇠락의 길을 걸었다. 이후 동성왕과 무령왕대 남조 양나라와의 국교를 강화하며 부흥을 꾀하고, 성왕523~554재위대 사비부여로 천도, 불교를 진흥하고 왜와도 우호적 관계를 유지하며 발전을 꾀했다. 그러나 협공해서 빼앗은 한강 하류를 진흥왕의 배신으로 신라에 빼앗기고 성왕은 관산성옥천에서 전사했다.

기원후 1세기 후엽 고대 국가로 발돋움한 고구려는 미천왕 시기 중국이 5호16국 시대로 접어들자 낙랑군을 공격하여 한반도 내 중국 세력을 완전히 축출하는 데 성공313했다. 4세기 중엽 전연과 백제의 침입, 고국원왕의 전사로 위기에 처했으나 소수림왕371~384재위의 불교 수용, 태학 설립, 율령 반포 등 국가 체제 정비는 비약적 발전의 토대가 되었다. 광개토왕391~413재위이 즉위한 4세기 말부터 고구려는 전성기에 돌입한다. 광개토대왕릉비는 당시 광개토대왕이 서쪽으로는 후연을 격파하여 요동에 진출, 동북으로는 숙신을 복속시켜 만주, 남으로 백제를 정벌하여 임진강, 중부의 한강 상류를 차지했고, 왜의 침입을 받은 신라를 도와 호우명 그릇 가야연맹까지 군사를 보내 왜군을 무찌르는 등 일생 동안 64성, 1400촌을 공파한 엄청난 정복 사업을 말해준다. 98세까지 장수한 왕으로 광개토왕의 위업을 계승한 장수왕413~491재위의 78년 재위 기간 동안 고구려는 최전성기를 누렸다. 장수왕은 수도를 국내성에서 평양으로 천도427하고 남하정책을 강행하여 백제와 신라를 압박했다. 그 결과 고구려의 영토는 죽령, 조령 일대로부터 남양만을 연결하는 선까지 확대되었고, 문자왕 때 부여까지 정복494한 후에는 한반도의 대부분과 요동, 만주까지 차지한 통일 제국이 형성되었다. 특히 이 시기 고구려는 남북양조와 교통하며 중국의 압박을 배제, 스스로를 천하의 중심으로 자부할 만큼 명실공히 동아시아 최강대국의 지위를 차지했다.

신라가 고대 국가 체제를 갖춘 것은 김씨의 독점적 왕위 세습이 시작된 내물마립간356~402재위 대로, 이 시기에야 고구려 사신의 안내로 중국 전진에 사신을 파견할 수 있었다. 눌지왕 때 백제와 동맹을 맺으며 고구려의 그늘에서 벗어난 자주적 성장이 시작되었고, 국호를 신라로 왕호를 왕으로 바꾸며 우산국울릉도을 복속512시킨 지증왕 이후 6세기에 비약적으로 발전했다. 법흥왕대의 율령 반포, 백관공복의 차례 제정, 상대등 제도 설치, 불교 공인527 등 통치체제 정비는 이후 진흥왕대 신라를 전성기에 올려놓았다. 7세에 왕위에 오른 진흥왕540~576재위은 불교를 진흥하고 화랑도를 제도화한 어머니 지소부인의 섭정을 기초로 18세에 친정 시작과 함께 정복사업에 착수했다. 단양의 적성과 한강 상류 10군을 점유한 신라는 백제로부터 한강 하류까지 탈취하여 중부지방을 독차지했다. 한강 유역의 점령을 통해 대고구려 백제전에 유리한 조건을 마련했을 뿐 아니라 바다를 통해 직접 중국 남북조와 외교관계를 맺게 됨으로써 삼국 통일을 위한 중요한 발판을 마련했다.

고구려가 한반도 및 요동, 만주에 걸친 대제국을 건설하고 동아시아에서 주도적 위치를 유지할 수 있었던 것은 중국 남북조의 분열을 이용했기 때문이다. 고구려는 북조의 북위, 북제, 북주 왕조들과 차례로 통교한 한편 바다를 통해서는 남조의 동진, 송, 제, 양, 진에도 사신을 보내 친선을 도모하는 <u>등거리 외교</u>를 통해 중국 세력 견제에 성공했다. 그러나 6세기 후반 수가 남북조를 통일하고 제국화하자 두 제국은 충돌할 수밖에 없었으며 이는 결과적으로 신라의 세력 확대에 유리한 기회가 된다. 세계사록

📍전성기의 고구려(5세기)

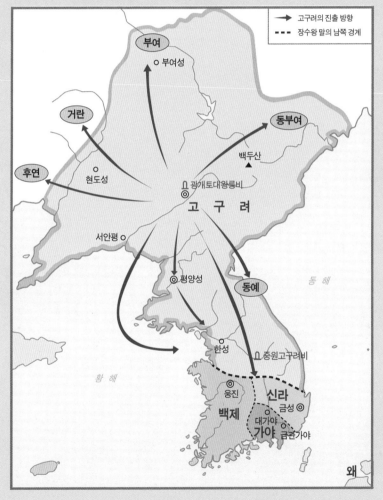

다양한 문화권의 형성

600 전후 ≫ 900 전후

카롤루스

안녕하세요 >.<

떠오르는 유럽샛별
우리 프랑크왕국 예쁘게 봐주세요

 쇼토쿠

우리 일본도 잘부탁한다데스 😉

 수 양제

응 듣보잡ㄲㅈ

당태종

ㅋㅋ우리 당나라는
잘나가서 딱히 홍보 안해도됨

 양귀비

그럼 제가 할게요ㅋ

희대의 막장드라마!

며느리의 유혹

많은 시청 부탁드려욧!

당태종

후손며늘아가 낄끼빠빠?

  전송

무함마드의 극한라술

🕶️ 무함마드   알라♥

I

헐?헐!

여기는 아라비아반도.
낙타와 상인들의 도시지.

아라비아그램

 무함마드 @mhmd

♥ 247명이 좋아합니다.

오빠 낙타 뽑았다 누나 데리러가♬
#하디자그룹 #본부장 #다둥이아빠 #여보사랑해

사업도 잘되고
배부르게 잘 먹고 잘 사니까
걱정은 없는데.

뭐랄까… 마음이 좀 허전하네.
아무리 채워도 비어 있달까.

※ 지브릴: 기독교의 대천사 가브리엘

뭐 좀… 새로운 일 없을까.

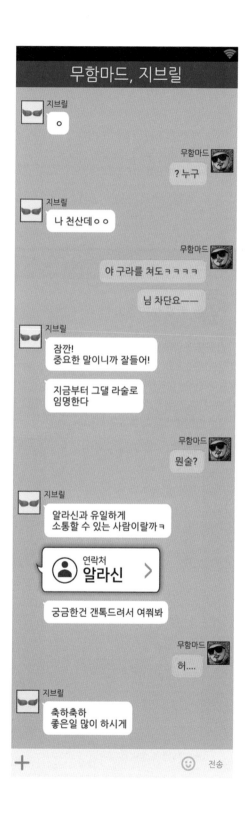

어… 음… 나 지금
천사랑 톡한 거니? 레알참트루?

이런 건 널리 퍼트려야 해ㅎ
사람들한테 알려줘야지ㅋㅋ

#경전 #쿠란 #알라신말씀

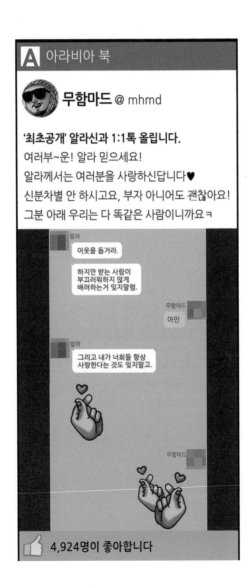

노예 압둘라
오오 알라신이시여!

 평민 아심
라술님 개부러뷰ㅠㅠ

 귀족 카르자
뭐래 주작 노노해ㅋㅋㅋ

 귀족 아이샤
야 이 XX야!! 사람이 왜 평등해?
내가 천것들이랑 똑같다고??

 무함마드
@귀족 아이샤 ㅇㅇ넴

 귀족 카르자
운도 실력이죠
가난한 애들 도울 필요 없음ㅋ
흙수저들이 굶어죽는건
자연의 이치 아닌가ㅋ

 무함마드
@귀족 카르자 이기적인 사람은
낙원 못갑니다

 귀족 히난
알라신만 신이냐?
내가 믿는 신은 뭔데? 유령이냐???

 무함마드
@귀족 히난 알라만이 유일한
우리의 신이십니다

 귀족 히난
@무함마드 어이없네ㅋㅋㅋㅋ
지금 우리 신 노인정?

 귀족 아자르
어이없다ㅋㅋㅋ 야 전번 까

III

지하드

 귀족 히난
그렇게 좋으면 니네 신한테 가라. 내가 보내줄게ㅋㅋ

귀족 아이샤
너 내눈에 띄면 뒈.진.다.

귀족 카르자
ㄲㅈㄹ

하… 반발이 심하네.
일단 옆 동네로 피신하자.

잠깐만 피해 있음 되겠지…
아주 잠깐 동안만…

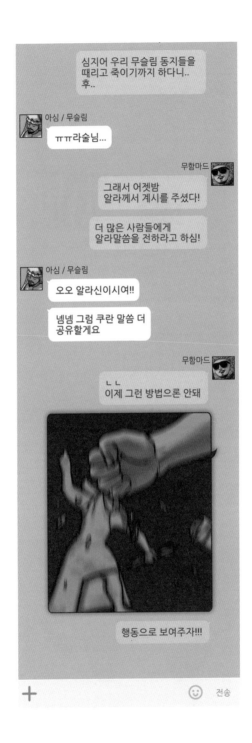

심지어 우리 무슬림 동지들을 때리고 죽이기까지 하다니.. 후..

아심 / 무슬림

ㅠㅠ라술님...

무함마드

그래서 어젯밤 알라께서 계시를 주셨다!

더 많은 사람들에게 알라말씀을 전하라고 하심!

아심 / 무슬림

오오 알라신이시여!!

넴넴 그럼 쿠란 말씀 더 공유할게요

무함마드

ㄴㄴ 이제 그런 방법으론 안돼

행동으로 보여주자!!!

\+   🙂 전송

#지하드 #성전 #거룩한전쟁

그랬다고 합니다.

- 무함마드, 610년경 히라 동굴에서 명상 중에 대천사 지브릴로부터 알라의 계시를 받아 이슬람교를 창시했다고 전해지다.
- 메카 상인들의 반발을 사다. 협박을 못 이기고, 622년에 메디나로 옮기다. #헤지라 #이슬람력START
- 종교집합체인 #움마를 만들고, 이슬람 전파를 위한 종교적 의무인 #지하드를 단행하다.
- 지하드는 무력행사뿐만 아니라, 예배를 드리고 라마단 기간에 금식하는 등 쿠란 가르침을 열심히 행하는 평소 생활태도도 포함된다고.

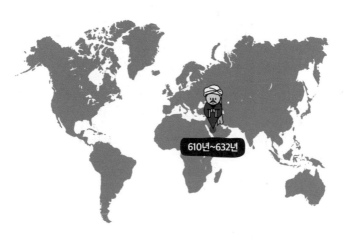

610년~632년

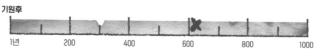

기원후

| 1년 | 200 | 400 | 600 | 800 | 1000 |

이슬람교의 탄생과 3대륙으로의 확대

사막이 대부분인 아라비아반도에는 셈족에 속하는 아랍인들이 살고 있었다. 유목생활을 하고 다신교를 믿은 이들은 메카 카바의 '검은 돌'을 공통적으로 숭배하는 것 이외에는 정치적인 통일을 이룬 적이 없었다. 그러나 6세기 비잔티움과 사산 왕조 페르시아의 충돌로 육상 교역로가 막히자 아라비아반도 서해안을 이용하는 해상교역로가 개척되면서 그 길목의 메카, 메디나가 발전하였고, 제국들의 관심권 밖에 있었던 아라비아반도는 국제무대에서 급부상했다. 인도 항로를 통해 수입된 중국, 인도산 향료가 메카로 집결된 뒤 아랍 상인들을 통해 지중해 연안과 페르시아 각지로 공급되면서 이 지역이 국제 무역지대로 급성장했던 것이다. 메카에는 건조한 사막의 보물 1호인 낙타 수십 마리로 된 카라반 여러 개를 운영하는 대상인들이 많았고 메카 출신의 이슬람교 창시자 무함마드 570~632도 부유한 상인 출신이었다.

유대교와 기독교를 접했던 무함마드는 알라의 예언자가 되라는 계시를 받고610 이슬람교를 전파했다. 그는 메카에서 성직자 없이 알라 앞에 평등을 주장한 이슬람교로 박해를 받자 메디나로 도망했다. 이는 히즈라영어로는 '헤지라'로 부르며 '거룩한 이주'란 뜻라고 하며 이슬람교의 원년이 되었다622. 메디나에서 교세 확장에 성공한 무함마드는 메카를 점령630했으며 카바의 '검은 돌'을 제외한 다른 우상은 추방해 이슬람교의 성지로 만들었다.

무함마드가 후계자 없이 사망하고 난 뒤 교도들의 합의로 선출한 후계자인 칼리프칼리파, 할리파, '신의 사자(무함마드)의 후계자'란 뜻가 통치한 시기를 정통 칼리프 시대632~661라고 한다. 아부바크르, 우마르, 우스만, 알리로 4대 동안 이어진 이 시대는 이슬람교도에게 이상적인 시대였다. 이 시기 아라비아반도를 평정한 이들은 1200년 역사를 지닌 페르시아를 멸망651시켰고 이집트를 정복했다. 문맹이었던 무함마드가 천사 지브릴가브리엘에게 받아 말로 전했다는 알라의 계시를 문자로 만들었고, 3대 칼리프 우스만이 그 편찬을 완료했다. '읽혀야 할 것'이라는 뜻의 쿠란꾸란이라고 이름 지어진 이슬람교 경전의 완성이었다. 그러나 말기 정치적 혼란과 이질적 요소의 유입으로 이슬람 신앙이 동요하면서, 알리를 암살하고 칼리프에 오른 무아위야에 의해 정통 칼리프 시대는 종결되었다.

무아위야는 우스만의 친족으로 메카의 명문인 우마이야 가문 출신이었다. 그가 이슬람의 민주적 공동체를 파괴했다는 비난을 일축하며 자기 아들을 후계자로 삼아 세습 칼리프의 길을 열면서 14대 칼리프에 걸친 우마이야 왕조661~750가 시작되었다. 무함마드의 사촌이자 사위였던 칼리프 알리의 추종자들은 무함마드 직계 혈통에게만 칼리프의 자격이 있다고 하며 우마이야 왕조에 대항했고, 이들을 알리를 추종하는 자시아 알리라는 뜻의 '시아'라고 부른다. 시아를 제외한 기존의 세력을 '예언자의 언행'이라는 '순나'를 따른다 하여 '수니'라고 부르며, 현재 이슬람 세력 내에서는 사우디아라비아를 중심으로 하는 수니가 80퍼센트 이상으로 이란을 중심으로 하는 시아에 비해 다수이다.

우마이야 왕조는 수도를 메디나에서 시리아의 다마스쿠스로 옮기면서 제국으로 발돋움했다. 사마르칸트의 중앙아시아까지 진출해 대당제국과 맞섰고705~712, 동쪽으로 인더스강 입구에서 펀잡에 이르는 북인도까지 제국을 확장710~712했다. 또한 북아프리카를 점령710하고 해협을 건너711 이베리아반도에 상륙한 뒤 서고트군을 대파하고 반도 전역을 장악하기도 했다. 당시 이슬람군 지도자는 타리크 빈쟈드였는데 해협을 넘은 그는 자신의 위업을 남기기 위해 해협 이름을 '타리크의 산'이라는 뜻의 '쟈바룩 타르크'라고 명명했고, 서고트인들은 이를 '지브롤터'라고 부르기 시작했다. 비록 투르 푸아티에 전투732에서 프랑크의 카롤루스 마르텔에게 저지당하며 피레네산맥 이남의 이베리아에서 진군은 멈췄지만 태어난 지 100년 정도밖에 되지 않은 이슬람의 파죽지세는 당시 유럽, 아시아, 아프리카에게 두려움이었다.

이슬람 세력이 단시일 내에 세력을 키울 수 있었던 비결은 '움마'라는 공동체적 형제애로 단결된 정교일치의 힘이었으며, '이슬람인가, 지즈야인가'로 대표되는 피정복지에 대한 그들의 정책에 있었다. 지즈야는 피정복민이 내야 하는 세금으로 이슬람으로의 개종 대신 선택할 수 있었다. 실제로 당시 많은 지역에서 지즈야를 바치기로 하고 신앙과 재산의 자유를 보장받았다. 특히 비잔티움과 사산 왕조 페르시아 지역민들은 전쟁 때문에 가중된 세금 부담으로 이슬람이 제시한 저렴한 지즈야를 오히려 환영하였다고도 한다.

그러나 우마이야 왕조는 점차 전제주의 방식을 사용하여 종교적 형제애와 공동체에 근거한 관용과 평등이라는 이슬람 교리를 벗어나기 시작했다. 사회 계층을 아랍계 이슬람교도와 비아랍계 이슬람교도, 비이슬람교도 등으로 구분하고 차별정책을 펴 시리아 출신의 아랍계 이슬람교도를 중심으로 국가를 운영했으며 아랍어를 공용어로 채택, 피정복민은 차별하며 무거운 세금을 물렸다. 이에 시아의 아바스 가문은 비아랍계 이슬람교도인 마왈리의 세력을 규합하면서 우마이야 왕조를 타도하고 아바스 왕조를 세우게 된다750. 세계사록

술 쓰고 시 푸는 시인

 아부 누와스 　　술술

I

술꾼

너희 이슬람의 시인 중에
아는 사람 있어?

뭐? 몰라?
그렇다면 앞으로
나, 아부 누와스를 기억해ㅋㅋ

내가 얼마나 시를 술술 잘 쓴다구ㅋㅋ

갬성스타그램

 아부누와스 @Abū Nuwās 　📍내 감성

아침에 다시 만날 널 생각하면
새벽부터 내 마음은 두근거리지.
-<모닝술> 중에서-

854명이 좋아합니다.

 이븐 수나
ㅋㅋ해장은 역시 모닝술이죠 10분전

 하리프
모닝술로 시작해서 점심에 가볍게 낮술하고
저녁에 본격적으로 달림 8분전

아흐메드
@하리프 그리고 다시 아침에 모닝술로
마무리~ 2분전

파티마
누가 내 얘기 써놈?ㅎㅎ 1분전

갬성스타그램

 아부누와스 @Abū Nuwās 📍내 감성

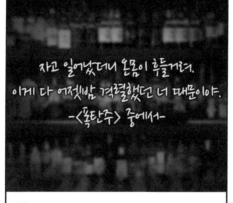

자고 일어났더니 온몸이 후들거려.
이게 다 어젯밤 격렬했던 너 때문이야.
-〈폭탄주〉 중에서-

 2,541명이 좋아합니다.

 카디자
딴거 생각난 사람 손? (부끄) 4시간 전

 이븐 수나
@카디자 2222222222 4시간 전

 하리프
@카디자 3333333333333 2시간 전

 아흐메드
온제까징 어깨추물 추게할꼬야앙~ 7분전

II

쾌락꾼

이래봬도 내가
꽤 잘나가는 시인이거든?

대중들의 공감을 사는
문학인이랄까ㅋㅋ

인생 사실 별거 있어?
부어라 마셔라 사랑하라잖아?

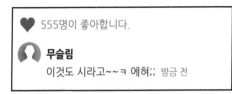

아~ 근데 몇몇은 내가 별론가 봐?

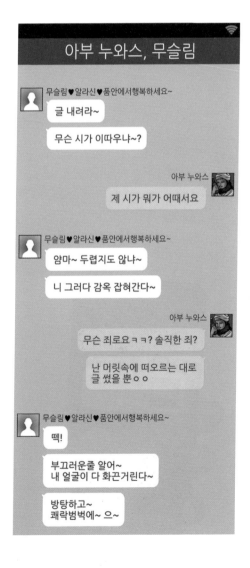

아부 누와스, 무슬림

무슬림♥알라신♥품안에서행복하세요~
글 내려라~

무슨 시가 이따우냐~?

아부 누와스
제 시가 뭐가 어때서요

무슬림♥알라신♥품안에서행복하세요~
얌마~ 두렵지도 않냐~

니 그러다 감옥 잡혀간다~

아부 누와스
무슨 죄로요ㅋㅋ? 솔직한 죄?

난 머릿속에 떠오르는 대로
글 썼을 뿐ㅇㅇ

무슬림♥알라신♥품안에서행복하세요~
떽!

부끄러운줄 알어~
내 얼굴이 다 화끈거린다~

방탕하고~
쾌락범벅에~ 으~

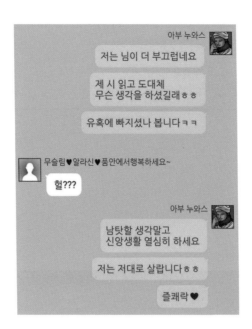

하참! 내가 좋아하는 거
하면서 사는 게 뭐 어때서!

그래도 내 능력을 알아보고
시를 사겠다는 사람들도 많아ㅎㅎ

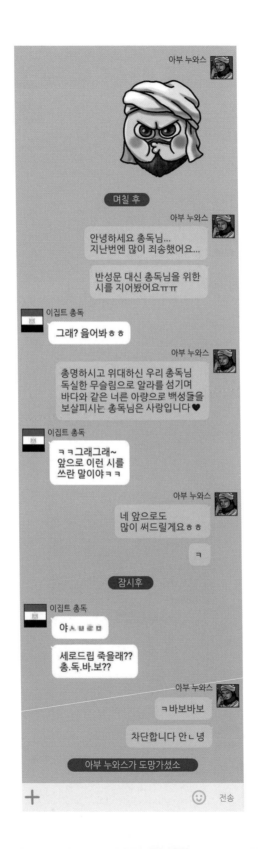

그랬다고 합니다.

좋아요

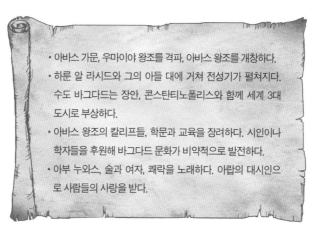

- 아바스 가문, 우마이야 왕조를 격파, 아바스 왕조를 개창하다.
- 하룬 알 라시드와 그의 아들 대에 거쳐 전성기가 펼쳐지다. 수도 바그다드는 장안, 콘스탄티노폴리스와 함께 세계 3대 도시로 부상하다.
- 아바스 왕조의 칼리프들, 학문과 교육을 장려하다. 시인이나 학자들을 후원해 바그다드 문화가 비약적으로 발전하다.
- 아부 누와스, 술과 여자, 쾌락을 노래하다. 아랍의 대시인으로 사람들의 사랑을 받다.

747년경~ 813년경 아바스 왕조

기원후

1년   200   400   600   800   1000

아바스 왕조, 이슬람 제국의 영광과 문화를 누리다

칼리프 계승 문제로 인한 내분과 재정 고갈로 약해진 우마이야 왕조의 마르완 2세는 자브강 전투에서 아불 아바스에게 무너졌다. 시아를 이끌고 비아랍계, 특히 이란 계열 마왈리를 포섭하며 세력을 키우면서 2대에 걸쳐 정권 장악의 칼을 갈아온 아바스 가문의 승리였다. 아바스압바시야 왕조는 창건 직후 동으로의 진출을 꾀해 이 지역의 패권을 지키려는 당과 탈라스 강 연변에서 충돌751, 승리했다. 당대 최고의 명장 고선지가 이끄는 7만의 당군에 맞서 패색이 짙었으나 당과의 협력을 약속했던 돌궐 일족의 배신을 이끌어내 얻은 승리였다. 이로 인해 당은 실크로드를 잃어 큰 타격을 입은 반면 아바스 왕조는 중국의 제지법을 전수받았고 중앙아시아는 이슬람화가 촉진되었다. 아바스 왕조 수립 후 우마이야 왕족 아브드 알 라흐만은 이베리아반도로 피신해 코르도바를 수도로 삼고 후우마이야 왕조를 세웠다756.

아바스 왕조는 그 창건 과정에서 추측할 수 있듯 비아랍계 이슬람교도들의 정권 참여를 허용하고 계층 차별을 철폐해 아랍민족 중심 왕조의 틀을 깼다. 이를 통해 다민족 이슬람 공동체를 근간으로 아랍 제국에서 이슬람 제국으로 발전한 아바스 왕조에서는 무함마드의 직계 권위를 인정받아 칼리프의 권위도 한층 강화되었다. 2대 칼리프 알 만수르가 제국의 수도를 다마스쿠스에서 바그다드로 옮기면서 정치, 군사, 문화, 경제의 중심이 동쪽으로 이동되었으며 페르시아의 왕정제, 관료제 및 행정제도에 영향을 받았다. 메소포타미아 평원에 세워진 도시 바그다드는 세계 동서무역과 문화의 중심지로 성장해 800년경 인구가 200만을 돌파하여 장안, 콘스탄티노폴리스와 더불어 세계 3대 도시로 꼽혔다. 이 시기 5대 칼리프 하룬 알 라시드786~809재위와 그의 아들 알 마문813~817재위 시대는 아바스 왕조의 전성기로 이슬람과 아랍어를 기반으로 헬레니즘 문화를 융합한 <u>국제적이고 다면적인 이슬람 문화</u>가 발전하였다.

'지혜의 집'으로 불리는 바그다드의 학술 전문 연구기관은 이슬람 과학 발달의 중심에 서 있었다. 그 이름에서 '알고리즘'이라는 용어가 유래된 알 콰리즈미는 숫자의 자릿수 개념과 0을 세련되게 다듬어 '<u>아라비아 숫자</u>'로 보급했고 물리학자 이븐 쿠라는 도르래와 천칭저울을 만들었다. 헬레니즘 알렉산드리아에서 탄생한 그리스 연금술chyma을 계승해 발전시킨 화학, 천문학, 생물학, 그리고 당시 최고 수준을 자랑했던 해부학을 포함한 의학 분야에서의 업적도 눈부셨다.

또한 유럽에서는 단절된 헬레니즘 문화를 수용해 아리스토텔레스, 플라톤 등의 철학을 보존했으며, 인도의 힌두 문화에서도 유용한 면을 받아들였다. 이 당시 작품인 『<u>천일야화천 하룻밤의 이야기</u>』는 이란의 설화를 바탕으로 만들어졌는데, 이는 본래 인도 이야기를 개작한 것이다. 사산 왕조 페르시아의 샤리야르 왕이 아내에게서 배신을 당하면서 시작된 설화는 이슬람으로 들어와 천 하루 동안 이어지는 세헤라자데의 무수히 많은 이야기가 되었다. 이슬람 문화권에서는 백, 천, 만 등에 1을 덧붙이면 '무수히 많다'는 뜻이기 때문이다. 미너렛첨탑과 꿉바돔로 표현된 이들의 대표적 건축물인 <u>마스지드</u>모스크: 이슬람 사원와 기하학적인 아라베스크 문양, 세밀화는 이후 유럽에도 영향을 미쳤다.

칼리프 알 무으타심833~842재위이 어릴 때부터 군인으로 훈련된 맘루크튀르크 노예 용병들을 궁성의 경호원으로 고용하면서 아바스 왕조의 쇠락은 시작된다. 맘루크는 오직 칼리프에게만 맹목적인 충성을 바칠 수 있었다. 그래서 칼리프는 혈연, 지연으로 묶여 있지 않은 그들을 친위대로 두고 아랍인과 페르시아인들을 견제할 고급 군사집단으로 성장시켰다. 그러나 점차 자신들의 권력을 자각하게 된 맘루크들은 스스로 지배권을 장악했다. 결국 칼리프는 맘루크에 의해 좌지우지

861~945되었고, 제국 전역에서는 지방으로 파견되었다가 세력을 확장한 맘루크 정권이나 지방 토호 등이 반半 독립국화 했다. 그 중 가장 대표적인 파티마 왕조 909~1171는 북아프리카 전역을 세력권 안에 넣으며 시칠리아, 이집트, 시리아 등을 통치하게 된다. 이들은 이란 계열 시아파 부와이흐 조에 의해 바그다드를 점령 945당한 후 칼리프의 명맥만 남은 아바스 왕조 대신 10세기 이후의 이슬람 세계를 주도했다. 세계사록

📍 이슬람 세력의 확대

우린 제법 잘 어울려요

로마 교황	하트뿅뿅♥♥
마르텔	충성
피핀	충성X2
카롤루스	충성X3

I
친구의

아… 외롭다ㅠ

저장된 전번은 많은데
전화 걸 데가 1도 없네ㅜㅜ

친구목록

검색

명존쎄 하고픈데 무서운 우마이야

땅욕심 많은 이웃 롬바르드

오다가다 인사하는 프랑크

 그냥 싫은 비잔티움

서로 마음이 잘 맞아서
#아 하면 #어 하고 받아주는
그런 친구 어디 없나?

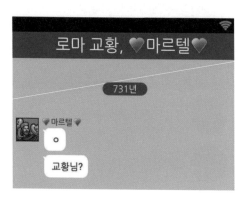

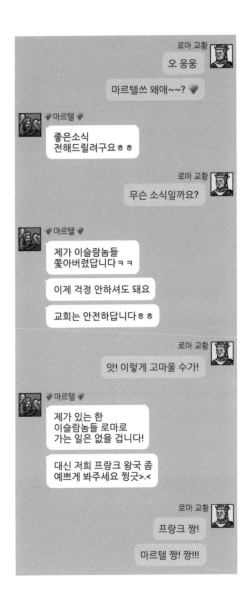

대단하다 대단해ㅎ
이슬람놈들도 무찌르고ㅎㅎ

서로마 망한 후로
이민족들 별로 좋게 안 봤는데.
프랑크는 좀 다른 것 같아ㅎ

좋은 친구로 지내야겠어ㅋㅋ

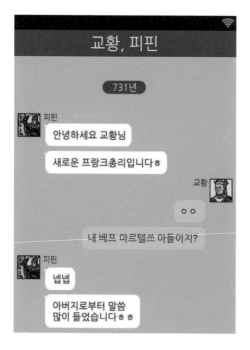

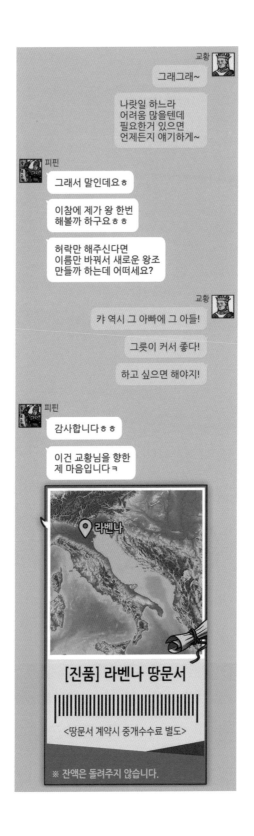

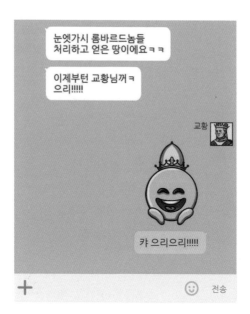

아 예뻐라~♥♥
어쩜 이렇게 이쁜 짓만
골라 할까ㅋㅋ

근데 이건 시작에 불과하더라ㅋ

역대급 커요미가 나타났어♥

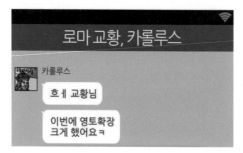

[진품] 이탈리아 중부전역 땅문서

교황님 찬양해♥

※ 잔액은 돌려주지 않습니다.

요거는 교황님꺼♥

받아주실꺼죠?ㅋㅋ

로마 교황

카롤루스 윤석~

아빠랑 할아빠 쏙닮았구나

궁디팡팡 오구오구♥

카롤루스

데헷 그리고요

정복한 곳 백성들한테
로마가톨릭 믿으라고
전도 많이 했어요><

믿음 소망 사랑♡

로마 교황

헐...
와....

흠... 안되겠다
너 왕관 벗어라

카롤루스

헐??
왜요??????

제가 무슨 잘못이라도...?

"800년 12월 25일, 로마 교황.
카롤루스에게 황제의 관을 씌워주다."

#서로마 #부활

그랬다고 합니다.

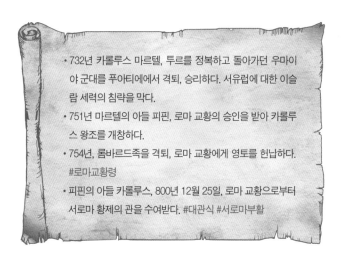

- 732년 카롤루스 마르텔, 투르를 정복하고 돌아가던 우마이야 군대를 푸아티에에서 격퇴, 승리하다. 서유럽에 대한 이슬람 세력의 침략을 막다.
- 751년 마르텔의 아들 피핀, 로마 교황의 승인을 받아 카롤루스 왕조를 개창하다.
- 754년, 롬바르드족을 격퇴, 로마 교황에게 영토를 헌납하다.
  #로마교황령
- 피핀의 아들 카롤루스, 800년 12월 25일, 로마 교황으로부터 서로마 황제의 관을 수여받다. #대관식 #서로마부활

800년 프랑크

기원후

1년　　200　　400　　600　　800　　1000

사이좋게 노나먹어요

프랑크   약속~

I
상속자들

난 프랑크네 막내아들,
루이라고 해ㅎㅎ

나 지금 기분이 너무 좋아서
날아갈 것만 같앜ㅎㅎㅎ

아빠가 땅 나눠줬거든ㅋㅋ
형들이랑 나한테
똑같이 삼등분으로ㅋㅋㅋㅋ

프랑크타그램

 루이 @Louis   우리집

♥ 8,135명이 좋아합니다.

땅겟함ㅋㅋ
#프랑크네 #상속자들 #사이좋게 #나눠먹어요

삼형제 엄마
어머~ 축하해 내새끼들~ 4분전

루이
@엄마 고마워요ㅎㅎ 3분전

삼형제 아빠
.....^^;;;;;; 지금

이때만 해도 화목했지.

근데 설마, 아빠가 우리한테
이러실 줄은…!
#부들부들

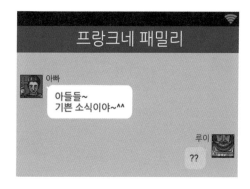

프랑크네 패밀리

아빠
아들들~
기쁜 소식이야~^^

루이
??

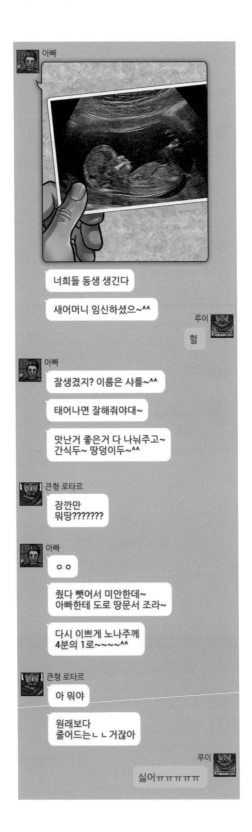

아빠

너희들 동생 생긴다

새어머니 임신하셨으~^^

루이

형

아빠

잘생겼지? 이름은 샤를~^^

태어나면 잘해줘야대~

맛난거 좋은거 다 나눠주고~
간식두~ 땅덩이두~^^

큰형 로타르

잠깐만
뭐땅???????

아빠

ㅇㅇ

줬다 뺏어서 미안한데~
아빠한테 도로 땅문서 조라~

다시 이쁘게 노나주께
4분의 1로~~~~^^

큰형 로타르

아 뭐야

원래보다
줄어드는ㄴ 거잖아

루이

싫어ㅠㅠㅠㅠㅠ

하씨……
막내 타이틀 뺏긴 것도 서러운데
땅까지 뺏겨야겠어? 내가?

그런데.

으아… 둘째 피핀형ㅜㅜㅜㅜㅜㅜㅜ
형이 하늘나라에 가버렸어…
그리고 막내놈이 작은형 땅 스틸함…

가족끼리 막 이래도 돼?
이럴 때 맏형이 의지가 돼야 하는데…

믿었던 형아께서
내 뒤통수를 쳐주시네ㅋㅋ

그럼 나도 적과 동침하는 수밖에!

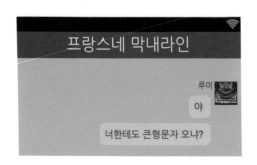

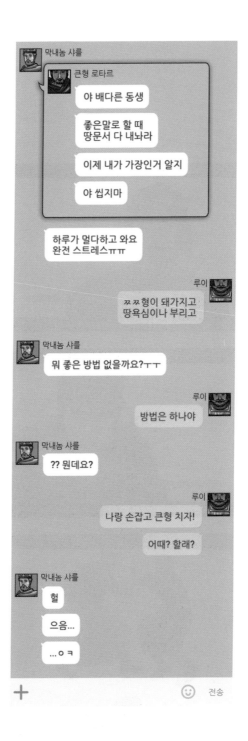

크흙흙흙하항ㅎㅎㅎㅎ
막내놈이랑 손잡고 시작된
프랑크판 왕자의 난!

어떻게 됐냐고?

[하이라이트] 슬램덩프랑크_핏줄은 거들뿐

루이 프랑크 / 왕족, 둘째왕자

[하이라이트] 슬램덩프랑크_핏줄은 거들뿐

샤를 프랑크 / 왕족, 막내왕자

[하이라이트] 슬램덩프랑크_핏줄은 거들뿐

로타르 프랑크 / 큰형, 노양심

욕심쟁이 큰형?
실컷 두들겨 패줬어.
그렇게 욕심을 왜 부려ㅉㅉ

#다시는 #동생들을 #얕보지마라

자, 큰형 땅도 뺏었겠다ㅋㅋ
우리 착한 샤를이랑 고기나 먹을까?

······응?????

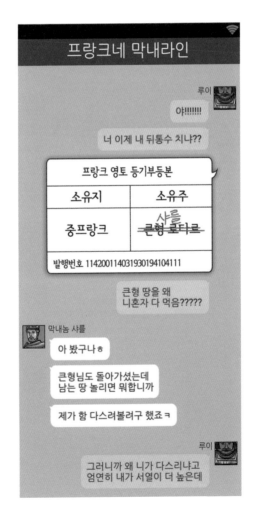

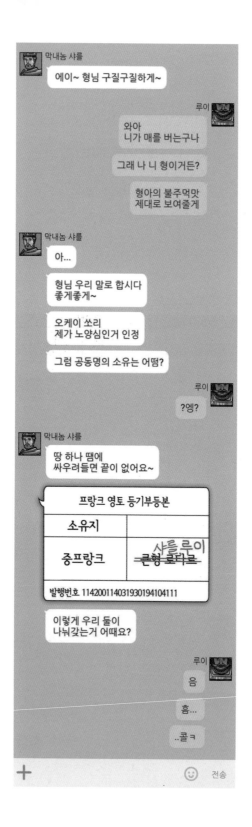

막내놈 샤를
에이~ 형님 구질구질하게~

루이
와아
니가 매를 버는구나

그래 나 니 형이거든?

형아의 불주먹맛
제대로 보여줄게

막내놈 샤를
아...

형님 우리 말로 합시다
좋게좋게~

오케이 쏘리
제가 노양심인거 인정

그럼 공동명의 소유는 어떰?

루이
?엥?

막내놈 샤를
땅 하나 땜에
싸우려들면 끝이 없어요~

프랑크 영토 등기부등본	
소유지	
중프랑크	~~샤를 루이~~ ~~큰형 로타르~~
발행번호 1142001140319301941041	

이렇게 우리 둘이
나눠갖는거 어때요?

루이
음

흠...

..콜 ㅋ

\+   ☺ 전송

그랬다고 합니다.

- 경건왕 루이 1세, 프랑크족의 관습에 따라 자신의 세 아들에게 영토를 나눠 주다. 재혼한 부인 사이에서 넷째 아들 샤를 2세가 태어나자, 프랑크 영토를 재분배하려 하다. 아들들의 극심한 반발을 사다.
- 그 사이 차남 피핀 1세가 사망, 그의 소유지였던 아키텐이 샤를의 소유가 되다. 이에 불만을 가진 장남 로타르 1세를 루이 2세와 샤를 2세가 굴복시키다. 843년 서, 중, 동프랑크로 정식 분할하는 조약을 맺다. #베르됭_조약
- 870년, 로타르 1세의 중프랑크 중 일부(로트링겐)를 루이 2세와 샤를 2세가 나눠갖다. 프랑스, 이탈리아, 독일의 국가적 형태가 잡히다. #메르센_조약

9세기 프랑크왕국

서로마 제국의 부활에서 중세 봉건 사회로

클로비스 사후 내분으로 왕권이 약화되자 재상 카롤루스690경~741가 프랑크 왕국 전체의 궁재권을 장악하며 실권을 잡았다717. 카롤루스는 프랑크 왕국을 침입, 보르도 지방을 거쳐 북진해온 우마이야 왕조의 이슬람군을 투르 푸아티에 평원에서 격퇴732했다. 이슬람군에 대해 거둔 승리가 망치로 내리치는 행위로 묘사되면서 그는 남부 프랑스어오크어로 '망치'를 뜻하는 '마르텔'로 불리기 시작했다. 이 전투에서의 승리로 프랑크 왕국은 이슬람 세력의 확장을 막음으로써 기독교 세계를 보호했고, 이에 로마 교회와 제휴할 수 있는 분위기가 무르익었다. 또한 마르텔은 전투에 앞서 이슬람군을 격퇴할 무장 기병대를 모집했는데 온몸에 철갑, 머리에 철제투구를 쓰고 등자를 장착한 말 위에서 긴 창으로 전투한 기사들이 승리의 일등 공신이 되었다. 마르텔은 자신을 위해 충성을 맹세하며 전사 집단이 된 이들의 경제력을 유지시켜줄 수단으로 토지봉토 feudum를 하사했고, 이는 중세 봉건제 feudalism의 형식적 틀이 되었다.

카롤루스 마르텔의 아들인 피핀피핀 3세 714~768은 실권이 없는 메로베우스 왕조의 킬데리크 3세를 몰아내고 새 왕조를 열었다. 피핀의 부친은 카롤루스 마르텔, 형은 카를만, 아들은 카롤루스 1세로 가문에 유난히 카롤루스라는 이름이 많은 새 왕조는 카롤루스 왕조가 되었다. 피핀의 즉위를 지지한 교황은 롬바르드족이 침입하자 피핀에게 도움을 청했다. 피핀은 롬바르드 왕국을 굴복시킨 뒤 정복지인 이탈리아 중부의 라벤나를 교황에게 기증하였다. 피핀의 영토 기증은 비잔티움 황제를 대신하여 외부의 위협으로부터 교회를 지켜줄 새로운 보호자를 찾고 있던 교황에게는 매우 중요한 의미였다.

이와 같은 프랑크 왕국과 교황의 우호적인 관계의 진전은 피핀의 아들 카롤루스 대제742~814 때 그 결실을 맺었다. 피핀의 사후 왕위를 이은768 그는 대제라는 명칭에 걸맞게 모든 게르만 부족을 통합하고 영토를 확장, 프랑크 왕국의 전성기를 이룩했다. 교황을 괴롭히던 롬바르드 왕국을 응징하고 북으로는 라인강 이북에서 작센족을 물리쳤으며 동으로는 슬라브족을 압박했다. 이베리아반도 원정에서는 이슬람 세력에게 참패했지만, 서로마 제국의 옛 영토를 대부분 회복하여 분열된 서유럽 세계를 재통일했다. 기독교 세계의 수호자로 자처하면서 교황청을 보호하고 포교에도 열심이었던 그에게 800년 성베드로 성당에서 열렸던 크리스마스 미사에서 교황 레오 3세는 서로마 제국 황제의 관을 수여했다. 이는 이민족에 의해 멸망한 서로마가 교황의 생존 전략에 따라 이민족에 의해 부활되는 역사적 장면을 이루어냈다.

동로마 황제 미카일 1세를 아헨에서 만나 서로마 제국 황제 칭호를 공인812 받은 카롤루스 대제는 적극적으로 문예부흥에도 힘써 궁정 학교를 세우고 라틴어 문법, 논리학 등을 가르치게 했고, 수도원에서 고전을 필사하게 하는 등 학문 발전에 기여했다. 이로써 로마의 고전 문화, 기독교, 게르만의 전통 요소 등이 어우러진 서유럽 문화의 기틀이 마련되었다.

이후 카롤루스의 후계자 루드비히 1세가 사망한 뒤 주도권 다툼을 벌이던 세 왕자는 베르됭에 모여 프랑크 왕국의 분할에 합의베르됭 조약 843했다. 첫째는 제국과 황제의 칭호를 포함, 이탈리아가 속한 중프랑크를, 라인강 동쪽의 동프랑크는 둘째, 갈리아를 중심으로 하는 서프랑크는 막내가 통치하기로 합의한 것이다. 이에 앞서 만들어진 스트라스부르 서약은 라틴어가 아닌 프랑스어, 독일어로 쓰여 언어의 분열이 국가의 분열과도 밀접한 관련이 있음을 보여주었다. 중프랑크에서 카롤루스의 왕통이 끊어진 뒤 870년 메르센 조약으로 프랑스, 독일, 이탈리아 국경 경계의 지리적 기초가 마련되었다. 이와 같은 프랑크 왕국의 분열과 9세기경 중부 유럽 내륙 수로를 타고 본격적으로 활약하기 시작하는 노르만족스칸디나비아 출신 바이킹, 이슬람 세력과 마자르족의 침입 등은 서유럽에 중세 봉건 사회라는 새로운 시대적 모습을 가져다주었다. 세계 사록

프랑크 왕국의 발전과 분열

- 피핀이 교황에게 기증한 땅(754)
- 로마 교황령
- 카롤루스 대제 즉위시의 영토(768)
- 카롤루스 대제 때의 획득지
- 카롤루스 대제의 세력 범위
- 카롤루스 대제의 외정 방향

북해

앵글로 색슨 왕국

슬라브족

런던

대서양

메르센 아헨

파리 베르됭

투르

푸아티에

프랑크 왕국

아스투리아 왕국

에스파냐 변경

후우마이야 왕조

바르셀로나

베네치아

라벤나

로마

카롤루스 대제의 황제 대관(800)

베네벤토 공국

지중해

비 잔 티 움 제 국

- 베르됭 조약에 의한 경계
- 메르센 조약에 의한 경계
- 카롤루스 대제 시대의 프랑크 왕국의 영토

메르센

파리

베르됭

동프랑크

서프랑크

중프랑크

대서양

로마 교황령

지중해

로마

하나부터 열까지 세민찡 위한 소리

 이세민　　　　아오——

 위징　　　　바른말 옳은말

하나요

자수성황

성공이란 건 참 간단해ㅋ
뭐? 비결이 있냐구?

그냥 자신이 원하던 걸
이루면 되는 거야ㅎㅎ

피도 눈물도 없이. 쿡…

 페이스 당

당당일보 @DD_news

[속보] 왕자 이세민씨, 당나라 새 황제로 즉위…
형과 아우 죽이고 왕좌 차지… 네티즌 "인성보소"

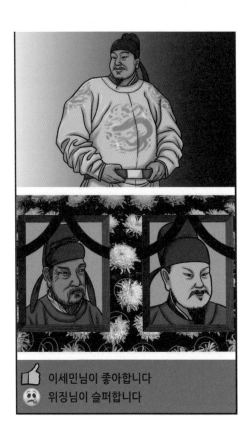

👍 이세민님이 좋아합니다

😞 위징님이 슬퍼합니다

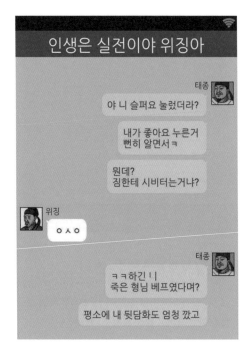

인생은 실전이야 위징아

태종
야 니 슬퍼요 눌렀더라?

내가 좋아요 누른거
뻔히 알면서ㅋ

뭔데?
짐한테 시비터는거냐?

위징
ㅇㅅㅇ

태종
ㅋㅋ하긴ㅣㅣ
죽은 형님 베프였다며?

평소에 내 뒷담화도 엄청 깠고

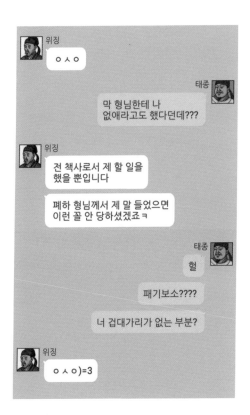

야… 이 ㅅㄲ 봐라?
피도 눈물도 없는 나에게
감히 직언을 날리네?

내 이놈을 당장…!
충신으로 임명하겠어ㅋㅋ

내 목표는 그냥 황제 말고
훌륭한 황제가 되는 거라서 말야ㅋㅋ

그러려면
달콤한 말만 하는 사람보다
바른말 하는 사람을 곁에 둬야겠지?

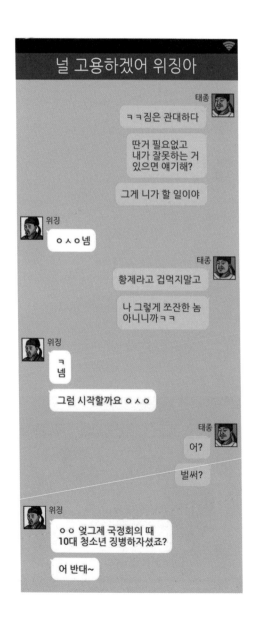

널 고용하겠어 위징아

태종
ㅋㅋ짐은 관대하다

딴거 필요없고
내가 잘못하는 거
있으면 얘기해?

그게 니가 할 일이야

위징
ㅇㅅㅇ넴

태종
황제라고 겁먹지말고

나 그렇게 쪼잔한 놈
아니니까ㅋㅋ

위징
ㅋ
넴

그럼 시작할까요 ㅇㅅㅇ

태종
어?

벌써?

위징
ㅇㅇ 엊그제 국정회의 때
10대 청소년 징병하자셨죠?

어 반대~

태종
아왜!!!!!!!

다 한다는 거 아니고
성장발육 좋은 애들만
군인으로 만들겠다는데!!!!

위징
청소년은 우리의 미래입니다

미래 재산을 지금 써버리면
어떡합니까

나중을 생각하셔야 하는
부분ㅇㅅㅇ

태종
음

듣고보니 일리있네

위징
ㅇㅇ
그리고 또

태종
또 있어?

위징
ㅇㅇㅇㅇㅇㅇ

얼마 안되죠ㅇㅅㅇ?

셋이요

지침서

하씨… 그놈의 잔소리…

가끔씩 후회 쪼~금 한다?
내가 왜 내 돈 주고
욕 먹나 싶어서ㅋㅋㅋㅋ큐ㅠ

아오오오오…ㅋㅋ

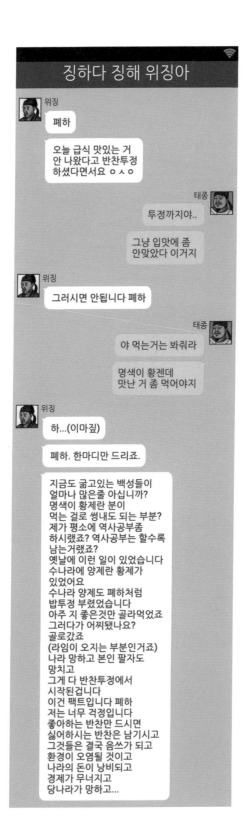

위징

폐하

오늘 급식 맛있는 거 안 나왔다고 반찬투정 하셨다면서요 ㅇㅅㅇ

태종

투정까지야..

그냥 입맛에 좀 안맞았다 이거지

위징

그러시면 안됩니다 폐하

태종

야 먹는거는 봐줘라

명색이 황젠데 맛난 거 좀 먹어야지

위징

하...(이마짚)

폐하. 한마디만 드리죠.

지금도 굶고있는 백성들이 얼마나 많은줄 아십니까? 명색이 황제란 분이 먹는 걸로 썽내도 되는 부분? 제가 평소에 역사공부좀 하시랬죠? 역사공부는 할수록 남는거랬죠? 옛날에 이런 일이 있었습니다 수나라에 양제란 황제가 있었어요 수나라 양제도 폐하처럼 밥투정 부렸었습니다 아주 지 좋은것만 골라먹었죠 그러다가 어찌됐나요? 골로갔죠 (라임이 오지는 부분인거죠) 나라 망하고 본인 팔자도 망치고 그게 다 반찬투정에서 시작된겁니다 이건 팩트입니다 폐하 저는 너무 걱정입니다 좋아하는 반찬만 드시면 싫어하시는 반찬은 남기시고 그것들은 결국 음쓰가 되고 환경이 오염될 것이고 나라의 돈이 낭비되고 경제가 무너지고 당나라가 망하고...

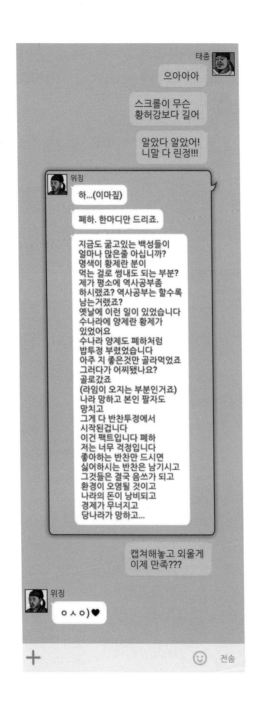

태종

으아아아

스크롤이 무슨
황허강보다 길어

알았다 알았어!
니말 다 린정!!!

위징

하...(이마짚)

폐하. 한마디만 드리죠.

지금도 굶고있는 백성들이
얼마나 많은줄 아십니까?
명색이 황제란 분이
먹는 걸로 썽내도 되는 부분?
제가 평소에 역사공부좀
하시랬죠? 역사공부는 할수록
남는거랬죠?
옛날에 이런 일이 있었습니다
수나라에 양제란 황제가
있었어요
수나라 양제도 폐하처럼
밥투정 부렸습니다
아주 지 좋은것만 골라먹었죠
그러다가 어찌됐나요?
골로갔죠
(라임이 오지는 부분인거죠)
나라 망하고 본인 팔자도
망치고
그게 다 반찬투정에서
시작된겁니다
이건 팩트입니다 폐하
저는 너무 걱정입니다
좋아하는 반찬만 드시면
싫어하시는 반찬은 남기시고
그것들은 결국 음쓰가 되고
환경이 오염될 것이고
나라의 돈이 낭비되고
경제가 무너지고
당나라가 망하고...

캡쳐해놓고 외울게
이제 만족???

위징

ㅇㅅㅇ)♥

+   ☺ 전송

#신하들과_대담집
#<정관정요> #제왕지침서

그랬다고 합니다.

- 이세민, 형제를 죽이고 태자가 되어 왕위를 잇다. #현무문의_변
- 문치와 무공에 뛰어난 역대급 군주로 당의 태평성대를 이끌다. #정관의치
- 신하들의 간언을 외면하지 않고 듣다. 고루 인재를 등용하다.
- 훗날, 오긍에 의해 당 태종과 신하들이 나눈 문답이 『정관정요』로 기록되다. 후대 제왕들이 꼭 읽어야 할 필독서로 꼽히다.

626년~649년 당나라

기원후

1년　200　400　600　800　1000

당 제국의 발전과 동아시아 문화권의 형성

▶ 유튜브
신임 황제 이세민, 직설화법 위징 등용해… "충격"
- 태종 이세민 : 너 내꺼해라 ㅎ
- 철벽 위징 : 응 일단 썸부터 ㄴ

양제의 이종사촌 형이자 태원 유수였던 이연은 13세의 수 공제 양유를 폐위하고 황제에 올라 국호를 당唐이라고 칭했다618. 그의 아들 이세민은 아버지의 오른팔로 돌궐을 몰아내고 경쟁 세력을 제거하며 건국에 큰 기여를 했다. 차남이었기 때문에 황제가 될 수 없었던 그는 '현무문의 변'으로 형을 제거하고 분노하는 아버지도 권좌에서 몰아낸 뒤 황위에 올랐다. '실질적인 당의 창건자'로서 재위 24년 동안 정치, 경제, 문화, 대외관계 등 모든 면에서 당의 황금시대 '정관貞觀의 치治'를 이끈 태종599~649의 탄생이었다.

당 태종의 치세는 '대문을 열어놓아도 도적이 들지 않았던' 그야말로 내외적으로 안정된 태평성대였다. 율령격식으로 이루어진 율령체제와 3성 6부의 중앙관제, 수대의 균전제, 조용조, 부병제를 개선한 효율적인 경제 군사 제도하에서 민생은 안정되었다. 태종이 어질고 능력 있는 사람은 출신을 따지지 않고 등용하고 그 충언을 수용한 것은 유명하다. 얄미울 정도로 직간을 했던 위징이 죽자 "구리로 거울삼아 의관을 바로 하고, 옛것을 거울삼아 흥망을 알 수 있으며, 사람을 거울삼아 득실을 분명히 알 수 있었다."며 "이제 거울 하나가 깨졌다."고 애달파했다. 성군의

치적을 배우고 올바른 통치를 위해 벌인 그의 토론을 정리해 현종 대 사관 오긍은 『정관정요』를 펴냈고 이는 제왕학의 필독서가 되었다.

위진남북조 시대 토착화된 불교가 위대한 번역가 현장 등 승려들을 통해 중국화 되기 시작하는 것도 이 시기이다. 현장은 20대 후반 나이에 당시 해외여행 금지 규정에도 불구하고 비합법적으로 출국629했고, 1년 만에 인도에 도착한 뒤 날란다 사원에서 불법을 공부, 경전을 수집해 귀국646했다. 불교 경전인 경장, 율장, 논장 모두에 정통해 삼장법사라고 불리기도 했던 그가 쓴 『대당서역기』는 서역 138개 국의 풍습, 산물, 전설, 불교문화 등을 총망라해 중국 불교 발전뿐 아니라 서역 개척에도 큰 역할을 했다. 그가 18년 동안 번역한 불경은 1338권에 달한다. 이는 5일에 한 권씩 번역한 꼴로 불교의 중국 전래 후 700년 동안 185명에 의해 번역된 불경 총 5048권 중 사분의 일 분량이다.

태종은 서돌궐을 진압한 후 중앙아시아에 안서도호부와 북정도호부를 설치해 직접 관할했다. 그로 인해 실크로드를 통한 교류가 더욱 활발해지면서 당의 비단, 종이 등 생활용품과 주철기술 등이 서방으로 전파되었다. 특히 누에고치에서 나온다는 사실조차 몰라 서양인에게는 부르는 게 값이었던 비단은 당에 호황을 안겨주었는데, 당이 한 해에 세금으로 걷는 비단만 그 길이가 무려 9만 킬로미터에 이르렀다고 한다. 한편 로마에서는 유리, 시리아에서는 금은세공품과 모직물, 포도주, 중앙아시아에서는 옥 등이 당으로 수입되었다. 그 중 호탄 왕국현 중국 신장위구르 자치구 내의 오아시스 도시의 옥은 돈황에 옥문관을 설치해 밀수를 단속할 정도로 큰 인기를 누리기도 했다.

이 같은 동서 문물의 교류로 당의 생활, 예술 등 각 분야에서는 서역풍이 유행했다. 특히 수도이자 실크로드의 출발지인 장안은 세계 각국에서 들어온 물품이 넘쳤고, 페르시아, 이슬람, 중앙아시아, 발해, 신라, 왜 등지에서 모여든 사신, 유학생, 승려, 상인 등 외국인들이 상주하는 거리들이 나타났다. 현교조로아스터교, 경교네스토리우스파 기독교, 마니교 등 서방 종교가 유입되었고, 호풍湖風의 음악인 호학과 호곡, 춤인 호선무, 옷 호복, 그리고 음식인 호떡 등 호자가 들어간 문물과 풍습이 대유행했다. 당시를 대표하는 공예품인 도자기는 그 그림 소재는 사자와 낙

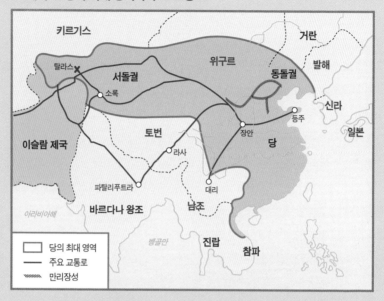

◉ 8세기 초 당의 최대 영역과 주요 교통로

키르기스

탈라스 ✕

서돌궐

위구르

동돌궐

거란

발해

소록

신라

등주

토번

장안

당

일본

이슬람 제국

라사

파탈리푸트라

바르다나 왕조

남조

대리

아라비아해

진랍

참파

벵골만

당의 최대 영역
주요 교통로
만리장성

타같이 이국적이지만 전통 제조법으로 구워낸 중국 도기로 흰 바탕에 노란색, 녹색, 청색 세 가지 색을 즐겨 써 당삼채라고 불렸다. 귀족들이 관상용으로 즐기다 죽을 때에는 부장품으로도 쓰인 이들 도기는 귀족들의 사치와 호화가 극에 달한 당 문화를 보여준다. 이백701~762과 두보712~770 등의 시로 대표되는 이른바 귀족적이고 국제적 성격인 당 문화는 태종부터 현종 연간에 이르기까지 화려한 전성기를 누렸다.

당시 동아시아 국제질서는 당 중심의 책봉체제로 편성되었다. 신라, 발해, 일본, 위구르, 토번 등 동아시아 여러 국가들은 당과 정치적으로 깊은 관계를 가지고 공통요소를 받아들였다. 이들은 체제 정비 시 토지제도, 관제, 수도를 만드는 방식까지 당을 모범으로 삼고 율령 국가의 형태를 본받으려 했다. 장안을 본뜬 수도에, 지배 언어는 한자로, 사상적 기반은 유교와 불교로, 통치는 3성 6부 중심의 율령체제로 국가를 운영하는, 당을 중심으로 하는 동아시아 문화권의 형성이었다.

태종에게는 14세의 나이로 후궁에 오른 무조624~705라는 여성이 있었다. 그녀는 태조의 반란을 도운 문수 지방 대지주였던 아버지 덕으로 태종의 후궁이 되었고 태종의 9남 고종628~683의 후궁 소의에도 책봉되었다. 그 후 고종의 황후가 되기 위해 자신의 갓난아기까지 죽일 정도로 야심이 컸던 그녀는 자신의 아들인 중종, 예종을 잇달아 폐위시키고 자신이 황위에 올랐다690. 당 대신 세운 주무주나라의 황제가 된 그녀가 중국 역사상 유일한 여황제인 '무측천측천무후'이다. 그녀는 황위에 오르기까지 장손무기 등 반대하는 많은 중신들을 죽이기도 했으나, 권좌에 오른 후에는 선정을 베풀었다. 과거제를 통해 출신성분에 관계없이 인재를 등용했고 국방도 다지며 사회를 안정시켰다. 백성의 생활이 안정되었던 그녀의 통치기는 '정관의 치'에 버금간다는 평가를 받아 '무주의 치'라고 불리며, 이후 현종 대 '개원의 치'의 기초를 닦았다는 평가를 받기도 한다. 그러나 그녀의 파격적인 인재등용은 실권자들의 반발을 불러일으켰고 결국 재상 장간지 일파는 쇠약해진 무측천에게 양위를 압박했다702. 중종의 복위와 현종 대의 화려함으로 당의 명맥은 다시 이어지나 이후의 당은 큰 변화를 겪으며 이전과는 다른 길을 걷게 된다. 세계사록

양귀비와의 아찔한 사랑

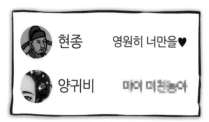

현종	영원히 너만을♥	
양귀비	마어 미친놈아	

하나요 소개팅

난 얼마 전에 돌싱된
당나라 황제, 현종.
사랑하던 사람이 이 세상에 없으니까
마음이 너무 아프다.

세상만사 다 귀찮아…

來利報

최근 검색어

우울증 증상

우울증 테스트

우울증 사별

우울증 좋은 음식

우울증 약 부작용

우울증 상담 제일 유명한 곳

백발백중
고력사팅!
지금, 새사랑을 찾아봐줘!

앱스토어에서 **고력사팅** 검색

어흠…
사랑은 새로운 사랑으로 잊는 법.
어디 회원가입만 해볼까…?

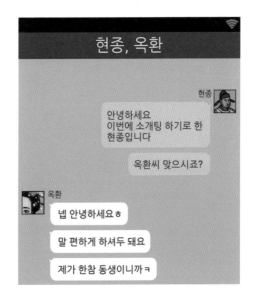

현종, 옥환

현종

안녕하세요
이번에 소개팅 하기로 한
현종입니다

옥환씨 맞으시죠?

옥환

넵 안녕하세요ㅎ

말 편하게 하셔두 돼요

제가 한참 동생이니까ㅋ

헐……
얘가 내 며느리였어?

자식이 너무 많아서 깜박했다…
내가 너의 #G라니…

근데 어쩌지…?
난 이미 첫눈에 반해버렸는데.

175

셋이요

덧없어라

사람들의 시선이 뭐라고ㅠㅠ

멀리 돌아서 시작한 만큼
아낌없이 퍼줘야지♥♥

하지만 좋았던 시절도 잠시.
내가 너무 우리 자기만 예뻐했나?

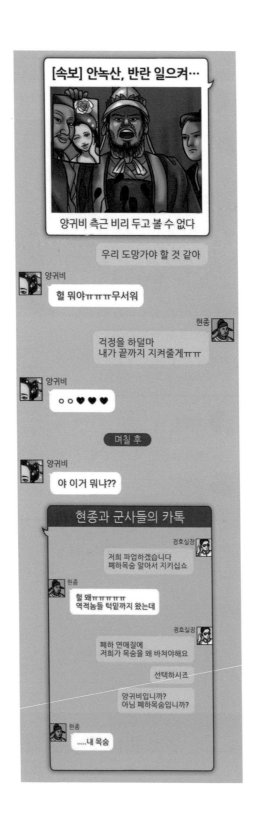

뭐야? 사실 아니지?

나 지켜준다며 이
니흠새끼야

현종

봤구나

미안...

양귀비

와
이 썩을 부브른덞

\+   ☺ 전송

#안녕 #짜이찌엔
#이제다시_사랑안해

그랬다고 합니다.

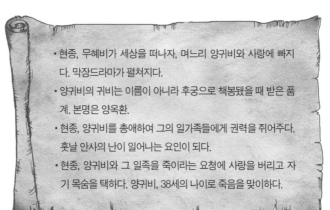

- 현종, 무혜비가 세상을 떠나자, 며느리 양귀비와 사랑에 빠지다. 막장드라마가 펼쳐지다.
- 양귀비의 귀비는 이름이 아니라 후궁으로 책봉됐을 때 받은 품계. 본명은 양옥환.
- 현종, 양귀비를 총애하여 그의 일가족들에게 권력을 쥐어주다. 훗날 안사의 난이 일어나는 요인이 되다.
- 현종, 양귀비와 그 일족을 죽이라는 요청에 사랑을 버리고 자기 목숨을 택하다. 양귀비, 38세의 나이로 죽음을 맞이하다.

756년

기원후

1년 200 400 600 800 1000

안사의 난으로 변화되고
황소의 난으로 멸망하다

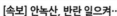
[속보] 안녹산, 반란 일으켜…

양귀비 측근 비리 두고 볼 수 없다

측천무후의 손자였던 현종685~762은 '개원의 치'라 불리는 수십 년간의 경제적 황금기를 열었다. 정부의 재정비용 절감과 민생안정 정책 실시, 생산도구의 개발, 수리사업의 발달은 농업 생산력의 증가를 가져와 이 시기 당의 전국 관영 창고에는 곡물이 넘쳤다. 특히 강남의 풍부한 물산이 화북에 유입되면서 수대에 완공된 대운하의 덕을 톡톡히 보았다. 차 재배가 보편화되고 면화와 사탕수수도 재배되기 시작했으며 비단길, 바닷길을 통한 무역이 활발해져 상업과 국제 무역이 크게 발달했다. 이와 함께 방직업, 야금업과 같은 수공업의 발달로 당은 호황기를 누릴 수 있었다.

그러나 현종 치세 후반기는 당이 쇠망의 길로 접어드는 시기였다. 외부적으로는 무역의 중심이었던 실크로드를 둘러싸고 이슬람 아바스군과 충돌이 있었다. 고구려 출신의 당 장수였던 고선지는 병사를 이끌고 석국우즈베키스탄을 점령했고, 그의 위세에 눌린 석국 왕은 아바스 왕조에 구원을 요청했다. 고선지와 아바스 군대가 충돌한 탈라스 전투751에서 이슬람이 승리하였는데, 이때 당의 포로를 통해 제지술이 유입되었고 중앙아시아는 이슬람 세력권에 포함되었다. 반면 당은 돌궐 일족의 배반으로 인한 패배로 비단길 경영권을 상실했다. 게다가 호탄 왕에게 시집간 당의 공주에 의해 양잠기술이 유출된 이후 동로마와 페르시아에서 비단을 자체 제작하기 시작했다. 이로 인해 당은 비단의 유일한 제조국으로 차지해왔던 독점적 지위 또한 상실했다.

내부적으로는 토지제도의 근간이었던 균전제가 무너지고 있었다. 이미 측천무후 말기부터 시작된 <u>균전제의 붕괴</u>는 인구의 급증으로 개개인에게 분배될 토지가 대폭 감소하고, 귀족과 지주의 불법적인 토지 확대로 인해 토지를 상실한 농민이 소작인, 노비가 되면서 진전되었다. 이러한 현상으로 균전제에 기초하고 있던 부병제 또한 유명무실해져 갔다. 이에 직업군인제인 <u>모병제를 도입</u>한 것은 사태를 악화시켜 변경 지방 직업군인들의 세력이 강화되었다.

그런 와중에 현종은 자신의 18황자의 부인이자 35세 연하인 양옥환719~756을 총애하여 귀비로 책봉한 후 그에게 빠져 정사를 돌보지 않았다. 이에 환관들이 국사를 맡으며 득세했고 양귀비의 6촌 오빠인 양국충을 중심으로 일어난 관료들 사이의 당쟁은 정국을 혼란에 빠뜨렸다. 755년 안록산이 15만 군대로 요동의 범양에서 대규모 반란을 일으켰다. 그는 원래 변방의 군인이었는데 무공이 뛰어나 세 군데의 절도사를 겸하며 현종의 총애를 받았던 인물이다. 절도사란 변방에 설치되었던 전문직 군관으로 당 후기 중앙권력이 약해지면서 각 지역에서 군벌화하여 전권을 행사했던 직책을 말한다. 양국충에 의해 권력에서 소외된 그가 일으켰던 '<u>안록산·사사명의 난안사의 난755~763</u>'은 당 역사에 큰 변화를 가져왔다. 반란군이 장안까지 압박하면서 현종은 사천으로 도주했고 그 과정에서 양귀비는 죽임을 당한다. 위구르의 지원을 받은 당 황실은 낙양을 수복, 이회선 등 반란군의 잔존세력에게 관작을 주며 항복을 받아냈고 안사의 난은 진압되었다. 그러나 안사의 난과 그 진압 과정에서 당은 인구와 토지 등 경제 발전의 토대가 파괴되었다. 그에 따라 통치체제에 큰 변화가 일어났고, 반란 세력이 변방의 절도사로 다시 임명되는 등 남은 불씨는 이후 당 쇠망을 앞당기는 계기가 되었다.

덕종 때 재상 양염의 건의에 따라 실시780된 양세법은 당의 변화를 극명하게 보여준다. 양세법은 국가가 예산을 세워 전체 세액을 정한 뒤 재산 정도에 따라 각 개인에게 세금을 부과하는 법이다. 6월과 11월 두 차례 부과하기 때문에 양세법이라고 하는데 모든 세가 합병되면서 조용조 및 기타 잡세는 폐지되어 농민의 부담은 줄어들었다. 그러나 이는 개인의 토지 소유를 포함한 재산 정도에 국가는 더 이상 관여하지 않고 세금만 징수한다는 의미가 되면서 국가가 귀족들의 대토지(장원) 소유를 인정, 균전제의 폐지를 선언한 결과가 되었다. 그간 모든 토지를 국가가 환수해 농민에게 균등하게 분배한 후 일정 세금을 거두던 균전제가 기반이 되어 그에 따라 세금을 부과했던 조용조도 군인을 겸하던 부병제도 존립할 수 있었다. 그런데 이러한 질서가 균전제와 함께 붕괴되면서 장원제, 모병제(직업군인), 양세법으로 바뀌며 중국은 이전 시대와는 완전히 다른 경제적 군사적 질서하에 놓이게 된 것이다.

토지 사유가 본격적으로 인정되면서 기득권인 문벌귀족과 그에 대한 새로운 신흥 관료들의 토지와 권력을 둘러싼 대립이 커졌고, 이에 지배 세력의 분열도 시작되었다. 현종 이후 득세한 환관의 세력은 더욱 강화되었는데, 그들은 군사대권을 장악하고 황위 계승 문제까지 좌우하면서 황제를 시해하거나 옹립하기도 했으며 자신들에게 반대하는 관료들은 서슴지 않고 제거했다. 문벌귀족과 신흥 관료들은 국정 운영의 주도권을 쟁탈하는 과정에서 이들의 힘을 빌리면서 중앙정부는 내분에 빠졌다. 안사의 난 평정을 도운 위구르인과 토번인은 내정을 간섭했고, 지방 절도사들 또한 백성을 억압, 착취하면서 중앙정부에 대항했다.

황소의 난875~884은 이처럼 쇠퇴하는 당을 멸망으로 이끈 결정적 계기였다. 소금 밀매업자인 황소는 막대한 재력과 위구르 등 북방 출신 병사로 구성된 군사력을 보유하고, 농민들이 합세한 60만 대군으로 당 전역을 휩쓸며 장안을 무혈점령했다. 그런 황소의 난 토벌에 공을 세운 것은 당시 사천절도사 휘하의 약관 24세 최치원이었다. 신라 출신으로 18세에 유학 와 6년 만에 과거에 급제해 세간을 놀라게 했던 그가 쓴 "천하의 모든 사람들이 황소의 무리를 다 벌하고자 할 뿐 아니라 또한 지하의 귀신들도 그대들을 죽이고자 하노라."는 『토황소격문』을 읽은 후 황소가 후퇴를 결정했기 때문이다. 이후 황소의 난 잔당을 없애는 데 공을 세운 주온852~912은 절도사가 되어 화북 제일의 실력자가 되었다. 그는 주전충으로 이름을 바꾼 뒤 후량을 세우고 당을 멸망907시켰으나 그 세력은 화북의 일부에만 미쳤다. 당 멸망 이후 중국은 송의 건국까지 50여 년에 걸친 5대 10국 시기에 돌입하게 된다. 세계사록

부처 말싸미 천축과 달라

현장   나 대학 나온 스님이야

하나요

쐴라쐴라

요즘은 번역기만 잘 돌리면
외국말 1도 못해도
대충 다 알아듣잖아.

근데 이건 안 되더라.

애초에 부처님 말씀을
번역기로 돌리려 했던 게
잘못이었어ㅜㅜ

하아… 슬프다.
명색이 내가 스님인데,
부처님 말씀을 번역할 수 없다니.

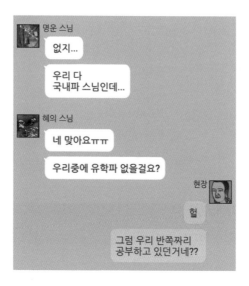

명운 스님
없지...

우리 다
국내파 스님인데...

헤의 스님
네 맞아요ㅠㅠ

우리중에 유학파 없을걸요?

현장
헐

그럼 우리 반쪽짜리
공부하고 있던거네??

지금까지
줄기차게 번역본만 팠는데.

나도 모르게
숨겨진 부처님 말씀을 놓쳤단 거잖아?

와씨… 그럼 이짓거리 관두고
당장 떠나야지!

스터디그램

현장 @scene　📍 날란다 대학에서

부처말씀 배우러 유학길에 오른지 17년
#드디어 #대학졸업 #콩그레츄레이션

이제 불경 말씀
다 해석할 수 있다ㅋ

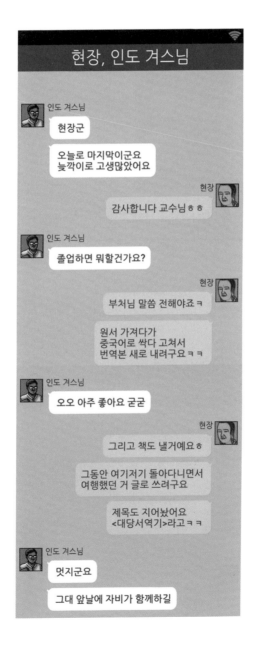

현장, 인도 겨스님

인도 겨스님
현장군

오늘로 마지막이군요
늦깍이로 고생많았어요

현장
감사합니다 교수님ㅎㅎ

인도 겨스님
졸업하면 뭐할건가요?

현장
부처님 말씀 전해야죠ㅋ

원서 가져다가
중국어로 싹다 고쳐서
번역본 새로 내려구요ㅋㅋ

인도 겨스님
오오 아주 좋아요 굳굳

현장
그리고 책도 낼거예요ㅎ

그동안 여기저기 돌아다니면서
여행했던 거 글로 쓰려구요

제목도 지어놨어요
<대당서역기>라고ㅋㅋ

인도 겨스님
멋지군요

그대 앞날에 자비가 함께하길

대당서역기

귀국해서 책 냈더니
단숨에 베스트셀러 됐네?ㅋ

유명해지니까
여기저기서 연락 오는 거 있지ㅎㅎ

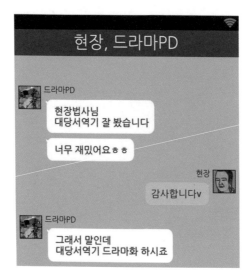

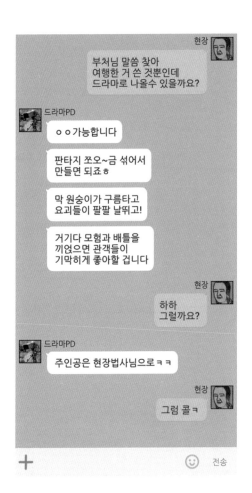

부처님 말씀 찾아
여행한 거 쓴 것뿐인데
드라마로 나올수 있을까요?

현장

드라마PD

ㅇㅇ가능합니다

판타지 쪼오~금 섞어서
만들면 되죠ㅎ

막 원숭이가 구름타고
요괴들이 팔팔 날뛰고!

거기다 모험과 배틀을
끼었으면 관객들이
기막히게 좋아할 겁니다

현장

하하
그럴까요?

드라마PD

주인공은 현장법사님으로ㅋㅋ

현장

그럼 콜ㅋ

전송

#서유기 #중국판판타지
#불경찾아_서역왕복
#81가지_고난길행

그랬다고 합니다.

치키치키 차카차카 초코초코 초~!

이거 알면 아재···

- 629년, 당나라 불승 현장, 불경에 나오는 개념 이해를 위해 인도로 떠나다.
- 불교 경전인 경장, 율장, 논장의 삼장에 능통하여, 삼장법사로도 불리다.
- 중앙아시아를 거쳐 인도에 도착한 현장, 각지를 돌아다니며 불교유적지를 탐방하고 고승들을 만나 토론하다.
- 17년 만에 귀국한 후, 당 태종의 요청으로 서역여행기를 작성하다. #내낭서역기
- 훗날 명나라 대에 창작된 소설 『서유기』는 『대당서역기』에서 비롯된 것이다.

646년 당나라

기원후

1년　　200　　400　　600　　800　　1000

676년 신라는 대동강 이남의 한반도를 전면적으로 장악, 삼국 통일을 달성했다. 이는 백제 고구려의 침입에 시달려왔던 신라와, 고구려 멸망을 숙원사업으로 여겼던 당의 연합에 의한 것이었다. 동북아시아의 패권을 놓고 고구려와 돌궐과의 동맹을 우려한 수나라 때부터 이미 고구려 공격은 시작되었다. 수 양제의 110만 대군 출정은 평양성, 살수대첩 등의 전투에서 처참히 패배해 그 규모가 무색해졌고, 3차에 걸친 침입이 모두 실패로 끝난 뒤 그 후유증을 이기지 못한 수는 멸망했다. 그 후 당 최고의 황제였던 태종조차 안시성 싸움의 패배 등으로 고구려 원정에 실패645했다. 그는 "위징이 있었다면 내가 이 원정을 하게 하지 않았을 것"이라 탄식했고, 3차에 걸친 고구려 원정 실패 후 고종에게 "고구려 정벌을 그만두도록 하라. 아비의 실패를 되풀이하면 사직을 지키기 어렵다."는 유언을 남겼다. 이에 당 고종은 신라와 동맹을 맺어 백제를 멸망660, 연개소문 사후 지배층이 분열된 고구려를 멸망668시켜 숙원을 이뤘다. 이후 삼국을 총괄하며 한반도 전체를 차지하고자 평양에 안동도호부까지 설치했으나 매소성675, 기벌포676에서 사투를 벌인 신라에게 대패해 안동도호부를 요동성으로 옮기며 대동강 이북까지만 통치하게 되었다.

그러나 30여 년 뒤 고구려 옛 땅 만주와 한반도 북부에 고구려 유민의 나라 발해 698~926가 건국되었다. 건국자 대조영은 고구려 유민 출신으로 당의 혼란을 틈타 국가를 세웠고, 지배층 고구려인은 피지배층 말갈인을 다스리며 날로 강성해졌다. 당은 발해를 인정하는 사절단을 파견713하며 외교관계를 맺을 수밖에 없었다.

📍 발해의 대외 교류

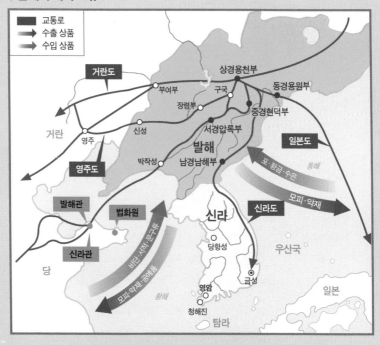

고구려 계승의식을 가지고 동아시아 문화권의 일원으로 수준 높은 문화를 누렸던 발해는 선왕 대 최대 영토를 누렸으며 '해동성국'으로 불리기도 했다. 발해와 통일 신라는 7세기 후반에서 10세기 전반기까지 대동강과 원산만을 이은 국경선을 사이에 두고 한반도와 만주 지방에서 남북국의 형세를 이루며 발전했다. 남북국 양 국은 동족의식은 있었으나 당 중심의 국제질서 속에서 대당 의존외교로 인해 대립하기도 했다. 신라는 당의 요청으로 발해를 공격하기도 했고732, 당을 사이에 둔 문화적 우월 경쟁으로 '쟁장 사건'양국 사신 사이의 윗자리 다툼 사건 897, '등제서열 사건'양국 유학생 사이의 빈공과賓貢科 수석 다툼 사건872, 906 등이 벌어지기도 했다. 그러나 그와 함께 남북국은 신라도를 통해 사신을 교환하고 문물 교류와 무역 등의 친선관계도 유지하면서 고려에 의해 통일될 때까지 친선과 대립을 되풀이했다.

신라는 신문왕681~692재위부터 경덕왕742~765재위에 이르는 7세기에서 8세기 후반, 강화된 왕권을 바탕으로 전성기를 누렸다. 상대등 대신 집사부 중시를 중심으로 정책은 펼쳐졌고, 정전을 지급하고 민생 안정에 힘쓰고자 했던 국왕을 6두품들은 지지했다. 이 시기 만파식적, 성덕대왕신종, 불국사, 석굴암 등 태평성대를 보여주는 문화가 꽃피었으며 정토신앙을 주창한 원효와 의상, 원측과 같은 승려들에 의해 불교는 대중화되고 호국적 성격은 강화되어갔다. 혜공왕765~780재위 이후 정치적 혼란이 시작되면서 신라에는 왕조의 말기적 현상이 나타났다. 진골 귀족 사이의 왕위 계승 분쟁 격화로 왕권은 약화되었고 백성에 대한 귀족의 수탈은 가혹해졌으며, 골품제는 폐쇄적이 되어 사회 모순을 해결하는 국가적 능력은 상실되었다.

이를 배경으로 등장한 무역상 장보고는 청해진을 중심으로 중국과 일본을 잇는 동방무역의 패권을 장악해 '해상왕'이라고도 불리며 정계에 힘을 발휘하기도 했다. 또한 지방에서는 토지와 선종 불교를 기반으로 성장한 호족들이 점차 독립했다. 폐쇄적 골품제로 인해 반反신라화 된 6두품 세력과 손잡으면서 새로운 사회 건설의 기반을 만든 이들은 9세기말 신라의 통치력을 벗어난 지방에서 왕조를 세우기에 이르렀다. 백제 지역에서는 후백제견훤 900, 고구려 지역에서는 태봉궁예 901이 건국되면서 한반도는 다시 후삼국시대에 돌입하게 된다. 세계사록

일본의 역사는 신석기 시대 '조몬 문화'에서부터 시작된다. 기원전 3세기경 한반도를 통해 청동기와 벼농사가 전래된 '야요이 시대'를 거쳐 3세기 무렵 30여 개의 부족 국가가 형성되며 '고훈고분 시대'로 접어들었다. 이 시기 철기의 보급과 관개 기술의 발달로 벼농사의 생산력이 비약적으로 증가함에 따라 계급 분화가 촉진되었다. 이 중 제사장이 정치적 지배자의 지위를 얻어 소국가의 지배자로 성장했는데, 이들이 고훈 시대 거대한 고분의 주인들이다.

6세기 중엽 백제를 통해 불교가 전래되었고 고구려, 백제, 신라와 중국 남북조 등의 영향을 받은 국제적 성격의 불교문화를 발전시킨 '아스카 시대538'가 개막되었다. 쇼토쿠 태자574~622는 아스카 문화를 발전시킨 대표적 지도자이다. 숙모인 스이코 여왕의 섭정을 받았던 쇼토쿠는 17조의 칙령을 반포해 국가 기틀을 다졌고 백제 승려 혜총을 스승으로 삼았다. 이 당시 초빙된 백제 기술자들은 상당한 수준의 건축미를 자랑하는 호코사, 호류사를 건축했고, 백제의 아좌태자는 쇼토쿠 태자의 초상을 직접 그리기도 했으며 고구려 승려 화가인 담징은 호류사의 금당 내벽에 벽화를 남기기도 했다. 쇼토쿠 태자 사후 소가씨가 정치를 장악하자 수당 유학생 출신의 왕족은 '다이카 개신645'이라는 정치개혁을 일으켜 왕권을 강화하였다. 도읍을 나니와오사카로 다이카를 원년으로 하는 당 율령 통치체제를 모방한 중앙집권체제하에서 덴무 천황은 왕을 신격화했고 왕호를 대왕에서 천황으로 바꿨다.

'나라 시대710~794'는 '일본'의 본격적 역사가 시작되고 역사 기록이 남겨진 때이다. 이때를 전후하여 '왜'에서 '일본'으로 국호가 바뀌었고, 『일본서기』, 『고사기』, 『만엽집』과 같은 작품들이 만들어졌다. 『일본서기』는 720년 편찬된 일본 최초의 관찬 역사서로 신화시대부터 다이카 개신까지 다루고 있다. 이는 일본 정부가 중국 정사에 비견할 만한 사서를 만들겠다는 목표 아래 기획하였다. 중국과 한국의 사서와 각종 사료를 근거하여 서술함으로써 객관적인 역사서로서의 외형을 갖추고 있으나, 일본 역사 연대를 올리는 내용들이 많이 있어 그 서술 의도를 짐작케한다. 당의 장안성을 모방해 수도 헤이조쿄평성경를 만든 것과 같이 당시 일본은 동아시아 문화권의 일원으로 견당사, 견신라사를 통해 선진적 문물을 수입했다. 이 시기 일본에서 가장 큰 대불이 있는 세계 최대 목조건물인 '도다이지동대사'를 포함한 많은 절이 세워지기도 했다.

8세기 말 율령체제가 흔들리면서 일본은 수도를 나라에서 헤이안쿄평안성, 교토로 옮겼고 이는 '헤이안 시대794~1185'의 출발점이 되었다. 이 시기에는 왕권이 약화되면서 유력한 귀족과 호족, 사원들의 세력이 커졌고, '사무라이'가 고용되었다. 일본의 호족들은 중앙정부의 간섭으로부터 장원운영권을 보호하기 위해 스스로 무장해 무사계급이 되었는데, 약한 이들은 유력한 중앙귀족의 휘하로 들어가곤 했으며 중앙귀족 또한 이들을 불러들여 자신들의 신변보호를 맡기곤 했다. 이에 '가까이 모신다'는 '사무라이'가 '무사'를 뜻하게 되었다. 8세기 후반 토지 사유화가 진전되어 크고 작은 장원을 가지게 된 지방 호족들의 세력은 강화된 반면, 재정이 궁핍해진 천황과 중앙정부의 전제 군주권은 약화되어 10세기에 접어들면 지방호족들의 반란이 거세게 일어난다. 이 과정에서 무사는 정치세력화 되었고 이는 앞으로 일본 역사의 대부분을 차지하게 되는 무사 시대를 여는 신호탄이었다.

견당사를 폐지894한 이 시기 문화적으로는 본격적인 일본 문화가 형성되기 시작했다. 일본 고유의 색채를 강조한 '국풍 문화'는 한자의 음을 빌려 일본 소리를 표현하는 과정에서 탄생한 일본 문자 '가나', '와카'라는 일본 고유의 시, 일본 특유의 귀족 주택 양식인 '침전조' 등의 완성을 가져왔다. 세계사록

중세 문화권의 발달

900 전후 》》 1100 전후

포청천
비리 정경유착
작두로 근절합니다

사대부
크으~ 포 대감 사대부부심ㅋㅋ

왕안석
니들이 할말은 아닌듯?

썩은 사대부 싸그리 개혁 들어간다!

칼리프
아라비아도 바꿔요~
지도자 3명 입후보했습니다~

Q. "어느 칼리프를 뽑을까요?" ✅ 투표하러가기

농노
여기도 좀 바꿔주새오
윗분땜에 혐생살이중,,,ㅜ

영주
ㅋ

하인리히
여기 누가 핫팩좀 개추어ㅓㅓ

 +

 전송

talk 16

노를 젓자, 노르만

바이킹 흰천과 바람만 있으면
어디든 갈 수 있다네ㅋㅋㅋ

I

북유럽풍

나, 북유럽 사람.

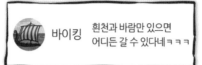

북유럽

북유럽 여행

북유럽 인테리어

북유럽 소품

북유럽 가구

북유럽 가고싶어요

북유럽 보내줘요

내 고향이 인기가 좋네?

근데 다들 잘못 알고 있는 거 아냐?
내가 '진짜 북유럽'이 뭔지
보여 줄까?

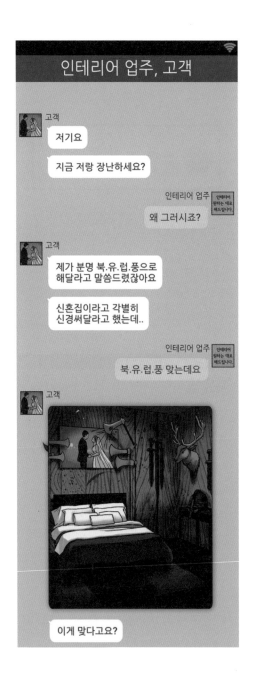

인테리어 업주

인테리어 원하는 대로 해드립니다.

ㅇㅇ북유럽하면 바이킹이죠!

II
바이킹

그라췌!!
#북유럽=바이킹
이거 상식 아니냐?

우리 바이킹이
얼마나 강인한 민족인데.

대륙에 있는 유럽쪼렙들
우리 무서워서 벌벌 쫄았지ㅋㅋ

[바다에서 바이킹만나면 안 되는 이유]

바이킹 : ㅋㅋㅋㅋㅋㅋㅋㅋㅋ
샤 일병: 까아악ㄱ아아아아ㅏㅏㅏ
레 중위 : 으아ㅏ 살려주ㅓ

Ⅲ 노르망디

나는야~ 바다 위의 무법자ㅋ

배 몰고 여기저기 드라이빙해서
영국도 세우고, 러시아도 세웠다구ㅋㅋ

크~ 역시 사람이
기술이 있어야 해 기술이!

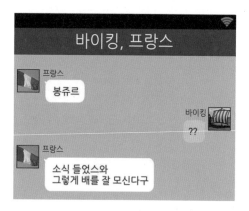

바이킹, 프랑스

프랑스
봉쥬르

바이킹
??

프랑스
소식 들었스와
그렇게 배를 잘 모신다구

ㅋㅋ내가 쫌 베스트
드라이버지ㅋㅋ

프랑스

ㅎㅎ

그래서 말인데 이거 받으씨옹

[부동산] 노르망디 공국 땅덩이

[필] 안심 공인중개사 인증 상품!

※ 잔액은 돌려주지 않소이다!

바이킹

??? 오올 이게 웬떡?

프랑스

아무리 그대가
강철체력이란들
맨날 떠돌아다니는거
피곤하지 않스와?

노르망디에 정착해 사씨옹ㅎㅎ

바이킹

헐

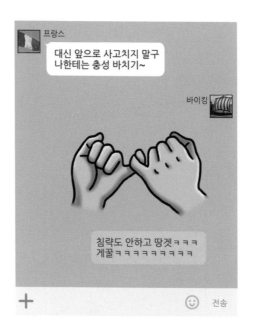

#노르망디공국
#영국VS프랑스
#영토분쟁 #개봉박두

그랬다고 합니다.

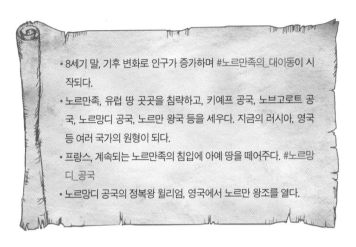

- 8세기 말, 기후 변화로 인구가 증가하며 #노르만족의_대이동이 시작되다.
- 노르만족, 유럽 땅 곳곳을 침략하고, 키예프 공국, 노브고로트 공국, 노르망디 공국, 노르만 왕국 등을 세우다. 지금의 러시아, 영국 등 여러 국가의 원형이 되다.
- 프랑스, 계속되는 노르만족의 침입에 아예 땅을 떼어주다. #노르망디_공국
- 노르망디 공국의 정복왕 윌리엄, 영국에서 노르만 왕조를 열다.

9세기경

500년   700   900   1100   1300   1500

와 이리 슬프농노

 영주 마로드 ㅋㅋ

 농노 서글퍼 ㅜㅜ

 Ⅰ

 축의금

황황황ㅎ황ㅎㅎ
얘들앟ㅎㅎㅎ 나 결혼행ㅎㅎ

다들 와 줄 거지?? ㅎㅎ
와서 밥도 먹구
축하도 많이 해줠ㅎㅎㅎ

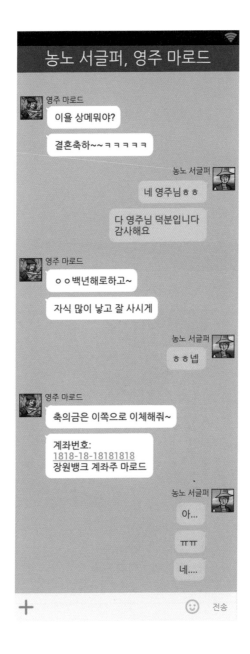

웅? 왜 축의금이
들어오지 않고 나가냐고?

난 농노야ㅎㅎ
영주님 땅에 얹혀사는 신세라
결혼세 내야 하는 부분…

그래도 결혼할 수 있는 게 어디야ㅋㅋ
아이 낳고 행복하게 잘 살아야지!

농노스타그램

농노서글퍼 @cry_cry 📍행복한 우리집

♡ 14명이 좋아합니다.

튼튼아… 드디어 만났네ㅠㅠ
널 위해서라면 뭐든지 할거야ㅠ
#아빠됐어요 #감격 #여보고마워요 #육아

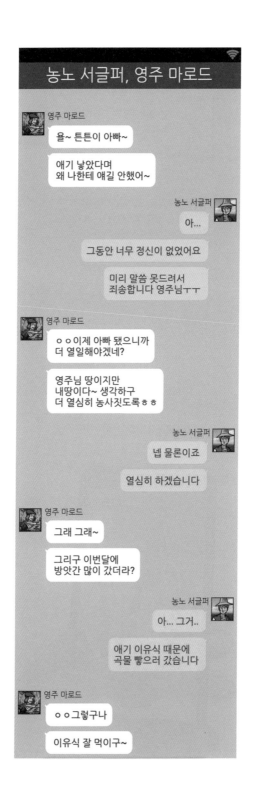

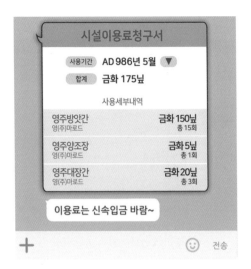

시설이용료청구서

사용기간	AD 986년 5월 ▼
합계	금화 175닢

사용세부내역

영주방앗간 영(주)마로드	금화 150닢 총 15회
영주양조장 영(주)마로드	금화 5닢 총 1회
영주대장간 영(주)마로드	금화 20닢 총 3회

이용료는 신속입금 바람~

+ ☺ 전송

에휴ㅜ 농노로 살기 힘들다ㅠㅠ
너무하지 않니?

내가 농사지으면 그거 뺏어다
먹고 사시는 주제에
세금에, 시설이용료까지!!!

10:53

그래도 애 쑥쑥 크니 버틴다ㅎㅎ

튼튼아, 얼마 안 되지만
엄마아빠가 모은 재산 너한테 다 줄게
우리 새끼 고생하지 마~♥

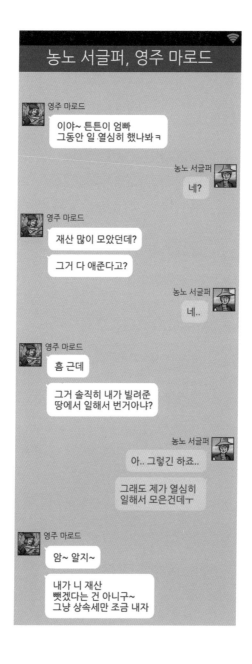

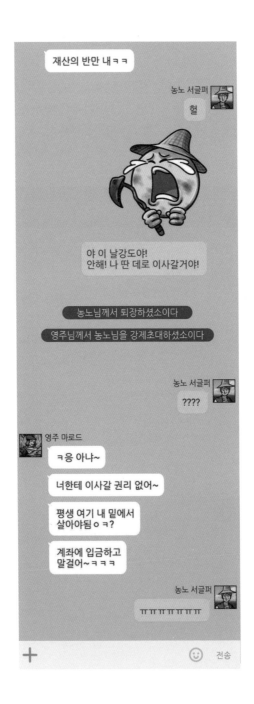

노예만 못한 #농노

그랬다고 합니다.

- 농노는 농민과 노예의 중간적 성격을 띠는 이들을 가르키는 말로, 중세 시대 영주의 장원에 거주하던 농민들을 일컫는다.
- 노예와 다르게 결혼해서 가정을 꾸릴 수 있고, 재산 소유가 가능하다. 하지만, 다른 영주의 장원으로 거주지를 이전하거나, 직업을 선택할 수 있는 자유는 없다.
- 각종 부역, 공납의 의무가 있었으며, 인두세, 사망세(상속세), 결혼세 등의 세금을 내다.
- 장원 내 영주의 시설을 의무적으로 사용해야 하고, 그 이용료를 납부하다.

중세 유럽 전반

| 500년 | 700 | 900 | 1100 | 1300 | 1500 |

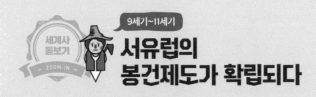
9세기~11세기
서유럽의 봉건제도가 확립되다

농노스타그램

🧑 농노서글퍼 @cry_cry ❤행복한 우리집

♡ 14명이 좋아합니다.

튼튼아... 드디어 만났네ㅠㅠ
널 위해서라면 뭐든지 할거야ㅠㅠ
#아빠됐어요 #감격 #여보고마워요 #육아

서유럽의 중세를 대표하는 사람들은 '기도하는 사람', '싸우는 사람', '일하는 사람'이었다. 봉건제도는 <u>성직자</u>와 <u>영주</u>기사, 제후, 그리고 <u>농노</u>라고 이름 붙여진 이들의 생애를 결정했다.

봉건제도를 특징으로 하는 서유럽 국가 틀은 프랑크 왕국의 분할이 그 형성의 결정적 시작이다. 이미 베르됭 조약과 메르센 조약으로 분열되면서 통일적인 프랑크 왕국은 사라지고 현재의 프랑스, 독일, 이탈리아의 바탕이 만들어졌다. 그 중 동프랑크독일를 다스리던 <u>오토 1세</u>는 962년 교황으로부터 황제의 관을 받아 서로마를 이은 <u>신성로마제국</u>의 지위를 부여받았다. 그래서 다른 지역에 비해 정통성 면에서 우위를 차지하며 서유럽에서 강대국으로 가는 발판을 가장 먼저 마련했다.

9~10세기에 걸쳐 일어난 <u>노르만족</u>, <u>마자르족</u>, <u>이슬람 세력</u> 등의 침입으로 유럽에는 다양한 국가가 세워졌다. 서프랑크프랑스는 자국 영토에 진출한 노르만인을 무마하기 위해 그들의 점령지를 노르망디노르만의 땅로 이름 붙이고, 지도자 롤로를 노르망디 공에 임명해 노르망디 공국을 세웠고911 이는 바이킹의 침입을 막는 역할을 했다. 롤로는 로마가톨릭을 받아들이면서 카롤루스 왕에게 충성을 맹세하는 봉신이 되어 개념상으로만 존재했던 중세 봉건제도의 현실적인 출발점을 이

루었다. 이후 카롤루스 왕조가 단절된 후 프랑크 왕국에서 독립된 프랑스의 첫 왕실인 카페 왕조987~1328가 위그 카페로부터 시작되었다. 이베리아반도 북부의 기독교국 아스투리아스 왕국은 레온 왕국으로 개창하고 이슬람에게 빼앗긴 땅을 회복하자는 레콩키스타실지회복운동를 벌였다. 바이킹의 고향에서도 더벅머리 하랄이 노르웨이를 통일했고 덴마크에서도 같은 이름의 하랄이 통일 왕국을 건설했으며, 유럽과 아시아 혼혈족인 마자르인이 체코 대大모라비아 왕국을 정복, 헝가리에서 진격을 멈추기도 했다. 영국에서는 노르만 왕조가 세워졌고, 러시아의 노브고로트 공국과 키예프 공국도 이 시기에 건설되었으며, 이탈리아에서는 제후와 도시가 독립하면서 지중해에 나폴리 왕국이 세워지기도 했다.

이 시기 분열과 정복, 건국이라는 혼란에서 예상할 수 있듯 약탈과 침입이 유럽 전역을 휩쓸었다. 봉건제도는 이로부터 자신들을 방어하기 위해 서유럽 내에 만들어진 군사적 보호와 충성을 기반으로 하는 제도이기 때문에 지배층 내부의 충성과 보호 관계인 '주종관계'가 특징이다. 주인인 '주군'은 '봉신'에게 땅을 나누어주고봉토 그 대가로 봉신으로부터 다양한 형태로 충성을 요구할 수 있는 쌍무적 계약관계이다. 이들은 분배받은 자신들의 '장원'에서 영주가 되어 불입권간섭받지 않을 권리을 인정받으며 권력을 누렸다. 당시 왕은 이러한 영주 중 한 명에 불과할 정도로 국가 권력이 분산되어 있는 지방 분권적 체제였다. 이들은 침입에 대한 방어로 결성된 조직인 만큼 문관이 아닌 무관의 성격을 띠었고 '기사'로 불렸다.

'장원제도'는 봉건제도의 경제적 특징인 지배층과 피지배층 사이의 관계로, 토지를 소유한 장원의 영주가 토지에서 일하는 농노를 지배하는 것이다. 장원은 자급자족적 경제 단위인 촌락 공동체 사회로, 영주 직영지와 농민 보유지, 공동 삼림이나 목초지로 구성되어 있는 경우가 많았다. 농노들은 자신들의 토지를 경작하면서 영주에게 세금을 내야 했고, 영주의 토지를 경작하거나 영주 시설을 사용하면서 사용료를 지불해야 했다. 그들은 고대의 노예와 달리 독립된 가정을 꾸릴 수 있었고, 가옥과 가축, 땅을 상속할 수도 있었다. 그렇지만 많은 세금과 의무가 있었고 거주 이전의 자유나 직업 선택의 자유는 제한되었다. 그들은 고대 노예와 근대 농민의 중간적 성격을 가져 '농노'라 이름이 붙여졌던, 이 시기 봉건제도를 떠받치고 있던 대다수의 사람들이었다. 세계사록

♀11세기 후반의 유럽과 21세기 유럽

윌리엄 1세 사망시(1087)의 영토
신성로마제국의 경계
프랑스의 왕령

스웨덴 왕국

리투아니아

러시아

덴마크 왕국

포메른 공령

프로이센

아일랜드

잉글랜드 왕국

런던

폴란드 왕국

키예프

작센

신성로마제국

헝가리 왕국

파리

프랑스 왕국

트란실바니아

레온 왕국

아라곤 왕국

피사

피렌체

세르비아

콘스탄티노폴리스

로마

코르도바 칼리프국

코르도바

사르데냐

지중해

비잔티움 제국

노르만 공령

시칠리아

핀란드

노르웨이

스웨덴

에스토니아

러시아

라트비아

덴마크

리투아니아

벨라루스

영국

아일랜드

네덜란드

독일

폴란드

우크라이나

벨기에

룩셈부르크

체코

슬로바키아

몰도바

오스트리아

헝가리

루마니아

프랑스

스위스

슬로베니아

크로아티아

보스니아 세르비아

몬테네그로

불가리아

흑해

포르투갈

스페인

이탈리아

알바니아

마케도니아

그리스

터키

교황 넌 내게 굴욕감을 줬어

하인리히 4세		훌쩍
그레고리우스 7세	ㅋㅋ	

I
업무방해

높은 자리에 앉으면
은근히 운동할 일 많다?

손가락운동ㅋㅋㅋㅋㅋㅋ

실라노 대주교 임명건

결재할 서류가 어찌나 많은지…
내 손으로 성직자들까지 뽑는다고ㅎㅎ

그런데
이렇게 열일하는 나, 황제에게
도움은 못 줄망정
방해하는 놈이 있네…?

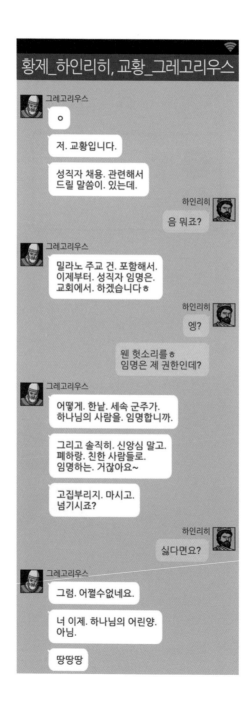

황제_하인리히, 교황_그레고리우스

그레고리우스
ㅇ

저. 교황입니다.

성직자 채용. 관련해서.
드릴 말씀이. 있는데.

하인리히
음 뭐죠?

그레고리우스
밀라노 주교 건. 포함해서.
이제부터. 성직자 임명은.
교회에서. 하겠습니다ㅎ

하인리히
엥?

웬 헛소리를ㅎ
임명은 제 권한인데?

그레고리우스
어떻게. 한낱. 세속 군주가.
하나님의 사람을. 임명합니까.

그리고 솔직히. 신앙심 말고.
폐하랑. 친한 사람들로.
임명하는. 거잖아요~

고집부리지. 마시고.
넘기시죠?

하인리히
싫다면요?

그레고리우스
그럼. 어쩔수없네요.

너 이제. 하나님의 어린양.
아님.

땅땅땅

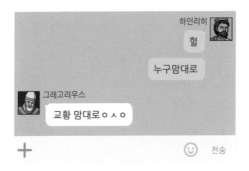

내가 쫄보냐?

그렇게 나오면 쭈구리돼서
뉘예뉘예~ 할 줄 알았나봐ㅋㅋ?

음? 뭐지?
오류 난 건 아닌 것 같은데.
왜 좋아요가… 하나도 없지?

뭔가 느낌이 좀 쎄하다???

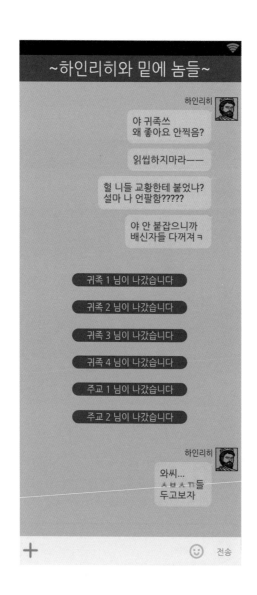

싹
싹

말은 쎄게 했지만,
이거이거 상황이 묘하게 돌아가는데…

나 이러다ㅠㅠ
지중해 오리알 되는 거 아냐?
이단으로 찍히면 안 되는데ㅠㅠ

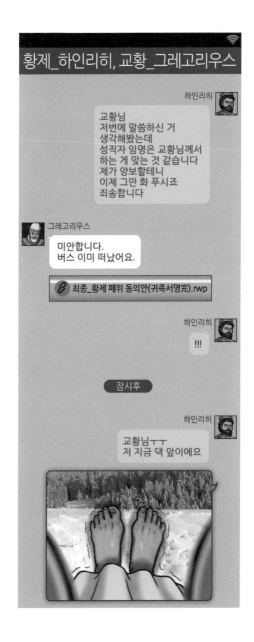

#3일밤낮 #손발싹싹
#넌_내게_굴욕감을_줬어
#두고보자

그랬다고 합니다.

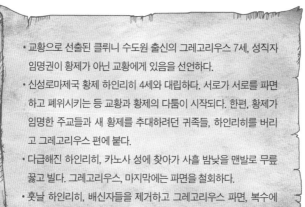

- 교황으로 선출된 클뤼니 수도원 출신의 그레고리우스 7세, 성직자 임명권이 황제가 아닌 교황에게 있음을 선언하다.
- 신성로마제국 황제 하인리히 4세와 대립하다. 서로가 서로를 파면하고 폐위시키는 등 교황과 황제의 다툼이 시작되다. 한편, 황제가 임명한 주교들과 새 황제를 추대하려던 귀족들, 하인리히를 버리고 그레고리우스 편에 붙다.
- 다급해진 하인리히, 카노사 성에 찾아가 사흘 밤낮을 맨발로 무릎 꿇고 빌다. 그레고리우스, 마지막에는 파면을 철회하다.
- 훗날 하인리히, 배신자들을 제거하고 그레고리우스 파면, 복수에 성공하다.

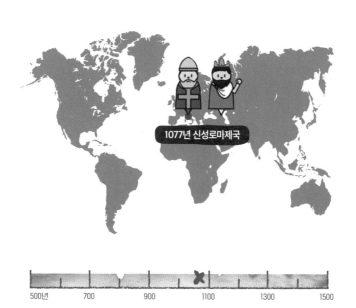

1077년 신성로마제국

500년　700　900　1100　1300　1500

로마가톨릭과
동방정교회로 나뉘다

기독교가 로마의 박해에서 벗어난 지 600여 년이 지난 10세기. 교황 자리를 둘러싸고 부패 고리가 형성될 만큼 로마가톨릭의 위세는 세속 권력을 넘볼 정도가 되었다. 본래 서로마의 멸망 즈음 기독교에는 로마, 콘스탄티노폴리스, 안티오키아, 알렉산드리아, 예루살렘 등 5대 교구가 있었다. 그 중 로마 교구의 주교가 '교황제도'를 확립하고 '로마가톨릭'으로 체계를 세우며 서유럽 전체에 영향을 미치는 권위를 보유하게 된 것은 몇 가지 요인이 작용한 결과였다. 로마는 수도가 동방으로 옮겨간 뒤 도시 자체가 하나의 세계가 되었다. 로마 주교는 기독교회 전체 대표로 자처했으며, 황제가 사라지고 없는 서방 세계를 이끌면서 콘스탄티누스 황제 이후 황제에게만 부여되었던 '최고 사제 pontifex maximus'라는 칭호를 얻었다. 그렇기에 로마 주교가 황제의 권위에서 완전히 독립한 '교황제'를 확립하기 위해 어떠한 수고도 마다하지 않는 것은 당연했다. 레오 주교에 의해 교황제의 이론적 틀이 확립된5세기 후 7세기 그레고리우스 주교에 의해 교황은 귀족 계급으로 확고히 자리 잡았다.

이러한 로마 교회는 비잔티움 황제를 등에 업고 힘을 키우는 동방 교회가 마뜩지 않았다. 거기에 이슬람의 발흥으로 로마와 콘스탄티노폴리스를 제외한 세 교구가 이슬람의 수중에 떨어지면서 알렉산드리아를 로마의 뒤를 이은 서열 두 번째 도시로 여기고 있었던 로마 교회의 입지는 약화되었다. 반면 콘스탄티노폴리스는 이슬람 군대가 장악한 지역의 수도사나 성직자들이 교회의 재산과 책 등을 가지고 모여들어 더욱 강성해졌고, 황제가 사라진 서방에서 여전히 수위권교회에 주어진 최고의 권위를 주장하는 로마 주교를 인정할 수 없었다.

동서 교회 사이의 반목은 비잔티움 황제 레오 3세717~741재위의 성상숭배금지령726을 계기로 표면화되었다. 성상숭배금지령은 서로마에서 이민족 개종에 마리아나 순교자들의 성상 숭배를 이용한 것에 대해 우상으로 간주하고 그에 대한 숭배를 금지한 명령이다. 레오 3세가 명령한 성소피아 성당의 예수 그리스도 성화 파괴는 비잔티움 내에서도 많은 반발과 폭동을 불러일으켰다. 레오 3세 아들 콘스탄티누스 5세는 탄생 후 세례 그릇에 변을 봐 일명 '코프로니무스똥황제'라고 불리기도 했는데, 아버지의 뒤를 이어 성상파괴령에 저항하는 성직자들을 잔인하게 탄압했다.

로마 주교는 이러한 비잔티움의 명령에 반발하며, 자신들의 수위권을 보존해주고 이슬람으로부터 보호해줄 세력을 이민족에게서 찾을 수밖에 없었다. 결국 프랑크 왕국이라는 세속 권력과의 제휴에 성공했고, 이것이 카롤루스 대제가 서로마 황제의 왕관을 받을 수 있었던 배경이다. 이렇게 분열이 확고해진 기독교 서방 교회와 동방 교회는 상대방을 파문하는 등 극한 대립을 연출하면서 완전 결별했다1054. 동방에서는 자신들이 정통 교회라고 주장했고, 로마 교황청에서는 이미 파문되었기 때문에 기독교의 일원이 아닌 별도의 동방 교회일 뿐이라고 폄하했다. 결과는 로마 교황을 중심으로 하는 로마가톨릭과 콘스탄티노폴리스 황제를 중심으로 하는 동방그리스정교회동방 교회와 정통 교회의 중립적 표현로의 분열이었다.

로마 교황청은 동방 교회와의 완전한 결별에 성공함과 동시에 세속 권력과의 대결에서도 우위를 차지하기 시작한다. 10세기 후반부터 수도원을 중심으로 교회 개혁 운동이 일어났고 11세기 이후 교황들도 개혁을 추진해갔다. 교황은 사제의 결혼, 성직매매를 금지하고 성직자의 독신생활을 요구하였다. 이 개혁에는 세속 군주들로부터 성직자 서임권을 가지고 오는 것도 포함되었으며 이에 교황 그레고리우스 7세1073~1085재위는 황제의 주교직 서임을 금지했다1075. 그러나 신성로마제국 황제 하인리히 4세1056~1106재위는 임의로 주교들을 임명하고 교황이 항의하자 교황까지 파면했다. 그러다 그레고리우스 7세 교황에게 파문을 당하고 대부분의 주교와 귀족이 교황 편으로 돌아서자, 카노사에서 추운 겨울 문 앞에서 맨발로 3일 밤낮을 빌면서 교황에게 사죄했다. 이를 '카노사의 굴욕1077'이라고 한다. 물론 이후 하인리히는 로마로 쳐들어가 교황을 쫓아내면서 두 세력 간의 다툼은 계속되었고 서임권에 대한 타협도 보름스 협약1122을 통해서야 이루어진다. 또한 이 사건으로 로마가톨릭은 신성로마제국 황제와의 동맹 기회를 놓치게 되었고 이는 장기적으로 보았을 때 교황에게 불리하게 작용했기 때문에 실리적으로는 황제의 정치적 승리였다고 평가되기도 한다.

　그럼에도 '카노사의 굴욕'은 비록 27세 청년이지만 명색이 신성로마제국 황제가 교황 앞에서 보인 비참한 모습을 통해 당시 교황권의 강성을 보여주었다. 이러한 로마 교황권의 강성함은 십자군전쟁이 시작1096되는 가장 큰 배경으로 작용한다. 세계사록

9세기~12세기

교회에서 나고 죽던
신앙의 시대

하인스타그램

🖤 하인리히 @heinrich

**뉴스
속보** 교황, 종교회의 열어…'황제 파면'

♡ 지금 좋아요를 눌러보세요.

어이없네——
누구 맘대로 파면이냐? 황제폐하는 나거든?
나도 그럼 황제권한으로 교황 파면한다ㅋㅋ
#찬성하는 귀족들 좋아요 눌러○○   3일전

프랑크 왕국이 로마 교황과 손을 잡은 이래로 중세 서유럽 사회는 로마가톨릭과 떼려야 뗄 수 없는 관계가 맺어졌다. 서로마 제국 멸망 이후 베스트팔렌 조약1648으로 신앙의 자유가 인정될 때까지 1000여 년 이상 로마가톨릭이 서유럽에 미쳤던 영적, 정치적 영향은 우리의 상상을 초월한다. 국왕에서부터 농노에 이르기까지 모든 사람들이 교회에 소속되어 교회 보호하에서 태어나고, 세례를 받고, 기도하고, 결혼하고, 설교를 듣고, 교회법에 따라 살고, 교회 지원을 위해 세금을 내고, 교회 보호하에서 죽던 시대였다. 교회 교구는 장원의 중심이었으며 영주는 주교에게, 왕은 교황에게 경의를 표했던 시기였다. 교황은 일반 교구의 성직자에서 수도원장, 주교, 대주교에 이르는 계서제 최상의 지위였다. 교회의 영적 권위가 인정되었기에 파문은 가장 무서운 징계였다.

그렇기 때문에 성직은 최고 인기 직업이 되어 주교들은 성직을 매매했고 영주를 겸임하기도 했다. 기사를 거느리고 전쟁에 나가고 땅의 기증, 개간을 통해 토지 소유를 확대하면서 봉건 영주로서 권력을 누렸다. 모든 세속적 부분까지 감독하고 권력과 부가 늘어나면서 교회의 세속화 현상은 심각해졌다. 10세기 초 로마 귀족 가문 출신의 마로치아라는 여성은 교황 세르지오 3세의 애인이자 요하네스 11세의 어머니, 그리고 요하네스 12세의 할머니였다. 원로원 의원으로 재력과 절세의 미모를 가졌던 그녀는 교황의 선출과 교황권 행사에 강한 압력을 행사했고, 이에 자신의 애인과 아들과 손자가 모두 교황직에 오르는 진기록을 세우게 된다. 10세기 동안에만 44명의 교황, 그 중 9명이 살해, 9명이 해임, 7명이 추방되기까지 했던 로마 교황청 최악의 역사를 대표하는 모습이었다. 이런 일들이 가능했던 것은 교황 자리를 차지하기 위한 추기경들 사이의 암투에 마로치아의 재산이 동원되면서 부패 고리가 형성되었기 때문이다. 이러한 부패들이 10세기 후반 프랑스 클뤼니 수도원을 중심으로 교회 개혁 운동이 일어난 배경이었고 '카노사 굴욕'의 승리자인 그레고리우스 7세 교황도 이곳 출신이었다.

교회는 그 영향력으로 당시 문화의 견인차 역할을 했다. 성경의 이야기와 가르침이 사람들의 생각과 삶 속에 깊이 스며들어 있었다. 책이 귀했던 그 시기 대다수의 사람들은 라틴어로 된 성경을 읽지 못했으나 노래, 이야기, 그림, 스테인드글라스 등을 통해 음유시인, 사제들의 이야기로 성경의 메시지를 배웠다. 중세의 가장 멋진 유물은 수도사들의 정성으로 필사된 성경이었다. 지금도 경탄할 만한 아름다운 성경 사본들은 화려한 그림과 우아한 장식으로 둘러싸인 텍스트와 그것을 값비싼 장정으로 묶은 것들이다. 또한 장엄함과 화려함 그 자체로 신앙심을 보여주었던 교회 건축들이 당시 문화를 대표했다. 교회와 수도원은 성경 속 인물과 이야기를 묘사한 그림, 모자이크, 조각으로 가득 차 있었다. 베네치아의 바실리카 성당에는 축구장을 다 덮을 만큼의 정교한 황금 모자이크가 있을 정도였고, 신성로마제국에 세워진 '황제의 돔' 삼총사인 보름스 성당1018, 마인츠 성당1037, 슈파이어 성당1060은 당시 대표적 건축 양식인 로마네스크 양식을 보여준다. 이들의 웅장한 로마식 아치는 왕실의 위엄과 신의 영광을, 복잡한 내부 공간은 봉건제도의 위계질서를 나타내고 있다.

당시 교회는 한 성자에게 헌정되었고 유물이 있으면 순례자와 기부금을 모을 수 있기 때문에 성자와 관련된 유물을 확보하는 것이 중요했다. 가장 높은 순위 마리아에서부터 사도들, 지방의 성자들 순이었다. 지방 성자의 유물은 유해까지도 확보하기 쉬웠으나 세계적 성자의 것은 구하기 어려워 유물에 대한 수

요가 높았다. 구색을 갖춘 유골, 진짜 십자가의 파편으로 여겨지는 작은 나무 조각 같은 것들이 경외심의 대상이었다. 16세기 종교 개혁가 루터를 보호해주었던 프리드리히 공이 모았던 성물과 유물은 1만 8870개에 달했다고 한다. 아기 예수의 배내옷 조각, 성탄에 사용된 외양간 밀짚, 성모의 머리카락과 모유 몇 방울, 십자가 형벌에 사용된 못과 채찍 조각 등 비텐베르크 성곽 교회에 보관된 그의 엄청난 성물과 유물은 보기만 해도 무려 190만 년 이상 용서받을 수 있을 정도였다. 이로 인해 몰려드는 순례자 때문에 1517년 한 해에만 9000번 이상의 미사가 있었고 4만 개 이상의 촛불이 점화되었다. 이처럼 로마가톨릭은 서유럽에 대한 영적, 사회적인 절대 권위를 통해 '신앙의 시대'를 이끌어간 구심점이었다. 세계사록

너도 나도 칼리프

우마이야 　　서쪽's 칼리프

아바스 　　동쪽's 칼리프

파티마 　　중앙's 칼리프

I

우마이야

얘들아ㅜㅜㅜㅜㅜ
너희들에게 전해 줄
슬픈 소식이 있어ㅜㅜ

06:17

010-6XX7-XXXX
<삼가 고인의 명복을 빕니다>
무슬림 4대 칼리프*
'알리' 별세.
빈소 : 아라비아장례식장
발인 : 6월 6일 1시

※ 이슬람 제국의 최고 통치자.

어제까지만 해도 정정하셨는데
이렇게 갑자기 돌아가시다니ㅠ

그런데 칼리프께서
그냥 돌아가신 게 아니더라ㅜㅜ

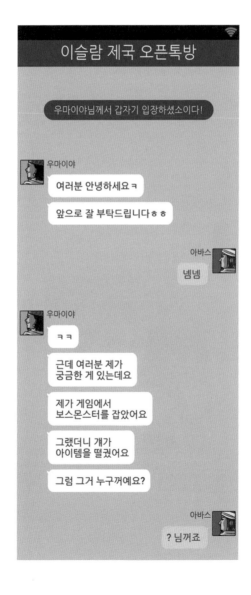

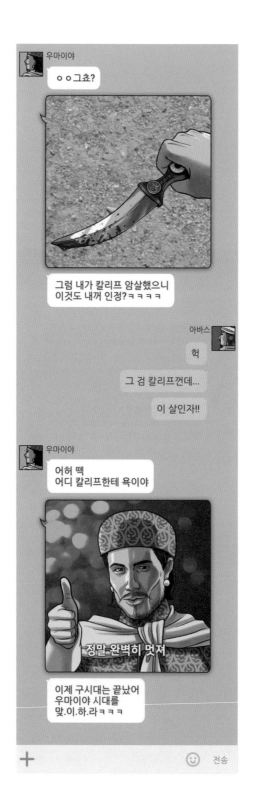

씨이… 나쁜ㅅㄲ…

역시 모든 사건의 범인은
범행으로 가장 큰
이득을 본 사람이라더니ㅜㅜ

내가 이렇게 있을 수만은 없지!

재규어 북

아바스 @Abbasids
방금 전

여러분 도와주세요!!!
우마이야가 알라를 욕보이고 있습니다.
이슬람을 말아먹으려고 해요ㅜㅜ
범죄로 칼리프 자리 차지하더니
자기 후손들한테 대대로 물려주겠답니다.
가문끼리 대장 해쳐먹으려는 거죠ㅠㅠ
여러분이 도와주신다면
아바스가 나서서 싸우겠습니다!

우마이야
물러나라

👍 압둘라님 외 4.1 K

오오! 좋아요 눌린 거 보여?
알고 보니 우마이야에 불만 있는
사람이 한둘이 아니더라?

적의 적은 나의 친구!
우마이야에 불만 있는 자!
나를 따르라!!!

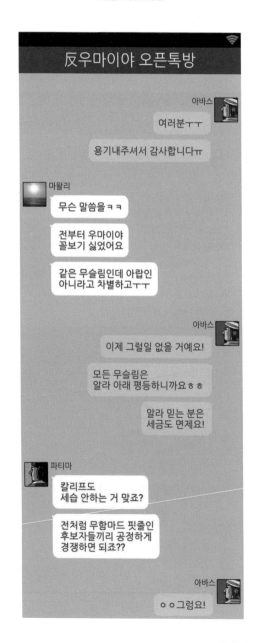

反우마이야 오픈톡방

아바스

여러분ㅜㅜ

용기내주셔서 감사합니다ㅜㅜ

마왈리

무슨 말씀을ㅋㅋ

전부터 우마이야
꼴보기 싫었어요

같은 무슬림인데 아랍인
아니라고 차별하고ㅜㅜ

아바스

이제 그럴일 없을 거예요!

모든 무슬림은
알라 아래 평등하니까요ㅎㅎ

알라 믿는 분은
세금도 면제요!

파티마

칼리프도
세습 안하는 거 맞죠?

전처럼 무함마드 핏줄인
후보자들끼리 공정하게
경쟁하면 되죠??

아바스

ㅇㅇ그럼요!

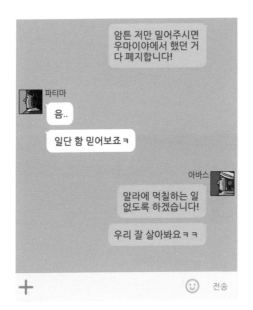

파티마

그래ㅎ 아무리 힘이 세도
여럿이 한 놈만 뚜까패는데
감당할 수 있겠어?

▲ [사진] 환하게 웃는 새 칼리프.

하지만…
원래 사공이 많으면
배가 산으로 가는 법…

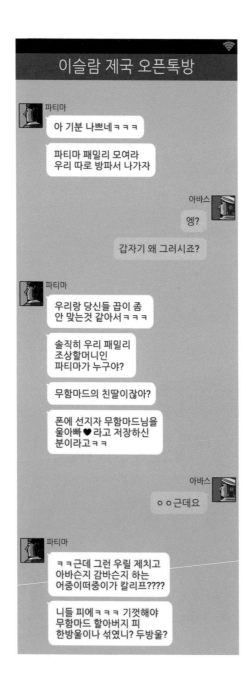

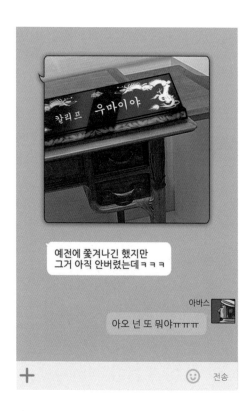

그랬다고 합니다.

- 무함마드 사후, 회의를 통해 칼리프를 선출하다.
  #정통칼리프시대
- 661년, 4대 칼리프인 알리를 제거하고 새로운 왕조를 연 우마이야 가문, 칼리프직을 세습하다. #우마이야왕조
- 우마이야 왕조를 정통으로 여기는 수니파와 예언자 무함마드의 직계 자손들을 정통으로 여기는 시아파로 세력이 나뉘어 대립하다.
- 750년, 아바스 가문, 우마이야 가문을 타도하고 새로운 왕조를 개창하다. #아바스왕조
- 10세기 초, 아바스 왕조에서 떨어져 나온 세력이 독립 왕조를 세우다. #파티마왕조

7세기~13세기 이슬람제국

500년   700   900   1100   1300   1500

파티마 왕조와
셀주크 튀르크의 흥기

칼리뉴스

**[정치] 우마이야의 악몽은 가라!
정당한 새 칼리프 탄생**

▲ [사진] 환하게 웃는 새 칼리프.

750년 이후 이슬람권은 아바스 왕조의 칼리프가 종주권을 행사했고 그에 저항하는 우마이야 세력이 이베리아반도에 정착해 동과 서로 분열되어 있었다. 특히 이베리아반도와 가까운 북아프리카에는 반反 아바스 분위기가 팽배했는데, 9세기 후반 아바스 왕조가 약화되면서 시아파 지도자 사이드 이븐 후세인이 북아프리카에 파티마 왕조를 건국909했다. 파티마는 이슬람교 개창자 무함마드의 딸이자 4대 칼리프 알리의 아내 이름이다. 파티마 왕조는 아바스 왕조의 정통성을 부인하고 시아파로서 이슬람 교리에 더 철저한 운영을 도모했다. 이들은 나일강 삼각주의 남서쪽에 '승리'라는 뜻의 신도시를 건설하여 수도로 삼았는데, 이 도시가 현재 이집트의 수도인 카이로이다. 아시아, 아프리카, 지중해와 홍해를 연결하는 전략적 요충지인 카이로를 중심으로 활동한 파티마 왕조는 살라딘살라흐 알 딘에 의해 아이유브 왕조에게 권력이 넘어갈 때까지 200년 이상 유지되었다.

이슬람 세계의 서부가 파티마 왕조에 의해 통일된 모습을 보였다면 아바스 왕조가 약화된 동부는 이슬람화된 이민족들에 의해 정치적 혼란이 거듭되고 있었다. 중앙아시아에서는 페르시아의 영화를 되찾으려는 이란인의 노력이 결실을 맺어, 현재 러시아 남단의 부하라와 사마르칸트 일대에 이란계 사만 왕조가 건설874

되었다. 이스마일에 의해 세워진 사만 왕조는 사산 왕조 페르시아 멸망 후 최초로 부활한 이란인의 토착국가이다. 종교는 조로아스터교에서 이슬람교로 변화되었지만, 문학, 예술, 학문 등의 문화에는 그들만의 전통이 이어져 '이슬람화된 이란 문화'의 모델을 이루었다. 유럽에서 현대 의학 시작까지 거의 700년 동안 최고의 의학 권위자로 명성이 높았던 이븐 시나980~1037는 사만 왕조의 의학자였다. 18세에 모든 학문을 통달했던 그는 인체의 거의 모든 부위에 관한 완벽한 해부학적 지식과 해박했던 병리 치료로 인해 명성이 높아 당시 부하라에는 외국인들이 넘쳤다고 한다.

한편 페르시아계 시아파인 부와이흐 가문을 중심으로 한 세력이 메소포타미아에 든 기근으로 혼란에 빠진 바그다드를 점령했다. 부와이흐 왕조가 바드다드를 지배한 100여 년간 칼리프는 그들의 마음대로 즉위, 폐위되었다. 이민족 세력에 의해 좌우되면서도 일한국에 의해 멸망하는 1256년까지 아바스의 칼리프가 붕괴되지 않고 명맥을 이을 수 있었던 것은 정치 세력의 정통성 확보에 무슬림의 수장 칼리프의 전통적 권위가 필요했기 때문이다.

📍11세기 이슬람 세계

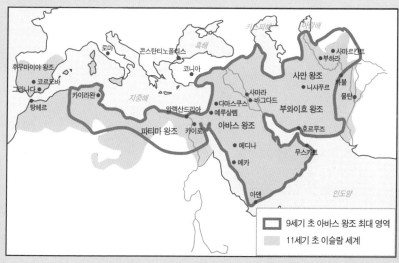

241

11세기 전반 부와이흐 왕조를 이어 아바스 칼리프의 권위를 업고 서아시아의 패자로 등장한 민족이 셀주크 튀르크1037~1242이다. 흉노, 돌궐, 위구르로 이어졌던 튀르크 제국 역사는 위구르 제국의 멸망840으로 끝났다. 흩어진 채 서진을 하며 왕조들을 세웠던 이들은 960년경 이슬람 왕조와의 교류를 통해 이슬람화 되었다. 셀주크족이 튀르크의 강대국으로 성장하면서 가즈니 왕국을 격퇴1038했다. 인도 지방으로 밀려간 가즈니 왕조는 이후 구르 왕국으로 이어지며 12세기 인도 이슬람화의 시작이 되었다. 수니파로 개종한 셀주크는 아바스 왕국의 상당 부분을 차지하고 1055년 바그다드에 입성하여 부와이흐로부터 아바스 왕조의 통치권을 넘겨받았다. 그들은 칼리프를 인정하고 보호하는 대신 세속 통치 절대 권력인 술탄이라는 칭호를 사용했다. 이크타 제도를 통해 장교들에게 봉급 대신 일정 기간 동안 토지를 하사하여 그곳의 징세권을 부여하면서 국가를 운영했던 이들은, 13세기 몽골에 의해 멸망할 때까지 아랍인이 아니었음에도 이슬람 세계의 중심 역할을 했다. 이들은 11, 12세기 전성기에 파미르 고원에서 서아시아, 지중해에 이르는 제국을 건설했고, 소아시아까지 진출, 예루살렘을 점령해 콘스탄티노폴리스와 대립하며 십자군전쟁 발발의 주역이 되었다. 세계사록

♀11세기 셀주크 튀르크의 발달

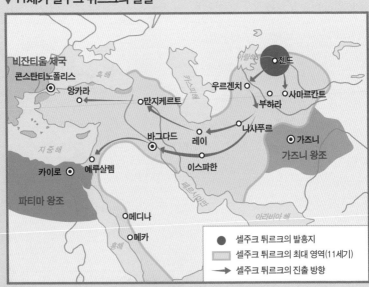

작두 타는 포청천

 포청천   싹둑

하나요 승진

내 이름 포증.
아, 오늘부턴 나
#시장님이라고 불러줄래?

개봉 시장님이 나야 나ㅋㅋㅋ
※ 개봉 = 송나라 수도, 카이펑

요직에 앉게 되니까
연락이 많이 오네ㅎㅎ

근데 마냥 기쁘지만은 않다…

포증

이거 선물 아니고
뇌물이잖아요.

공직자는 이런거
못 받게 되어있습니다.

조팔촌 / 황제폐하 먼 친척

에이~

전임시장들도
다 받은 거라니까ㅋㅋ

포증

아~ 상습범이시다?

조팔촌 / 황제폐하 먼 친척

하참! 깐간하게 구네!

포증

ㅋㅋ저한테 큰 선물
주시네요. 안그래도
고위급 인사들 비리
조사중이었는데
자백을 다 하시고

고발하겠습니다ㅇㅇ

조팔촌 / 황제폐하 먼 친척

야! 니 내가 누군줄 알아?

내가! 마! 느그 황제랑! 마!
밥도 묵고! 차도 마시고! 마!

포증

저한텐 그런거 안 통합니다~

혹시 모가지 안 아까우시면
계속 저 욕해보시고~ㅋㅋ

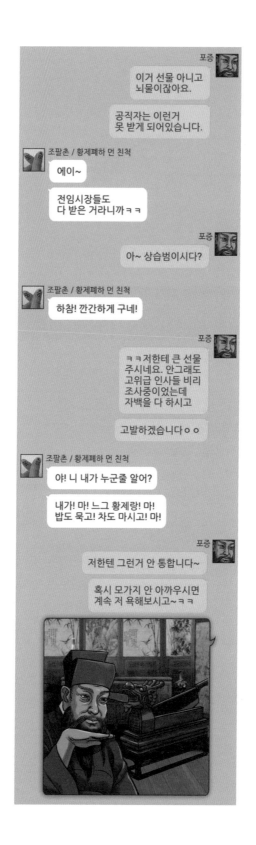

봤지?
나에겐 삼작두가 있다고ㅋㅋㅋ

신분, 출신 안 따지고
죄 지은 사람들은
싹 다 잘라버리겠어ㅋㅋ

그런데.

카이펑시 국민게시판 : 포시장에게 바란다!

민원공개

민원처리공개

민원번호	민원사무명
1062	살ㄹ려ㅕ즈ㅓ
1061	탐관오리잡아주ㅛㅔ요
1060	배곱으다 밥좀달아
1059	제발] 저 간안해서 못살게습니다
1059	이럿게스는거맛나요 탕간오리재보해요
1058	이대ㅐ로느 살수가 업습ㄴ

≪ ‹ |1|2|3|4|5|6|7|8|9| › ≫

잘라낸다고 잘라냈는데,
왜 아직도
힘들다는 백성들이 많을까?

포증

왕차장

왕차장

넵 시장님!

포증

너 이거 봤니?

이럿게스는거맛나요 탕간오리재보해요

시장님 살여주 세요
저는글 자 를 몰읍니다
이 것은 음성입 력 기로 스는것 이다

탕간오리 왕차장이 내돈 갈치 합니다
가뭄이 들 어서 머글 거쉰 얺는대
무료급식 신청서 써줄 테니스 십냥 달래 요

갈치 그만 해수면 조커 습니다
저는배가 너무 고픈 이다
살여주 세요

이전글 목록보기 답글 다음글

무슨 뜻인지 알겠어?

왠지 넌 알 것 같아서ㅎ

왕차장

아...

저도 잘...

누가 장난으로 올린 것
같은데요ㅎㅎ

포증

헐? 왜 몰라?
딱 보니까 니 얘긴데???

왕차장
> 컥

포증
> 나 대신 억울한 백성들 목소리 받아서 적으라니까 금품을 갈취해?

> 이런 날강도 같은 놈아!!!

> 하지만ㅋ

> 봐줄게 넌 잘못 없으니까

왕차장
> 헉 정말ㄹ료???

포증
> ㅇㅇ죄는 니 나쁜 손목이 지었짘ㅋ

> 내놔 손모가지 ❤️

왕차장
> 꺄아아ㅏㅏㅏ아아아

+ 　　　☺️ 전송

셋이요

ㅉㅉ 역시 배우고 가졌다는 것들은
믿을 수가 없어요.

아이고… 불쌍한 우리 백성들…
글자를 모르니 말도 못하고!

다시는 이런 일 당하는 일 없게
내가 나서야겠다!

#송나라 #사대부
#판관 #포청천

그랬다고 합니다.

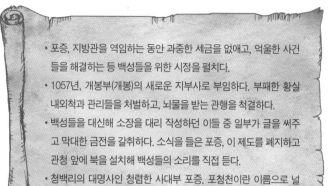

- 포증, 지방관을 역임하는 동안 과중한 세금을 없애고, 억울한 사건들을 해결하는 등 백성들을 위한 시정을 펼치다.
- 1057년, 개봉부(개봉)의 새로운 지부사로 부임하다. 부패한 황실 내외척과 관리들을 처벌하고, 뇌물을 받는 관행을 척결하다.
- 백성들을 대신해 소장을 대리 작성하던 이들 중 일부가 글을 써주고 막대한 금전을 갈취하다. 소식을 들은 포증, 이 제도를 폐지하고 관청 앞에 북을 설치해 백성들의 소리를 직접 듣다.
- 청백리의 대명사인 청렴한 사대부 포증. 포청천이란 이름으로 널리 알려지다.

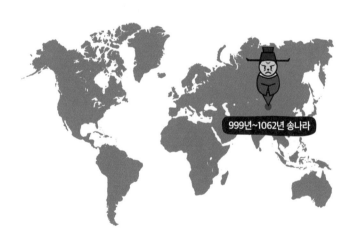

999년~1062년 송나라

500년 700 900 1100 1300 1500

왕총무와 사대부 친구들

사대부 　　　　　과거부심ㅋ

왕안석 　　　　　하아=3

안녕? 난 송나라의
유능한 자산전문가,
왕총무 왕안석이라고 해ㅎㅎ

지방에서 이름 꽤 날리다가
추천받아서 궁으로 불려왔어ㅋ

황제폐하께서 요즘 고민이
많으신 것 같더라고.

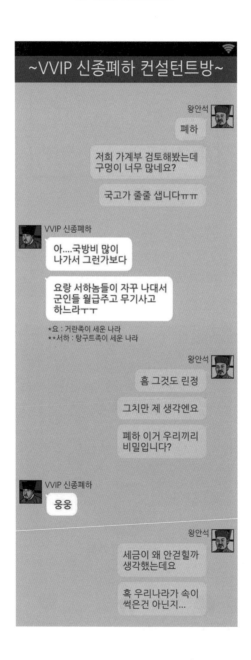

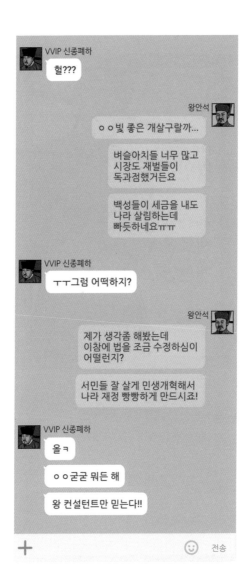

VVIP 신종폐하
헐???

왕안석
ㅇㅇ빛 좋은 개살구랄까...

벼슬아치들 너무 많고
시장도 재벌들이
독과점했거든요

백성들이 세금을 내도
나라 살림하는데
빠듯하네요ㅠㅠ

VVIP 신종폐하
ㅜㅜ그럼 어떡하지?

왕안석
제가 생각좀 해봤는데
이참에 법을 조금 수정하심이
어떨런지?

서민들 잘 살게 민생개혁해서
나라 재정 빵빵하게 만드시죠!

VVIP 신종폐하
올ㅋ

ㅇㅇ굳굳 뭐든 해

왕 컨설턴트만 믿는다!!

전송

둘이요

연

이때까지만 해도
뭔가 바꿀 수 있을 것 같았는데ㅜ

그런데 세상은
혼자서 바꿀 수 있는 게 아니더라

'능력'을 뛰어넘는
넘사벽 '연'이 있더라고ㅜㅜ

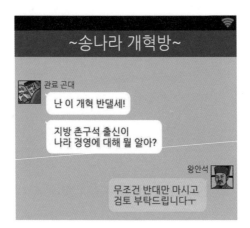

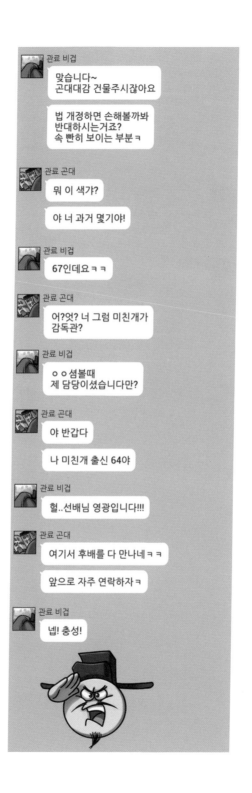

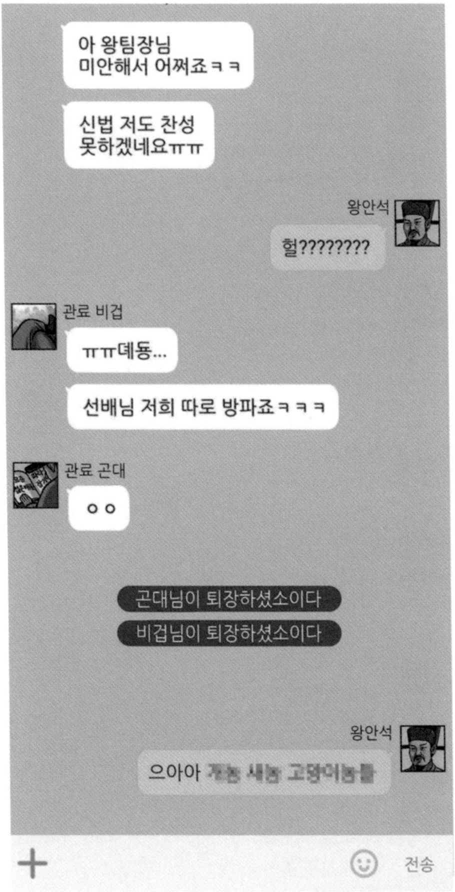

아 왕팀장님
미안해서 어쩌죠ㅋㅋ

신법 저도 찬성
못하겠네요ㅠㅠ

왕안석

헐????????

관료 비겁

ㅠㅠ예동…

선배님 저희 따로 방파죠ㅋㅋㅋ

관료 곤대

ㅇㅇ

곤대님이 퇴장하셨소이다

비겁님이 퇴장하셨소이다

왕안석

으아아 개놈 새놈 고얀이놈들

＋　　　　　　　　😊　전송

셋이요

당다라당당당

#혈연 #지연을 잇는 #학연
요건 이길 수가 없더라.

난 그냥…
살기 좋은 세상 만들자는 건데…

이젠 아예
편까지 갈라서 싸운다ㅜㅜ

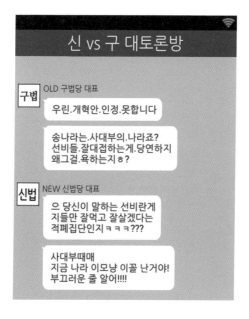

구법 OLD 구법당 대표
아니.이게어디서.반말??

왕안석
자자 싸우지들 마시고...

구법 OLD 구법당 대표
왕씨.지금.나.쌈닭취급?
자네도.사대부.아닌지??

왕안석
아니 계속 도돌이표만
그러니까...

송나라뉴스

[속보] 송나라 농민봉기 일어나…

백성들 "더 이상은 못 참겠다!"
참았던 울분 다 터트릴 것

!!!!!! 여러분 일났습니 l 다
논쟁은 잠깐 멈추고
급한 불부터 끄시죠!!!!

신법 NEW 신법당 대표
응 안급해~

신하로서 나라살림 불리고
강해질 생각을 해야지!
니들 뱃속 채울 것만
생각하냐!!

구법 OLD 구법당 대표
이런.@#$@%!

내가.국가에.청춘.다바쳐서
그나마.이만큼이라도.온거지!!

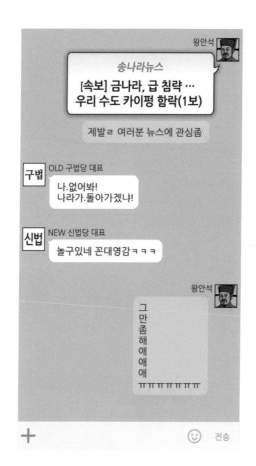

송나라뉴스

[속보] 금나라, 급 침략 ···
우리 수도 카이펑 함락(1보)

제발ㄹ 여러분 뉴스에 관심좀

구법 OLD 구법당 대표

나.없어봐!
나라가.돌아가겠냐!

신법 NEW 신법당 대표

놀구있네 꼰대영감ㅋㅋㅋ

왕안석

그만좀해애애애
ㅜㅜㅜㅜㅜㅜ

➕   😊 전송

나라가 망하든 말든
#당파싸움 #당쟁

그랬다고 합니다.

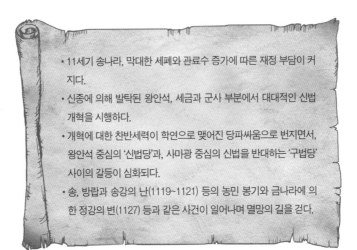

- 11세기 송나라, 막대한 세폐와 관료수 증가에 따른 재정 부담이 커지다.
- 신종에 의해 발탁된 왕안석, 세금과 군사 부분에서 대대적인 신법 개혁을 시행하다.
- 개혁에 대한 찬반세력이 학연으로 맺어진 당파싸움으로 번지면서, 왕안석 중심의 '신법당'과, 사마광 중심의 신법을 반대하는 '구법당' 사이의 갈등이 심화되다.
- 송, 방랍과 송강의 난(1119~1121) 등의 농민 봉기와 금나라에 의한 정강의 변(1127) 등과 같은 사건이 일어나며 멸망의 길을 걷다.

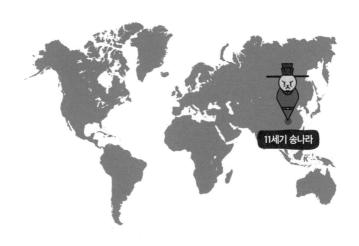

11세기 송나라

500년   700   900   1100   1300   1500

송의 문치주의

문관을 우대하라

당이 역사의 무대에서 사라진 후 중국은 분열기에 돌입했다. 907년 당 멸망부터 960년에 건국된 송이 전 중국을 통일979할 때까지, 약 70년에 걸쳐 흥망한 여러 나라와 그 시대를 5대 10국 시기라고 한다. 이 시기 중앙에서는 지배 세력이었던 문벌귀족을 대신할 신흥 지주 계급이 미성숙하여 통일된 통치 세력을 이루지 못한 반면, 변방에서는 황소의 난 진압 과정에서 공을 세웠던 번진들이 강한 세력을 바탕으로 국가들을 건설했다. 당시 지도자들은 전쟁에는 유능했으나 정치력은 낮아서 백성에 대한 가렴주구가 상상을 초월했다. 식염세, 누룩세, 농기구세뿐 아니라 심지어 '세금으로 거두어들인 피륙이나 곡물을 새작雀와 쥐서鼠가 먹을 것이니 그만큼 더 거두어야 한다.'는 작서모라는 세금까지 있을 정도였다.

5대 10국의 최강자 후주를 넘겨받은 조광윤960~976재위은 후주의 중앙 금군 사령관 출신으로 7세의 나이 어린 공제로부터 선양 형식을 빌려 송宋의 제위에 올랐다. 그는 타 왕조와 달리 변경개봉, 카이펑을 수도로 삼고 즉위 기념식에서 황제권 강화를 천명했다. 목표는 당을 멸망으로 몰고 갔던 절도사를 제거하고 중앙집권제를 확립하는 것이었다. 이는 동생 태종976~997재위이 사병제를 폐지하고 중앙은 물론 지방관도 문관으로 교체하며 문관을 우대하는 정책을 펼치면서 문치주의로 확립되었다.

일생의 목표는 과거 합격

송에서는 재상에게 집중되었던 권한을 철저하게 각 기관에 분산하며 제한했고 중앙 장관을 복수로 임명해 상호 견제하게 했다. 또한 주요 기관마다 감찰 기관을 두어 황제와 직결되게 했다. 과거의 최종 합격자를 황제가 직접 선출하는 전시를 실시하여 그간 암암리에 실시되어 온 가문에 의존한 관리 선발 관행 대신 실력과 재능을 갖춘 인재를 등용하고자 했다. 이로써 이 시기의 신흥 지배층인 사대부는 문벌귀족과 달리 황제권을 넘보지 않는 학자적 관료로 자리매김을 했다. 신흥 지주 형세호 출신들이 우세한 경제력을 바탕으로 문벌귀족의 몰락한 자리를 대신 차지했지만, 학자적 관리 곧 사대부로서 수당의 귀족보다 능력을 중시하는 신분으로 자리 잡은 것이다. 당시 사대부들의 롤 모델이자 명판관으로 유명한 포증은 안휘성 합비에서 태어났다999. 29세에 진사에 합격한 사대부였던 그는 여러 관직을 두루 거치며 강직하고 청렴한 관리로 명성이 자자했다. 권세에 아부하는 대신 백성의 편에서 억울함을 풀어 심지어 귀신이나 원귀까지 도움을 청한다 해서 그를 염라천자, 혹은 청천이라 일컫게 되었다.

이러한 송의 통치 방향은 시대적 특징을 가져왔다. 우선 과거제가 중시되고 학문이 고정화되었다. 과거 합격이 유일한 인생목표인 송의 사대부는 다섯 살 때부터 4서5경을 달달 외우는 것으로 시험 준비를 시작했다. 글자 수 43만 자를 하루에 100자씩 외워 12년 만에 지방의 1차 시험을 통과하면 이후 신언서판외모, 말씨, 글씨, 판단력을 종합적으로 평가하는 2차, 그리고 마지막 황제 앞의 전시를 통과해야 했다. 이런 경쟁 속에서 수험생들은 경전 문장을 깨알같이 적은 속옷을 입거나 점심용 만두 안에 커닝 페이퍼를 넣어 적발되기도 했고, 여인들은 뒷면에 '오자 등과아들 다섯을 낳아 모두 과거에 합격'라고 새긴 청동거울을 혼수품으로 선호하기도 했다.

송대에는 또한 문치주의로 인해 국방력이 약화되어 이민족과의 대립과 침입이 잦았고, 전 왕조들에서는 상상할 수 없는 굴욕적인 상황에 접하기도 했다. 거란이 건국한 요의 공격을 받은 송의 3대 황제 진종997~1022재위은 당시 요의 전성기를 이끈 성종982~1031재위과 강화를 맺고 막대한 세폐를 부담했다. 전연 지방에서 맺은 '전연의 맹1004'에 의해 송이 형이 되고 요가 아우가 되는 형제의 의가 맺어진 것인데, 이는 송이 해마다 비단 20만 필과 은 10만 냥을 요에 보내기로 합의한 실질적으로는 조공을 바치는 굴욕 외교의 결과였다.

송은 자신들의 지배하에 있던 탕구트족이 세운 서하 정벌에 나섰다 패해 평화조약을 체결1044했다. 서하는 송을 임금으로 인정하면서 송과 서역의 중간인 지리적 이점을 활용해 실크로드 중계무역을 독점, 실익을 챙길 수 있었다. 또한 송은 이미 당의 혼란을 틈타 독립939한 월베트남족과도 조약을 체결하며 화친하는 정책을 펴 남쪽 국경선을 안정시키고자 했다. 월족 지도자 응오퀴엔은 응오 왕조를 세우며 진시황 이후 1000년 이상 지배받았던 중국에서 독립을 쟁취했다. 딘 왕조, 레 왕조의 뒤를 이어 1010년 이온공은 통킹 지역에 '리' 왕조를 창시했고, 탕롱하노이에 도읍을 정한 뒤 국호를 '대월'로 개칭, 송 제도를 본 따 체제를 정비하며 발전했다.

막대한 세폐는 관료수의 급격한 증가와 함께 재정 부담을 늘리는 주요 원인이었고, 그로 인해 세금을 부담해야 하는 농민과 상인들의 상황은 열악해졌다. 이를 개혁하기 위해 19세의 청년 황제 신종1067~1085재위은 즉위 후 참지정사 왕안석1021~1086을 발탁하여 송 건국 이후 계속 누적된 구조적 병폐에 대한 대대적 개혁에 착수1070했다. 대지주 및 대상인의 기득권을 혁파하고 중소 농민과 상인의 경제적 지위를 향상시키며 부국강병을 이루는 것이 '신법新法'의 초점이었다. 청묘법, 시역법은 연리 2할의 저리 융자를 제공하여 중소 농민과 상인들로부터 전폭적 지지를 얻었다. 토지를 측량해서 탈세의 온상이었던 토지를 적발해 그 세수를 충당했다. 보갑법으로 군역 부담을 덜어주고, 모역법으로 노역 의무를 화폐로 대신하며 농민의 부담을 덜어주었다. 또한 관리 양성학교를 세워 과거제의 폐단을 없애

SONG TIME

황제의 자산전문가
왕안석

서민이 잘 사는
"새로운
개혁안"
발표

재벌, 관료
개혁들어가나…

고자 했다. 그러나 이 때문에 불리해진 대지주와 대상인층인 구법당舊法黨 반발에 사마광, 구양수, 소동파 등 쟁쟁한 과거 출신자들까지 합세했다. 결국 신법 개혁의 버팀목이었던 신종이 사망하고 그동안 왕안석을 비판해온 사마광이 문하시랑에 임명된 후 신법이 전면 폐기되면서 개혁은 실패로 끝난다.

송 지배층이 구법당과 신법당과의 대립으로 곪아가면서 대토지 사유의 증가, 자영 농민의 몰락 등으로 심각한 사회 문제들이 발생했고 농민을 중심으로 반란이 일어났다. 궁전 건축으로 인한 수탈로 방랍이 항주를 중심으로 일으킨1120 농민 봉기군은 단 몇 달 만에 100만을 넘어서 송의 조정을 놀라게 했다. 아홉 차례나 항복을 종용해도 꼬떡도 하지 않았던 봉기군을 관군은 우세한 전력으로 압박했고, 진압 과정에서 협력한 백성까지 300만 명을 도륙했다. 이듬해 방랍은 아들 등 52명과 함께 포로로 잡혀 개봉에서 처형되었다. 양산박에서도 농민 봉기가 발생해 운주 등지의 농민들이 송강을 두령으로 36명을 수장으로 하는 봉기를 일으키기도 했다1121~1122. 송강의 봉기군 또한 수만 명의 관군으로도 감히 진압하지 못한다는 상소가 올라올 정도로 막강하여 당시 송을 뒤흔들 정도였다.

이처럼 송이 내부적으로 약화되어 가고 있을 때 북방에서는 요의 지배를 받고 있던 말갈족의 후예 여진족이 완옌부의 추장 아골타를 중심으로 세력을 키웠다. 그리고 이것은 송을 '정강의 변1126~1127'이라는 역사의 격랑으로 몰고 가는 시발점이었다. 세계사록

대륙의 잇템 대륙의 머니

	송나라 상인	주머니 빵빵
	지폐	한장이면 OK

하나요

몰라 봤네

니하오~ 난 송나라 상인ㅎ
송상이라 불러달라해~

요즘 장사가 잘돼서
아주 기쁘다~
고갱님들 워아이니~

엥?? 메이드 인 차이나
품질 별로라고?

누가 그런 헛소리를 하오마???

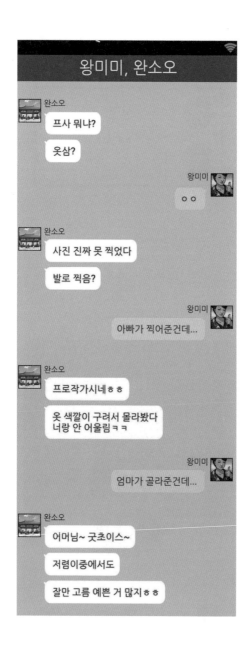

둘이요

광고

하오하오~
명품하면 #메이드인차이나 ㅋㅋ

비단옷뿐만 아니라,
차랑 도자기도 잘 팔린다해~ㅎㅎ

얼마 전에 투자 받아서
광고까지 찍었다마?

송나라 #비단옷을 입고
송나라 #도자기에
송나라 #차를 타서 마시는 오후~

이게 바로 모두가 원하는 거지!
물건만 내놨다 하면 품절사태ㅋㅋ

근데 입금이 문제다마ㅜㅜ
우리 송나라 머니
죄다 동전밖에 없다마ㅜㅜ

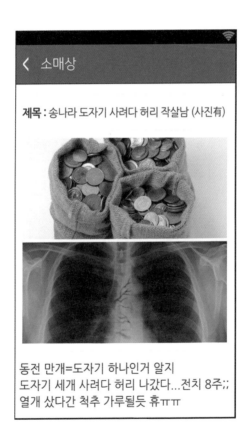

이그ㅠ 나 말고도
많은 사람들이 힘들어한다해ㅠㅠ

압둘라

도자기값 이체중이에요

이제 9997닢 남았네요ㅠ

시끄러우시조
알람 끄셔도 돼요

송상

아이야
언제적 화폐를..

송나라뉴스

[발표] 송나라 지폐 '교자' 발행

송나라 지폐 발행됐다마

이거 한장에
동전 10000개 값어치

압둘라

헐ㅠㅠㅠ개꿀

송상

이제 편하게 결제하라마ㅋㅋ

+ ☺ 전송

#세계최초 #지폐 #교자

그랬다고 합니다.

- 송, 당대 세계 경제의 40퍼센트를 담당할 정도로 매우 부유하다. 석탄 사용으로 철의 대량 생산이 가능해지고, 분업 시스템으로 산업이 비약적으로 성장하다. 산업혁명 직전까지 갈 정도로 발전하다.
- 경제 발전에 무역이 큰 역할을 하다. 비단, 차, 도자기의 수출량이 크게 증가하다.
- 자금을 투자하고 이익을 배분받는 주식회사와 같은 시스템이 생기다.
- 세계 최초의 지폐, 교자가 발행되다. 고액권 지폐는 경제가 매우 발달했다는 증거.

10~13세기 송나라

500년   700   900   1100   1300   1500

서민 문화를 꽃피운 송의 경제혁명

송나라뉴스
[발표] 송나라 지폐 '교자' 발행

1020년경 송의 총인구는 중국 역사상 최초로 1억을 돌파, 동시대 세계에서 어깨를 겨눌 상대가 없는 대국이 되었다. 전한 시기 6000만이었던 중국 인구는 전란 등으로 감소했다가 당 전성기인 700년경 회복되고 송대에 급증세를 보였는데, 이는 송의 '혁명'이라 불릴 만큼 발달된 경제를 배경으로 이루어진 것이었다.

당시 수도였던 개봉은 장택단이 그린 「청명상하도」에서 볼 수 있듯이 도시 자체가 하나의 거대한 시장이었다. 황하 중류의 인구 100만에 육박하는 세계적 규모의 도시에는 이전에 비해 복잡한 구조의 누각이 출현했고, 싸전쌀가게을 비롯한 각종 생필품과 도자기 등을 파는 상점들이 줄지어 있었다. 찻집을 비롯한 음식점들이 많아 맛뿐 아니라 공연, 냉난방, 배달 서비스 같은 마케팅으로 경쟁하기도 했다. 숙박시설, 여관 수리업, 예식을 대신 준비해 주는 일종의 '출장서비스' 등 서비스업이 발전했으며 각종 상점은 24시간 불이 꺼지지 않아 '불야성'이라는 용어를 탄생시켰다.

이 당시 상품거래를 위해 화폐 '천희통보'를 사용했으나 막대한 양을 찍어도 수요를 따라잡지 못하자 어음이 출현했고 이는 세계 최초의 지폐인 '교자'가 발행 1024되는 배경이 되었다. 물건 값 계산 시 나무판에 은행 알 같은 것을 꿰어 손가락으로 튕기는 세계 최초의 계산기인 주판이 사용되기도 했고, 상인과 수공업자들은 자신들의 이익을 위해 동업조합인 '행'과 '작'을 운영하며 '상업혁명'이라고 불릴 만한 이 역사적 장면들의 주인공이 되었다.

필승이 찰흙을 굳혀 문자를 새기고 이를 다시 구워 단단하게 만든 활자로 활판인쇄술이 발명된 후, 서점에서는 유교 경전뿐 아닌 대중용 문학작품집도 대량 출판 판매되었는데, 당시 베스트셀러는 현대의 수험서에 해당하는 『거업서』였다고 한다. 소설, 곡희곡 등은 잡극의 형식으로 도시의 상설 예술 무대에서 다른 연희와 함께 선보이기도 했다. '와자'라고 불렸던 수천 명을 수용할 수 있는 상설 무대에는 대중의 오락을 위한 공연장, 각종 편의시설이 모여 있었다. 어떤 덩어리가 급격하게 허물어지는 모양을 가리키는 표현인 '와해'는 이 '와자'에 모인 관중이 우르르 흩어지는 모습을 묘사한 데서 나왔다. 총 294권이나 되는 사마광의 역사서 『자치통감』이 나왔고 중국 선진과학을 총 정리하는 심괄의 저서 『몽계필담』에는 나침반의 제조법이 소개되기도 했다.

이와 같이 서민이 즐기던 송 문화의 발달은 5대 10국 시기의 산업 개발이 그 배경이었다. 오대 각국은 군비 확장을 위해 산업을 장려해 각지의 품질 높은 특산물이 대량생산되면서 상품경제시대를 열었다. 판로 개척을 위해 통일이 필요했던 상인들은 군주권을 지지했고, 군주는 상인으로부터 재정적 도움을 받으면서 둘 사이의 이해가 맞아떨어졌다. 이런 배경하에서 통일이 이루어지자 모든 방면의 산업은 급속도로 발전했다. 특히 이 시기 위구르인들이 육로로, 아랍인들이 바닷길로, 동에서는 고려와 일본인이 비단, 도자기 등을 구하기 위해 금과 은을 가지고 왔고 그들이 가지고 온 은은 산업자금에 투자되어 산업 발달에 기여했다.

또한 과학기술의 발달이 산업 발달을 뒷받침했는데, 그 대표가 화력의 혁명적 발전이었다. 석탄이 보급되면서 동과 철 등 제련기술이 발달해 1078년 송의 철강 생산량 12만 5000톤은 1788년 영국 산업혁명 당시의 철 생산량을 약간 밑도는 수준이었다. 철의 생산이 병기와 농기구 제조에 영향을 미친 것은 당연한 결과였다. 화력 혁명은 또한 도자기의 발달을 가져왔다. 11세기 인류 공예사에서 가장 아름다운 작품으로 손꼽히는 송 백자와 청자는 저온에서 구워지는 도기와 달리 1300도 이상의 고열로 구워지며 탄생해 차, 비단과 함께 중국의 대표 수출품이 되었다. 화약 또한 발명되어 불꽃놀이가 가능했던 것도 이 시기이다. 철을 단련하는 용

광로, 수력 방직기, 물시계가 발명되었고, 건축에 아치형 다리와 받침대가 쓰였다.

이와 같은 경제 발전의 원동력은 강남 개발로 인한 농업의 획기적 발전이었다. 송대부터 양자강 하류 저습지가 논으로 개발되면서 수차를 이용한 쌀의 집약적 재배가 가능해진 덕분이었다. 강남이 경제의 중심지가 되어 "강절 지방의 소호강소, 호남에 풍년이 들면 천하가 족하다."라는 말이 나올 정도였다. 비료의 사용과 농기구 개량, 모내기, 그리고 가뭄에 강한 베트남 종인 참파벼가 도입되어 농업 생산력이 급증했던 이 시기의 농업 발전은 '농업혁명'으로도 표현된다. 잉여 식량이 생산되자 '상업혁명'으로까지 불릴 정도의 상업이 발달했고 이와 함께 금융, 운송, 숙박 등 서비스업도 함께 발달했던 것이다. 옥스퍼드 너필드 컬리지의 스티븐 브로드베리 교수의 연구에 따르면 송은 1020년에 1인당 GDP 1000달러(1990년 가치 기준)를 돌파했다고 한다. 영국이 1000달러를 돌파한 것은 이로부터 400년 가량이 지난 1400년대이니, 당시 송은 세계에서 가장 발달했던 경제를 향유했다 하겠다. 양자강 이남 지역은 남송 시대에 이르면 개발이 더욱 촉진되고, 남송 시대 이후 중국 강남의 경제력은 화북을 앞서게 된다. 세계사록

📍**11세기 거란의 남진과 송의 영토**

고려의 건국과 전성기의 평화

궁예를 이어 후고구려의 권력을 장악한 <u>왕건</u>은 송악의 토착적 기반을 바탕으로 성장, <u>고려를 건국</u>918했다. 거란에 의해 멸망926한 발해 유민을 흡수하고 친신라적 정책으로 신라를 흡수935하여 정통성을 강화한 뒤 후백제를 멸망936하고 한반도를 통일했다.

태조 왕건918~943재위은 <u>취민유도取民有度</u>, 조세를 거둘 때 일정한 법도가 있어야 한다는 뜻에 입각해 민심을 안정시켰고 호족을 포용하거나 견제하기도 하면서 왕권의 안정을 기했다. 서경평양을 중시하고 발해를 멸망시킨 거란을 적국으로 간주해 그들이 보낸 낙타를 만부교 밑에서 굶겨 죽이는 등 거란과 날카롭게 대립하면서 <u>친송 북진정책</u>을 실시했다. 불교를 호국종교로 육성하고 신라 말 이래의 혼란을 빠르게 극복, 전성기 신라를 능가하는 강국으로 성장할 가능성을 보였다.

고려를 개창한 호족들의 연합 정권적 성격이 강했던 태조의 뒤를 이은 <u>광종</u>949~975재위 대에는 본격적인 왕권 강화와 국가 체제 정비의 기반이 닦였다. 광종은 비공신계열의 군소 호족과 연결하여 신진 관리를 육성했고 이를 위해 후주에서 귀화한 쌍기의 건의로 <u>과거제도를 실시</u>958했다. <u>노비안검법</u>노비를 조사해 원래 양인이었다가 노비가 된 사람을 다시 양인이 되도록 조치한 법을 제정하여 호족들의 경제적 기반을 약화시켰고, 백관의 공복을 제정하며 황제라 칭하고 연호를 제정하는 등 왕권을 강화하였다. 이런 기반 위에 <u>성종</u>981~997재위은 최승로의 <u>시무 28조</u>를 수용하여 유교를 통치이념으로 정립했고 통치체제를 확립했다.

고려의 북진정책과 이 시기의 자신감은 요의 침입을 막아냈다. 거란은 송을 침입하면서 송과 친교를 맺고 있는 고려 또한 10세기 말에서 11세기 초 30년에 걸쳐 공격했다. 994년 요가 압록강 유역까지 진출해왔을 때 협상대표로 파견된 서희는 소손녕과 담판을 지어 80만 대군을 물러나게 했고 강동 6주를 얻었다. 이 결과 청천강에서 영흥이었던 고려의 국경선은 압록강에서 영흥으로 확대되었다. 거란 소배압이 10만 대군을 이끌고 쳐들어왔을 때 강감찬은 흥화진 전투1018와 귀주대첩1019으로 승리를 거두었다. 세 차례의 거란 침입을 격퇴한 고려는 송과 요의 양 대국 사이에서 동북아 국제질서의 균형추 역할로 떠오르며 11세기의 평화기를 누릴 수 있었다.

고려는 11세기 완비된 통치 제도하에서 11대 임금 문종1046~1083재위 대에 유학과 불교가 융성하며 전성기를 맞이했다. 그러나 이러한 사회 분위기는 호족이 문벌귀족 사회를 형성하면서 점차 새로운 세력의 유입을 허용하지 않는 폐쇄적 형태로 변질되었다. 지방 출신 관료와 6두품 계열 유학자로 신라에 대항하여 새로운 왕조를 열고 북진정책을 추진했던 호족들은 시간이 흐름에 따라 권력에 안주하며 12세기와 함께 열린 숙종 대부터 정권 유지를 위한 보수화를 드러내게 된다. 이는 대외관계에도 영향을 미쳤고 무신정변이 일어나는 배경이 되었다.

고려의 외교정책은 기본적으로 친송북진 정책이었기 때문에 송이 대립했던 북방 민족과의 충돌이 계속되는 것은 당연한 것이었다. 송과는 경제 문화적 교류에 치중해 사신과 학생, 승려를 파견하고 유학과 불교, 예술을 수용했다. 서적, 비단, 차, 도자기, 약재, 향료 등을 수입했으며 금, 은, 동, 인삼, 나전칠기, 화문석 등을 수출했다. 11세기 초 거란 격퇴 후 고려, 요, 송 사이의 세력 균형으로 동북아시아에서는 잠시 동안 평화 시기가 도래했다. 이는 여진족이 금을 세우면서 송과 고려를 공격할 때까지의 한시적 평화였고 그 시기 동안 고려는 폐쇄적 문벌귀족 사회로 변하고 있었다. 세계사록

중세의 충돌

900 전후 》 1290 전후

리처드
살-하!

 살라딘
리-하!

 리처드
이따가 우리 약속 잊지 않았겠지?
사이좋게 치고박고 싸우자구ㅋㅋ

칭기즈칸

적들끼리 뭘 꽁냥대??

눈만 마주쳐도 싹다 쓸어버려야지!

 쿠빌라이
할아버지ㄴㄴ

요즘은 외쿡친구 사귀어줘야댐요ㅋㅋ

쿠빌라이님이 마르코폴로님을 초대하였습니다.

 쿠빌라이
내 베프 마르코ㅋ 나랑 평생 살자ㅇㅋ?

 마르코
넵,,,ㅎ;

 +

 전송

누구를 위하여 검을 뽑나

교황	후후
영주	히히
기사	헤헤
상인	흐흐
농민	호호

I

선동

메시지
[유럽택배]
상품을 문앞에 위탁
하였습니다. 상품
미확인시 전화 또는
문자 주세요.

오, 택배 왔다ㅋㅋㅋ

이번에 큰일 앞두고
단체복 맞춤제작했거든ㅋ

예쁜지 함 봐줄래?

어때? 예쁘지ㅋㅋㅋㅋㅋ

체육대회라도 하냐고?
음… 뭐…
그 비슷한 거 해ㅎ

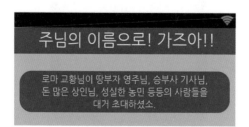

주님의 이름으로! 가즈아!!

로마 교황님이 땅부자 영주님, 승부사 기사님,
돈 많은 상인님, 성실한 농민 등등의 사람들을
대거 초대하셨소.

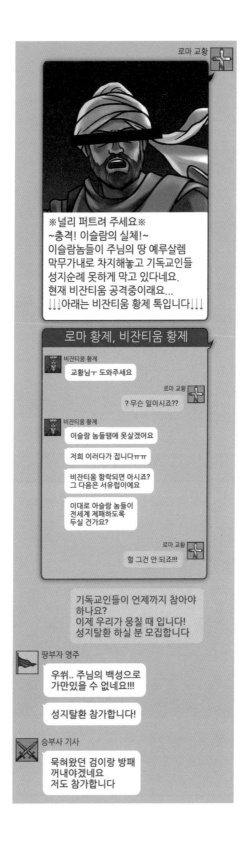

로마 교황

※널리 퍼트려 주세요※
~충격! 이슬람의 실체!~
이슬람놈들이 주님의 땅 예루살렘
막무가내로 차지해놓고 기독교인들
성지순례 못하게 막고 있다네요.
현재 비잔티움 공격중이래요...
↓↓↓아래는 비잔티움 황제 톡입니다↓↓↓

로마 황제, 비잔티움 황제

비잔티움 황제
교황님ㅜ 도와주세요

로마 교황
? 무슨 일이시죠??

비잔티움 황제
이슬람 놈들땜에 못살겠어요

저희 이러다가 집니다ㅠㅠ

비잔티움 함락되면 아시죠?
그 다음은 서유럽이에요

이대로 아슬람 놈들이
전세계 계패하도록
두실 건가요?

로마 교황
헐 그건 안 되죠!!!

기독교인들이 언제까지 참아야
하나요?
이제 우리가 뭉칠 때 입니다!
성지탈환 하실 분 모집합니다

땅부자 영주
우쒸.. 주님의 백성으로
가만있을 수 없네요!!!

성지탈환 참가합니다!

승부사 기사
묵혀왔던 검이랑 방패
꺼내야겠네요
저도 참가합니다

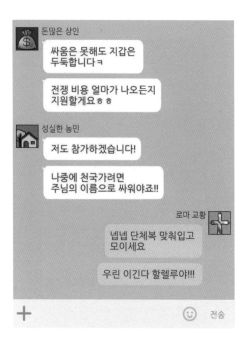

주님의 이름으로 싸운 우리들ㅋㅋ
결과는 당연히 대성공!

자, 이제
기쁨의 순간을 제대로 누려볼까?
ㅋㅋㅋㅋㅋㅋㅋㅋㅋ

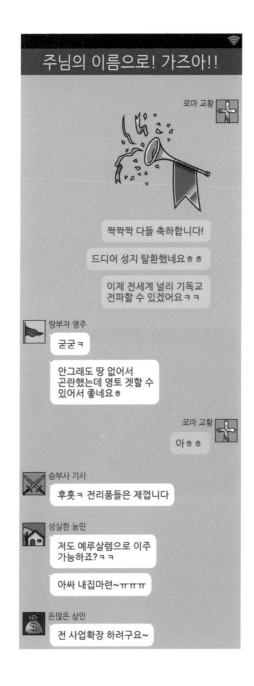

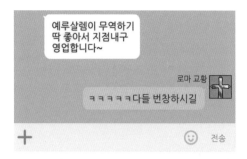

이때까지만 해도 좋았는데.
우리가 너무 승리에
도취되어 있었나봐ㅜㅜ

그런데 상황이 불리해지니까
다른 곳에서 문제가 터지더라구ㅠㅠ

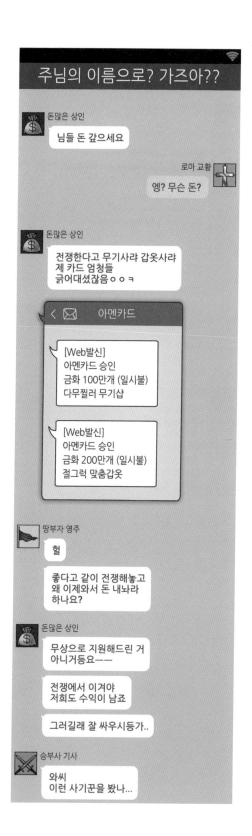

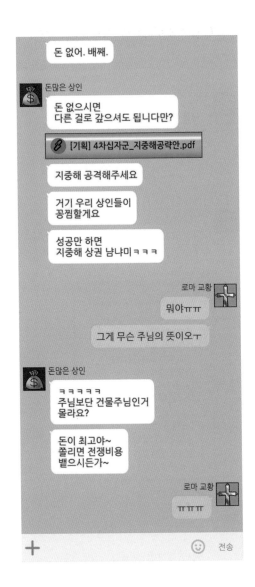

#4차십자군
#주님말고 #이익을위하여
#함락

그랬다고 합니다.

- 1095년 11월, 교황 우르바누스, 클레르몽 공의회에서 예루살렘 성지 탈환을 위한 십자군 원정을 주장하다.
- 1099년, 1차 십자군은 수많은 무슬림을 학살하고 예루살렘을 탈환하는 데 성공하다.
- 총 8차에 걸쳐 전쟁을 치렀으나, 1차를 제외하고는 별다른 성과를 거두지 못하다.
- 4차 십자군, 베네치아의 제안을 받고 예루살렘이 아닌 자다르를 점령, 이를 안 교황에 의해 파문당하다. 그 사이 비잔티움에서 쫓겨난 황태자의 요청에 의해 콘스탄티노폴리스를 공격, 함락시키는 어처구니없는 일을 자행하다.

11세기 말~ 13세기 말 유럽

500년   700   900   1100   1300   1500

리처드랑 사이좋게 살라딘

🤴	리처드	혀엉♥
🧔	살라딘	(찡긋)

I

너란 남자

난 잉글랜드의 왕 리처드ㅎ
사람들이 나보고 #사자심왕이래ㅎㅎ
사자처럼 용맹하다나 뭐라나ㅋㅋ
#라이온_하트♥

한번 문 먹이는
절대 놓지 않지!!! #크아앙

라이온뉴스

[속보] 성지 예루살렘 털려… "헐"

🧔 **살라딘 인스타그램**

댓글(2,351개) | 인기순 | 최신순

🏔 **오르지망**
어딜 감히!!!

🟫 **애둘워드**
도로 예루살렘 되찾읍시다!!!

✝ **남주기없기용**
십자군 원정 또 가즈아아아아아!!!

하씨… 이슬람놈들…
오래돼서 잊었나 본데ㅋㅋㅋ
이 라이온께서 뜨건 맛을 보여주마!

리처드, 살라딘

리처드 👑
야
긴장타라ㅎㅎ

살라딘/이교도놈/엿엿

쯔쯔 아... 그거 미안하네요

명마 1+1 두마리 세트

|||||||||||||||||||||||||||||||||||

부모의 마음으로 길렀습니다

※ 잔액은 돌려주지 않소이다!

오다 주윗어요

부담갖지 마시길

리더답게 정정당당하게
싸워요 우리 ㅎ

리처드

......?

전송

II

좋은 사람

음? 뭐지?
갑자기 훅 들어오네?

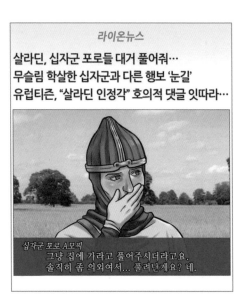

살라딘, 십자군 포로들 대거 풀어줘…
무슬림 학살한 십자군과 다른 행보 '눈길'
유럽티즌, "살라딘 인정각" 호의적 댓글 잇따라…

십자군 포로 A모씨
그냥 집에 가라고 풀어주시더라고요.
솔직히 좀 의외여서… 풀려난게요? 네.

살라딘 이 녀석…
나쁜 놈인 줄만 알았는데
의외로 좋은 놈… 아니 좋은 님인가…?

리처드, 살라딘

살라딘/이교도놈/엿엿

상큼달콤 [싱싱 과일바구니]

방금 재배한 과일만 엄선했습니다

※ 잔액은 돌려주지 않소이다!

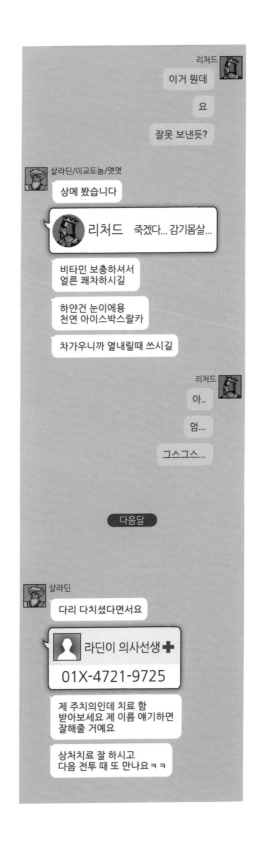

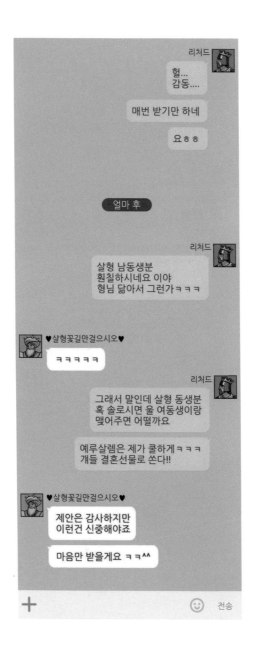

흠 아쉽당
식구 되면 전쟁 그만해도 되고
여러모로 좋을 텐데 칫…

어어엇????????
와씨… 적은 가까이에 있다더니
잠깐 고향 떠나온 사이에
잡것들이 내 뒷통수를 치네???

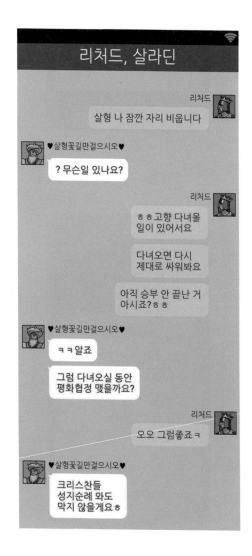

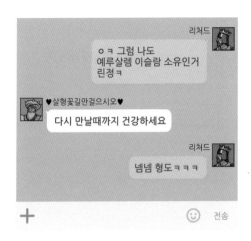

ㅇㅋ 그럼 나도
예루살렘 이슬람 소유인거
린정ㅋ

리처드

♥살형꽃길만걸으시오♥
다시 만날때까지 건강하세요

넴넴 형도ㅋㅋㅋ

리처드

"1년 후 살라딘,
말라리아에 걸려 사망하다."
"그로부터 6년 후 리처드,
반란 진압 중 적의 화살을 맞고 전사하다."

그랬다고 합니다.

- 1187년, 아이유브 왕조의 술탄 살라딘, 예루살렘을 탈환하다.
- 1190년, 잉글랜드의 리처드 1세, 프랑스의 필리프 2세, 신성로마 제국의 프리드리히 1세를 필두로 성지 재탈환을 위해 3차 십자군 원정을 떠나다. 그러나 프리드리히는 오던 중 사망하고, 필리프는 왔다가 다시 돌아가다. 리처드가 남아 살라딘과 대적하다.
- 살라딘, 관용과 화해의 군주로 떠오르다. 리처드에게 각종 선물을 보내는 등 평화적 외교를 시도하다. 리처드, 살라딘과 만나고 싶어 하는 등 호의적으로 대하다.
- 1192년, 예루살렘을 두고 평화협정을 맺다. 예루살렘은 이슬람 영역으로 하되, 기독교인들의 성지순례를 허용하다. 사실상 살라딘이 봐주다.

1192년 예루살렘

500년 700 900 1100 1300 1500

1096년~1291년
예루살렘을 둘러싼 200년의 싸움

신의 이름을 내건 전쟁

전쟁사에서 가장 긴 기간 유럽과 이슬람 세계가 성지 예루살렘을 놓고 팔레스타인을 비롯한 동지중해 연안, 아나톨리아, 이집트 등에서 벌였던 전쟁을 '십자군전쟁'이라고 한다. 만지케르트 전투1071에서 셀주크군에게 패배한 이후 위기를 느낀 비잔티움 황제와 카노사의 굴욕 이후에도 계속된 황제의 도전으로 권위에 위협을 받고 있던 교황이 만든 합작품이었다.

1095년 프랑스 클레르몽에서 열린 종교회의에서 교황 우르바누스 2세1088~1099재위는 32조의 결의를 통해 성직매매와 성직자의 국왕과 영주에 대한 충성 선서 금지 등의 내용을 선포했다. 그리고 마지막 날 청중 앞에서 예루살렘으로 가는 순례자를 박해하는 이슬람교도로부터 예루살렘을 되찾자는 연설을 했다. 비잔티움 황제 알렉시우스 1세1081~1118재위의 요청에 영주와 기사들을 지원병으로 움직이게 하여 군주에 대한 자신의 입지 강화를 의도한 교황의 호소였다. 연설에 감동한 600여 성직자들은 성전 참여를 다짐했고 당일부터 수천 명이 원정 준비에 돌입했다. 1291년까지 8차에 걸쳐 일어나 로마가톨릭의 지배를 받던 서유럽의 '신앙의 시대'적 특징을 적나라하게 보여주었으면서도, 결과적으로는 유럽을 중세에서 벗어나게 만든 십자군전쟁의 시작이었다.

프랑스군이 주축이 된 10만의 1차 십자군은 1095년 겨울부터 소집되어 이듬해 콘스탄티노폴리스와 아나톨리아 고원, 시리아를 거쳐 예루살렘에 도착1099했다. 예루살렘을 둘러싸고 치열한 공성전이 벌어지면서 십자군은 절대적인 열세임에도 맹렬하게 공격했고, 한 달여 동안 예루살렘 수비대의 극렬한 저항을 뚫고 두 명의 기사가 성벽 안으로 뛰어내린 후 성스러운 도시는 함락되었다. 당시 이슬람 세계의 분열과 중장기병의 전술, 그리고 이교도를 무찌르고 성지를 되찾겠다는 기사들의 사명감과 열정, 믿음은 전쟁 초기 불리한 조건에서도 적을 격파하는 힘이 되었다. 그러나 예루살렘 함락 이후 그들은 노인, 여자, 어린아이, 무슬림은 물론 유대인들까지 이교도라는 명목하에 7만 명을 학살했고 이는 불과 몇백 명의 생존자들만 남긴 후 일주일 만에 끝났다. '싸움박질 잘하는 짐승'이 된 십자군은 이후 도시를 뒤덮은 몇만 구의 시체들을 치우는 일에 동원되었고 일이 끝나자 그들 역시 시체더미 위에 쓰러졌다.

십자군은 승리 후 귀환하지 않고 빼앗은 우트르메르'바다 건너'라는 뜻으로 1차 십자군 때 정복한 이슬람 지역에 유럽식 성을 쌓고 요새로 활용해 이슬람의 재침입을 막았다. 외교술로 이슬람 세력끼리 서로 견제하게 하고 때로는 그들 중 일부와 협상을 하기도 했다. 무슬림 주민들도 '백성'으로 여기고 통치하면서 시간이 지날수록 프랑크인과 아랍인의 혼혈인 '풀라니'가 증가하기도 했다.

성지 재탈환을 위해서는 이슬람에서도 서유럽에 못지않은 신앙심과 강력한 리더십이 필요했고 이를 이루어낸 영웅이 살라딘살라 흐 알딘 1169~1193재위이었다. 그는 예루살렘을 둘러싼 전투에서 교황, 프랑스, 독일이 합세한 2차 십자군을 완패1149시킨 셀주크 튀르크의 지도자 잔기의 뒤를 이어 예루살렘을 수복1187했다. 파티마 왕조를 무너뜨리고 아이유브 왕조1171를 세우며 분열된 이슬람권을 통일, 수니 왕조를 세웠던 그가 치열한 전투 끝에 예루살렘을 수복한 후 항복한 기독교인들이 자유롭게 도시를 떠나게 한 것은 십자군의 악몽 같았던 학살극과의 극명한 대조였다.

예루살렘 함락에 경악한 서유럽은 3차 십자군을 조직하여 성지 재탈환에 나섰으나 주동자인 신성로마제국 황제는 살레프강에서 익사했고, 1191년 아크레 탈환 전투에서 승리를 거둔 후 프랑스 필리프 2세와 오스트리아 레오폴트 5세는 내부의 불화와 본국의 사정 때문에 귀국했다. 영국의 리처드 1세1189~1199재위는 아크레 전투로 '사자심왕'이라는 별칭을 얻었으나 살라딘이 지휘하는 이슬람의 저항을 뚫지 못했고 예루살렘에서 기독교도의 순례 자유를 보장하는 협정을 맺고 철수했다.

십자군전쟁의 속사정

십자군은 계속되었지만 본래의 신앙적 목적은 사라졌다. 1202년 출발한 4차 십자군은 자라헝가리를 거쳐 콘스탄티노폴리스를 공격했고, 성소피아 성당을 유린하면서 왕관과 귀금속을 비롯해 진품 십자가 조각 등 성물까지 훔쳤다. 군대 물품 수송과 식량 공급을 부탁하며 계약했던 십자군이 대금을 지불하지 못하자 도시를 털어 갚으라고 한 베네치아 상인들의 주문이 그 배경이었다. 그들은 비잔티움의 명맥을 끊고 라틴 제국1204~1261을 세워 교황의 바람대로 잠시나마 로마가톨릭과 동방정교를 통일했다. 1209년 '알비주아 십자군'은, 성직을 부정하여 이단 종파로 분류된 '알비주아파'의 영향력이 커지는 것을 두려워한 교황이 알비주아

♀십자군전쟁

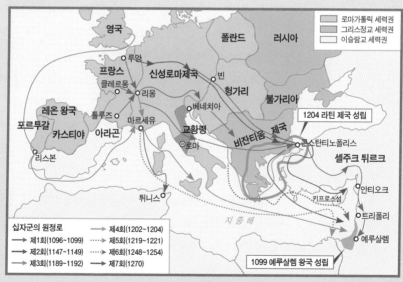

로마가톨릭 세력권
그리스정교 세력권
이슬람교 세력권

영국
폴란드   러시아
루앙
프랑스   신성로마제국   빈
클레르몽   리옹   헝가리
베네치아   불가리아
레온 왕국   툴루즈   마르세유   교황령   **1204 라틴 제국 성립**
포르투갈   아라곤   로마   비잔티움 제국   콘스탄티노폴리스
카스티야   셀주크 튀르크
리스본
안티오크
키프로스섬
튀니스   트리폴리
지중해   예루살렘

십자군의 원정로
→ 제1회(1096~1099)   → 제4회(1202~1204)
→ 제2회(1147~1149)   ⋯⋯ 제5회(1219~1221)
→ 제3회(1189~1192)   ⋯⋯ 제6회(1248~1254)
→ 제7회(1270)

1099 예루살렘 왕국 성립

파를 섬멸하기 위해 프랑스 남부 툴루즈 공격에 동원된 십자군이었다. 십자군 최대의 불명예인 1212년 <u>소년 십자군</u> 이야기는, 순수한 신앙심으로 십자군에 자원한 700여 명의 12~13세 소년들을 마르세유시 상인들이 7척의 배에 태워 예루살렘 대신 알렉산드리아에서 노예 상인에게 팔았고 그들을 불쌍히 여긴 이슬람인들이 풀어주며 알려졌다고 한다. 이는 믿을 만한 기록이 없는 과장과 전설이 결합된 이야기라고 보지만 이런 일 또한 가능했다고 여겨지는 분위기였다. 1242년 튜튼 십자군의 목표는 북동 유럽 슬라브족의 정복이었다. 그들은 교황의 입김으로 '가톨릭 선교'의 기치하에 러시아 국경을 넘었고, 노브고로트 공국을 침입한 후 '페이푸스 호 전투'에서 패배해 통째로 호수에 수장되었다.

이후 8차 십자군에 이르는 동안 이집트의 이슬람 세계 주도권은 맘루크 왕조로, 서아시아는 몽골의 일 칸국으로 넘어가며 세계사의 판이 다시 짜여졌다. 맘루크는 안티오크1268, 트리폴리1289, 그리고 최종적으로 아크레를 함락1291시켜 우트르메르는 역사 속으로 사라졌다. 이후 20세기에 이스라엘이 세워질 때까지 예루살렘은 이슬람 세력 내에 있었다.

<u>십자군의 변질</u>은 세속적 의도를 갖고 전쟁에 참여한 사람들이 대다수였던 것을 감안하면 당연한 일이었다. '신앙의 시대' 전쟁의 가장 명예로운 동기가 될 수 있는 성지 예루살렘 수복을 기치로 내걸었기 때문에, 순수한 종교적 열정에서 가담한 사람들도 있었다. 그러나 교황부터 십자군전쟁을 통해 동방정교회를 로마 교황청 통제하에 다시금 통합시키고 세속 군주에게서 위협받는 교황권을 강화하고자 하는 의도가 강했다. 장원제도 아래 영주의 압제에 시달리던 농노들에게 십자군 원정은 일종의 탈출구였으며, 분배받을 영지가 없어 놀고 있던 기사들에게도 한탕의 기회였다. 시민에게는 성전에 참여하면 죄를 사해준다는 교황의 약속이, 상인에게는 동방무역에 장애가 되었던 이슬람권에 대한 공격 자체가 복음이었다.

이러한 각자의 속사정들은 신앙심으로 포장되어 '하느님이 그것을 원하신다.'는 구호에 맞추어 전 유럽의 군주와 제후들, 기사와 농노, 상인들을 움직였고, 이는 이슬람교도와 기독교도, 유대교도 사이에 씻지 못할 반목을 낳았다. 유럽과 서아시아를 격랑으로 몰고 갔던 십자군전쟁은 의도하지 않은, 상상조차 할 수 없던 완전히 다른 결과를 가져왔다. 세계사록

교수를 발라버린 새내기

 아벨라르 ㅋㅋ

수강 신청

으… 심장이 요동치고
식은땀이 줄줄 흐른다…

개강 때마다 수강신청 때문에
매번 전쟁이야ㅜㅜ

수강신청그램

 아벨라르 @Abelard ♥무적 PC방

♥ 14명이 좋아합니다.

수강신청 하려고 PC방 옴ㅋㅋ
#우주의_기를_모아 #폭풍클릭 #올클 #성공기원

이제 몇 초 안 남았어…

3… 2… 1…

아벨라르, 필립

필립 / 18학번 동기

수강신청 꼿?

나 대망함ㅠㅠ

〈 내 시간표

	월	화	수	목	금
1		시와 수사			성과 결혼
2	아리스토텔레스의 하느님 읽기			라틴어 문장론	
3					
4					
5		기초철학개론			요가와 명상
6					
7					
8	논리적 사고와 표현				
9					

불금에도 학교 가야돼ㅜㅜ

아벨라르

교수 누구냐ㅋㅋ
양심없다 진짜

〈 내 시간표

	월	화	수	목	금
1					
2	아리스토텔레스의 하느님 읽기	시와 수사	플라톤식 종교 이해		
3					
4		음악과 예술학			
5					
6	천문학적 우주론				
7			글로벌 리더십		
8	논리적 사고와 표현	기초수학 이론			
9					

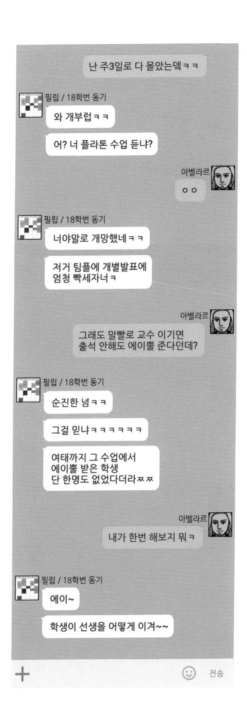

난 주3일로 다 몰았는덱ㅋㅋ

필립 / 18학번 동기
와 개부럽ㅋㅋ

어? 너 플라톤 수업 듣냐?

아벨라르
ㅇㅇ

필립 / 18학번 동기
너야말로 개망했네ㅋㅋ

저거 팀플에 개별발표에
엄청 빡세자너ㅋ

아벨라르
그래도 말빨로 교수 이기면
출석 안해도 에이뿔 준다던데?

필립 / 18학번 동기
순진한 넘ㅋㅋ

그걸 믿냐ㅋㅋㅋㅋㅋ

여태까지 그 수업에서
에이뿔 받은 학생
단 한명도 없었다더라ㅉㅉ

아벨라르
내가 한번 해보지 뭐ㅋ

필립 / 18학번 동기
에이~

학생이 선생을 어떻게 이겨~~

전송

어떻게 이기긴ㅎ
논리적으로 접근해야지ㅋㅋ

내가 얼마나 이성적으로
하느님을 이해하고 있는지
증명해 보이겠어ㅋㅋㅋ

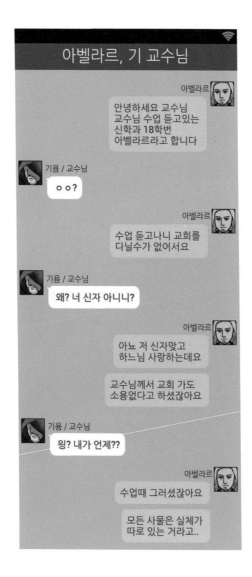

그러면 교회도 실체가
따로 있는 거니까

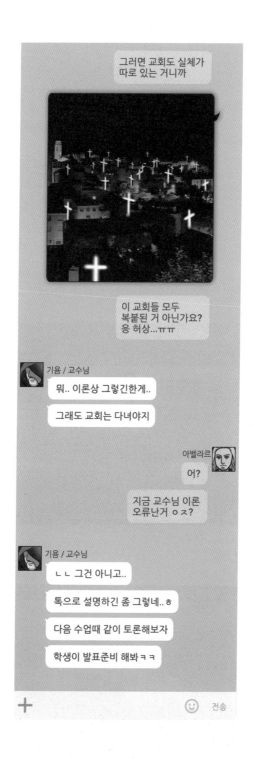

이 교회들 모두
복붙된 거 아닌가요?
응 허상...ㅠㅠ

기욤 / 교수님
뭐.. 이론상 그렇긴한게..

그래도 교회는 다녀야지

아벨라르
어?

지금 교수님 이론
오류난거 ㅇㅈ?

기욤 / 교수님
ㄴㄴ 그건 아니고..

톡으로 설명하긴 좀 그렇네..ㅎ

다음 수업때 같이 토론해보자

학생이 발표준비 해봐ㅋㅋ

＋   ☺ 전송

아 ………
교수 한 번 이겨보려다가
과제 덤탱이 쓰게 생겼네??

그래도 이거이거~
조기수강이 머지 않았어ㅎ

발표 준비 확실히 해서
에이뿔 가즈아!!!!!!!

그랬다고 합니다.

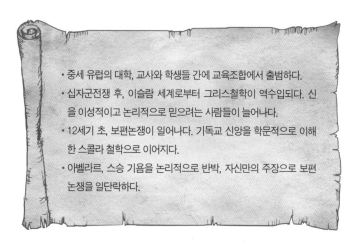

- 중세 유럽의 대학, 교사와 학생들 간에 교육조합에서 출범하다.
- 십자군전쟁 후, 이슬람 세계로부터 그리스철학이 역수입되다. 신을 이성적이고 논리적으로 믿으려는 사람들이 늘어나다.
- 12세기 초, 보편논쟁이 일어나다. 기독교 신앙을 학문적으로 이해한 스콜라 철학으로 이어지다.
- 아벨라르, 스승 기욤을 논리적으로 반박, 자신만의 주장으로 보편논쟁을 일단락하다.

12세기 유럽

500년 700 900 1100 1300 1500

12세기~13세기

'신앙의 시대' 그 전성기를 넘어

11세기 이후 서유럽 사회는 안정되고 농업 생산력이 높아지면서 인구가 증가했다. 유럽 외부로 세력을 확대하고자 하는 '팽창'의 분위기는 십자군전쟁 발발에 영향을 미쳤다. 지중해 너머에서 십자군전쟁이 벌어지는 동안 12세기 서유럽 중세는 전성기를 맞았고, 교황 인노켄티우스 3세1198~1216재위는 "교황은 태양, 황제는 달"이라고 칭하며 '신앙의 시대' 권력의 최고점을 찍었다. 그러나 동시기 인노켄티우스 3세에게 파문당한 필리프 2세1180~1223재위의 왕령 확대 과정은 앞으로 벌어질 세속 군주권의 강화와 교황권 약화의 전조였다.

13세기는 유럽 중세가 전성기를 지나 근대라는 항로로 방향을 잡은 시기였다. 영국에서는 존 왕1199~1216재위으로부터 입헌정치의 전통이 수립되기 시작했고, 교황과 대립해왔던 신성로마제국은 프리드리히 2세 사망1250 이후 대공위시대1254~1273 독일의 황제 자리가 비어 있던 시대를 거치며 제후들의 자치가 보장돼 종교개혁의 기저가 마련되었다. 북부 이탈리아 도시국가들은 십자군전쟁을 계기로 경제적으로 성장, 독립하여 르네상스 탄생의 물리적 토대를 예비했다. 4차 십자군의 콘스탄티노폴리스 함락으로 비잔티움 문화가 서유럽으로 유입되었고, 이베리아반도의 남부 이슬람 지역이 기독교 국가들에게 점령되면서 우수한 이슬람 학문과 종이 등 문물이 전래되기도 했다. 몽골 제국에 의해 열린 동서 교역로를 통해 화약, 나침반 등이 유럽에 전래되었고 이는 기사 계급의 몰락과 신항로 개척의 바탕이 되었다.

12세기 초 이탈리아의 베네치아, 피렌체, 밀라노, 프랑스의 브뤼지, 루앙, 독일의 함부르크, 뤼벡, 쾰른, 영국의 옥스퍼드, 캔터베리와 같은 유럽의 대표적인 도시들이 장원제도가 특징이었던 유럽 지도를 변화시켰다. 인구 10만으로 유럽 최고의 도시로 성장한 베네치아에는 십자군전쟁의 영향으로 조성된 동방무역으로 많은 자금이 몰려 은행 등 금융업이 등장했다. 이미 11세기 이탈리아 시장에는 원거리 무역상들을 위해 작은 탁자banko를 놓고 신용장을 취급하는 사람들banka이 있었고 이것이 오늘날 은행bank의 시작이었다. 동방무역으로 도시국가까지 이룬 이탈리아 도시들에 비해 유럽 중북부 도시들은 주로 교통의 요지에 위치한 성채 옆에 형성되어 주변 장원을 이어주는 시장 역할을 담당하면서 발전했다. 처음에는 여분의 곡물이나 달걀 등을 교환하는 수준이었지만 차츰 다양한 물품을 대량으로 취급하는 전문적인 상행위가 이루어졌다.

장원제도에 변화를 가져온 도시의 발달은 12세기 초 상인들의 급성장과 관련이 깊다. 1130년경 상인들이 결성한 '길드'라는 동업조합은 자신들의 이익 수호를 위해 영주 등 봉건세력과 싸워 도시의 자치권을 획득했다. 길드는 처음에는 같은 직종의 사람들이 공동 이익을 추구하고 친목을 도모하며 자연스럽게 발생했다. 그러다 농업 생산이 급증, 발트해와 북해를 중심으로 한 무역이 활발해지면서 세력이 커지고, 십자군전쟁으로 상업이 국제적 규모로 성장하면서 길드도 전성기를 맞았다. 상업도시 길드는 도시 행정관을 선출하거나 사법권의 행사, 도시 방어 등 도시 행정 전반에 실력을 행사하면서 장원의 영주와 같은 봉건세력에게 영향을 미치기도 했다. 상인 길드의 영향으로 수공업 길드도 형성되어 도시 수공업자들 사이에 기술이 전수되고 분업화된 작업 공정이 관리되었다.

길드는 상업도시뿐 아니라 대학도시의 발달도 가져왔다. 중세 초기 서유럽의 학문 연구와 문화의 중심은 교회와 수도원이었다. 그러나 이탈리아 볼로냐에 유럽 최초의 대학이 세워진1150경 이후 문화의 중심지는 대학으로 이동했다. 로마법을 가르치는 이르네리우스의 강의를 듣기 위해 유럽 각지에서 모여든 학생조합길드에서 시작된 볼로냐 대학은 법학뿐 아니라 여러 학문을 두루 가르치고 배우는 전문기관으로 자리 잡았다. 대학을 University라 부르는 것도 '학생조합 전체'를 뜻하는 라틴어 Universitas전체에서 따온 것이다. 당시 학생들은 문법, 수사학, 논리학, 산수, 기하학, 천문학, 음악 등 7과목을 배워 학사나 석사가 되었고, 법학, 의학, 신학 중 하나를 더 수료해 박사가 되기도 했다. 고가의 필사본 책 대신 강의 노트를 사용했고, 터무니없는 고액의 방값을 요구하는 볼로냐 시민에 맞서 방값 인하를 얻어내기도 했다. 볼로냐 대학뿐 아니라 옥스퍼드, 파리 대학 등의 대학들도 처음에는 교회와 봉건세력의 통제를 받았으나, 교수와 학생 길드의 세력이 커지면서 점차 자치권을 인정받았다.

대학은 당시 스콜라 철학의 연구와 논쟁의 중심이기도 했다. '스콜라'는 라틴어로 '학교'라는 뜻으로 주로 게르만족에게 교양을 심어준 수도원을 가리켰다. 중세 초기에는 플라톤 철학에 기초해 기독교 신앙의 절대성을 논했던 교부철학이 유행했다. 그러나 십자군전쟁으로 아리스토텔레스 저작이 서유럽에 유입, 라틴어로 번역되면서 그로부터 영향을 받은 스콜라 철학이 12세기 대학에서 연구되기 시작했다. 스콜라 철학은 학문의 중심이었던 신학을 인간의 이성철학을 이용해 합리적으로 이해하고자 했다. '철학과 신학의 조화'를 내세우며 스콜라 철학을 집대성한 파리 대학의 '천사박사' 토마스 아퀴나스1224~1274는 『신학대전』을 통해 모든 인간은 신에 이르는 인식이 최고이자 최종의 목표이며, 학문의 최고 경지는 신학이기 때문에 신학의 이름 아래 모든 학문이 통합될 수 있다고 보았다. 그에 반해 동시대 옥스퍼드 대학의 '경이박사'라 불렸던 로저 베이컨1219~1292은 근대 과학의 아버지답게 진리는 신앙에서 얻어지는 것이 아니며, 사물의 관찰을 통해 지식이 형성되기 때문에 철학과 신학은 전혀 다른 것이라고 주장하면서 새로운 철학의 지평을 열었다.

12~13세기에 세워진 샤르트르, 쾰른, 노트르담 대성당의 첨탑과 스테인드글라스의 고딕양식은 당시 전성기를 지내며 천국을 열망한 중세인의 소망과 십자군전쟁이 몰고 온 신앙의 열풍을 보여주었다. 그러나 그런 수많은 성당의 화려함과 장엄함으로도 십자군전쟁의 결과로부터 시작된 새로운 시대로의 발걸음을 막을 수는 없었다. 세계사록

남의 꺼 욕심내다 개털렸어요

대헌장   ㅋ

존   ㅠㅠ

Ⅰ
형
꺼

형제자매들~
형 언니동생 옷장에서
옷 몰래 꺼내입어봤다~ 손?

ㅋㅋㅋㅋㅋㅋㅋㅋ
나도 가끔씩 우리형 옷장에서
형꺼 꺼내 입고 그러는데.

형꺼 중에 탐나는 게 많더라고ㅋㅋ

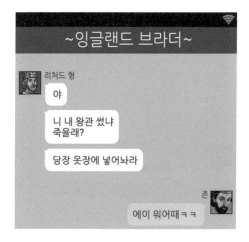

형 지금 외국 나가있어서
못 입잖아ㅎ

내가 형 옷 입고
나라 함 잘 다스려볼게ㅋㅋ

리처드 형

너 이거 반란이야

존

ㅇㅇ

근데 형은 먼 외국땅에 있고
요기 있는 건 나넹?ㅋㅋ

잡아볼테면 잡아봐~

리처드 형

잡히면 죽는다

존

어차피 후계자도 정해야되고~
형은 아들도 없고~

나한테 맡길꺼
일찍 넘긴다고 생각해ㅋㅋ

리처드 형

아오ㄴ이걸 확!!!!!

전송

II

남의 꺼

크흙흙흙흙흙흙
이제부터 내가 남바완이다!!

어렸을 때부터 맨날 순위에서 밀렸는데
이젠 하고 싶은 거 다 하며 살 거야ㅋ

우선 사랑부터 쟁취해볼까?

흠~ 웬 이상한 악플러가 있네ㅋㅋ

상관없지 뭐~ 내가 왕인데ㅎ

내 맘대로 할 거야ㅋㅋㅋㅋㅋ

~프랑스왕이랑 다이다이~

필리프 / 프랑스왕 / 한때 조력자

> 아이고~ 새신랑님~
> 결혼 축하드립니다ㅎㅎ

> 신혼생활 부럽네요ㅋㅋ

존
> ㅎㅎ부끄럽네요

필리프 / 프랑스왕 / 한때 조력자

> 네ㅎㅎ
> 좀 부끄러워하셔야 할듯ㅋ

존
> 네??

필리프 / 프랑스왕 / 한때 조력자

> 우리 프랑스 국민한테
> 몹쓸짓을 하셨던데~^^???

기 드 뤼지냥

> 필리프 전하ㅜ
> 제 억울한 사연좀 들어주세요

> 제 약혼녀였던 여자를
> 영국왕이 뺏어갔습니다ㅜㅜ

> 복수하고 싶어도
> 전 힘없는 귀족이라
> 할 수가 없어요

> 전하께서 대신 복수 좀
> 해주세요ㅠㅠ 이렇게
> 간청드립니다...

> 딱해라 ㅜㅜ

> ㅉㅉ파혼남이 얼마나
> 억울했으면 저한테 이런
> 부탁을 했겠어요

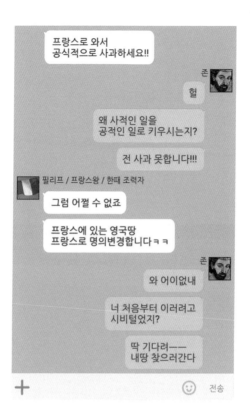

영국뉴스

**[속보] 존, 필리프에게 덤볐다가 패해…
프랑스에 있던 영국 땅 거의 다 뺏겨…**

댓글(1,223개) | 인기순 | 최신순

제임스
ㅉㅉ 남의꺼 탐내니까 이꼴나지..
리처드 임금님 자리 욕심낼 때부터 알아봤다;;

윌리엄
왕 되고나서 도대체 한게 뭐있냐?!??

메리
프랑스한테 우리땅만다 뺏겼네요ㅜㅠ

아씨…
땅 잃고 나니까 면이 안 서네ㅜㅜ
아오! 쪽팔려ㅠㅠㅠㅠㅠ

그런데 굴욕이
이게 끝이 아니더라ㅜ

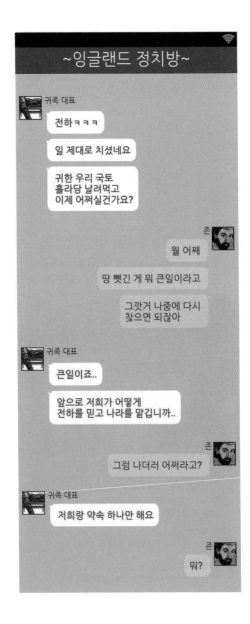

#영국 #대헌장
#귀족들_요구사항
#마그나카르타

그랬다고 합니다.

- 잉글랜드의 존, 형 리처드 1세가 십자군 원정을 나간 사이, 프랑스 필리프 2세 등과 손잡고 반란을 꾀하다. 리처드, 우여곡절 끝에 본국에 돌아와 복권하나, 후사가 없던 관계로 존이 뒤를 이어 왕이 되다.
- 존, 프랑스의 귀족 기 드 뤼지냥의 약혼녀인 이사벨라와 결혼하다. 이 일을 빌미로 필리프 2세, 존을 소환하지만 존, 명령을 거부하다. 이 사건을 계기로 전쟁이 일어나다.
- 전쟁의 결과로 프랑스 내 영국령 땅의 대부분을 잃은 존. 땅을 되찾겠다며 막대한 세금을 걷는 등 계속되는 그의 실정에 귀족들 분노하다. 대헌장에 동의할 것을 요구하다.
- 1215년 존, 63개조의 대헌장에 서명하다. 입헌정치의 기틀을 마련하다.

1215년 잉글랜드

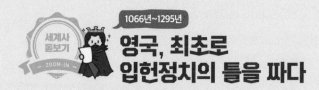

영국, 최초로 입헌정치의 틀을 짜다

뱃스타그램

👤 존 @ama_john   📍형 방에서

❤️ 2,489명이 좋아합니다.
형보다 내가 더 잘 어울리는 듯ㅋㅋ
#나 #이거 #가질래

1066년 프랑스 북부 <u>노르망디</u>의 공작 월리엄이 잉글랜드를 정복하고 윌리엄 1세1066~1087재위로 국왕에 즉위하면서 브리튼에는 큰 변화가 일어났다. 잉글랜드의 지배층이 앵글로색슨족에서 노르만족으로 교체되었고, 당시 귀족 중 1인자에 불과했던 국왕은 몰수한 귀족의 토지를 자신에게 충성을 맹세한 기사들에게 분배하면서 귀족보다 우위에 서기 시작했다. 사법제도를 강화한 헨리 1세1100~1135재위, 군대를 창설한 헨리 2세1154~1189재위를 통해 잉글랜드 국왕의 권력은 대륙보다 앞서 강화되었고, 왕권에 대한 귀족의 견제도 그만큼 빨리 시작되었다. 이것이 영국이 유럽 최초로 의회를 통한 <u>입헌정치</u>의 틀을 짤 수 있었던 배경이다.

귀족들은 십자군전쟁에 참여한 왕의 내치가 소홀해진 틈을 타, 농산물 가격상승과 상업의 발달에 힘입어 재산을 축적, 경제력을 다져나가며 세력을 키웠다. 헨리 2세의 아들 리처드 1세는 3차 십자군전쟁에 참전하여 신화적 인물이 되었지만 10년 재위 기간 동안 6개월만 잉글랜드에 머물렀던 왕이었다. 리처드 1세의 동생 존 왕1199~1216재위은 자신의 결혼과 관련하여 벌어진 프랑스 필리프 2세1180~1223재위와의 전쟁에서 패배하여 선대로부터 물려받은 <u>프랑스의 영지를 상실1206</u>하는 등 실정을 거듭했다. 존은 처음 결혼이 근친혼으로 취소되자 프랑스 내 잉글랜드 영지 상속녀인 이사벨라와 재혼했는데 그녀는 원래 약혼자가 있었다. 이의 해결을 위해 보낸 법정 출두 소환장을 존 왕은 무시했고, 필리프 2세는 프랑스 내 잉글랜드 영토 몰수를 선언했다. 존은 선전포고 후 기사를 이끌고 노르망디에 상륙, 전쟁을 벌였지만 연전연패하면서 프랑스 안 영토를 대부분 빼앗겼다. '실지왕'이라는 별명을 얻은 존 왕은 영토 상실로 줄어든 수입을 보충하기 위해 귀족에게 세금과 병역 면제금을 부과하고자 했다.

이에 반발한 잉글랜드 귀족들은 1215년 기사들을 이끌고 런던으로 진격, 러니미드 목장에서 격론을 벌였고, 존 왕은 그들이 제안한 헌장에 서명했다. '자유대헌장Magna Carta Liberatum'으로 명명된 이 문서는 귀족들의 봉건적 특권 존중, 봉건적 관행에 반反하는 부당한 세금과 군역 면제금 징수 반대, 부당한 벌금이나 자유민에 대한 비합법적 체포 금지, 적정한 재판과 행정의 실시 등을 내용으로 하는 전문과 63개조로 되어 있다. 양피지 두루마리에 라틴어로 사본 네 부와 함께 작성된 대헌장은 잉글랜드 주교좌성당에 보관되었고 각주의 장관은 일 년에 네 차례 이를 법정에서 낭독해야 했다. 기본적으로는 왕권을 견제하며 귀족의 봉건적 특권을 인정한 문서지만, 이후 국민의 권리를 보증하는 것으로 확대 해석되면서 영국 입헌정치의 시발점으로 인정받았다.

존 왕의 아들 헨리 3세1216~1272재위는 무모한 시칠리아 원정으로 파산에 이르자 귀족에게 과세하기 위해 마그나 카르타에 따라 귀족 회의를 소집했다. 옥스퍼드 집회에서 시몽 드 몽포르1208~1265 등의 개혁파 귀족과 성직자들은 재정 지원을 약속하는 대신 국왕 권한의 상당 부분을 상설기구인 귀족 평의회에 넘기는 내용의 문서를 작성했고 국왕은 이에 조인1258했다. 옥스퍼드 조례라 불리는 이 문서는, 귀족 평의회가 의회로 발전됨에 따라 의회 탄생의 기초가 되었다. 이후 교황이 '옥스퍼드 조례'를 해제하고 헨리 3세도 무효화하려고 하자, 몽포르를 중심으로 한 귀족들은 1만 5000의 런던시민군과 반군을 이끌며 정부군에 승리, 왕과 왕자 에드워드를 포로로 잡았다1264. 몽포르는 잉글랜드 대부분을 제압하고 지방의 기사와 도시 주민 대표를 소집하여 의회를 열었는데시몽 드 몽포르 의회 1265, 이 의회가 영국 하원의 기초가 되었다. 온건파 귀족에 의해 풀려난 에드워드 왕자와의 이브샴 전투에서 몽포르가 전사한 후 왕은 귀족들에게 권리를 양보

하며 내란은 수습되었다.

헨리 3세의 아들이자 '긴 다리'라는 별명을 가진 에드워드 1세1272~1307재위는 브리튼섬의 통합을 위해 웨일스1284에 이어 스코틀랜드 정복1296도 시도하여 스코틀랜드 항쟁을 다룬 영화에서는 무자비한 이교도의 왕이라고 소개되기도 했다. 그도 프랑스와의 전쟁, 스코틀랜드 문제에 대처하기 위한 비용 마련을 위해 의회 소집령을 내렸다1295. 그런데 이전의 성직자와 귀족만이 참석했던 귀족 회의에 평민들을 참석하게 한 이 의회가 근대적 의회의 기본이 되면서 '모범의회 Model Parliament'로 불리기 시작했고 이로써 에드워드 1세는 의회 발전에 획을 그은 왕이 되었다. 치세 동안 자주 의회를 열고 입법 사법 행정을 분리했으며, 잉글랜드 정치에 외국인이 개입하는 것을 법으로 금지, 왕권도 강화하여 '잉글랜드의 유스티니아누스'라고 불리기도 했다. 그의 손자 에드워드 3세1327~1377재위 때 양원제로 의회정치의 틀이 짜인 영국은 정치적 통합과 재정 기반이 확립되면서 대륙 국가들보다 먼저 근대적 국가 단계에 돌입하게 된다. 세계사록

talk 27

세상에 이런 변이 있나

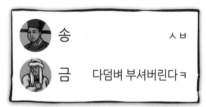

송   ㅅㅂ

금   다덤벼 부셔버린다ㅋ

하나요

이이제이

나, 송나라 황제ㅜ
요새 북방일진들한테 삥 뜯긴다ㅜㅜ

세계사록

330

내가 넘 공부만 했나 봐ㅜㅜ
체육시간에 졸지 말고
운동 좀 해둘 걸ㅠ

오옷?

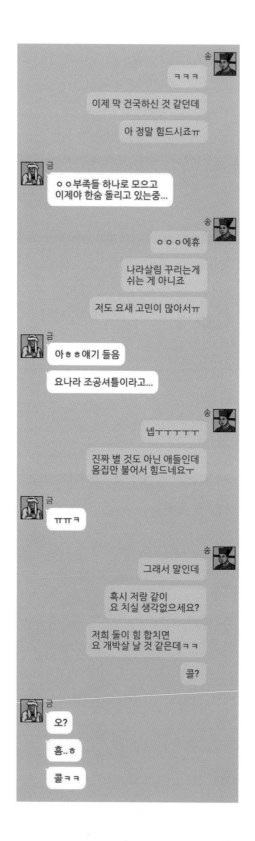

페이스 송

송 @song_official

[속보] 요, 서쪽으로 멀리 달아나…
"금&송 연합 승리" …더 보기

👍 3,764명이 좋아합니다

옥란 …? 금나라가 센터네요? 우리 송나라는 거들뿐?ㅠ

송바라기 왜 금&송인지.. 송&금으로 바꿔주세요ㅠㅠ!!!

ㅋㅋㅋㅋㅋㅋㅋㅋㅋ
진짜 별것도 아닌 것들이ㅋㅋ

후아… 이제야 좀 살겠다ㅠㅠ

내 베프 금나라한테
고맙다고 해야지ㅋㅋㅋㅋㅋ

송
절친 안녕ㅋ

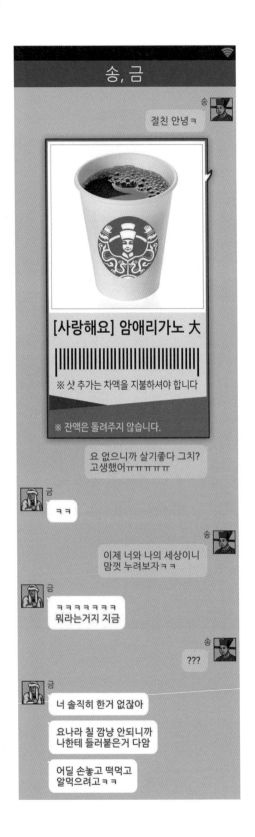

[사랑해요] 암애리가노 大

※ 샷 추가는 차액을 지불하셔야 합니다

※ 잔액은 돌려주지 않습니다.

요 없으니까 살기좋다 그치?
고생했어ㅠㅠㅠㅠㅠ

금
ㅋㅋ

송
이제 너와 나의 세상이니
맘껏 누려보자ㅋㅋ

금
ㅋㅋㅋㅋㅋㅋㅋ
뭐라는거지 지금

송
???

금
너 솔직히 한거 없잖아

요나라 칠 깜냥 안되니까
나한테 들러붙은거 다암

어딜 손놓고 떡먹고
알먹으려고ㅋㅋ

어엇???
이게 아닌데ㅜㅜㅜㅜㅜ

오랑캐로 오랑캐 치려다
내가 당하게 생겼네
ㅠㅠㅠㅠㅠㅠㅠㅠ

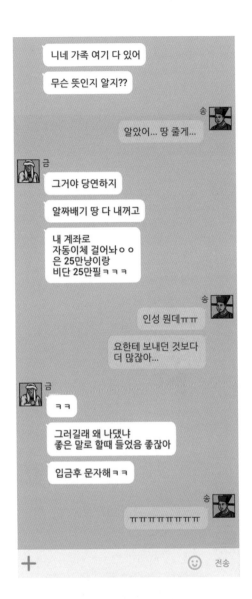

#카이펑 #함락
#정강의변

그랬다고 합니다.

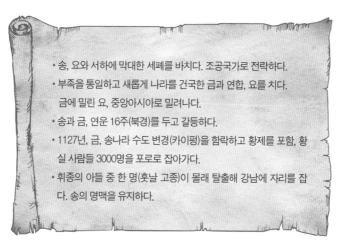

- 송, 요와 서하에 막대한 세폐를 바치다. 조공국가로 전락하다.
- 부족을 통일하고 새롭게 나라를 건국한 금과 연합, 요를 치다. 금에 밀린 요, 중앙아시아로 밀려나다.
- 송과 금, 연운 16주(북경)를 두고 갈등하다.
- 1127년, 금, 송나라 수도 변경(카이펑)을 함락하고 황제를 포함, 황실 사람들 3000명을 포로로 잡아가다.
- 휘종의 아들 중 한 명(훗날 고종)이 몰래 탈출해 강남에 자리를 잡다. 송의 명맥을 유지하다.

1127년 송나라

500년 700 900 1100 1300 1500

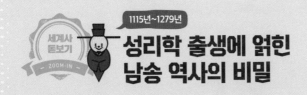

성리학 출생에 얽힌
남송 역사의 비밀

금을 세운 여진족은 수당대 '말갈'로 불렸던 유목민족이다. 당 이후 발해의 지배를 받았으나 발해가 거란에게 멸망한 후 고려와 요의 지배를 받다가 맹안모극제를 이용해 급속히 세력을 확장했다. 고려에 침입해 윤관에게 정벌1104당하기도 했으나 동북 9성을 장악했고, 요 황제가 부족장 아골타를 방문해 춤출 것을 요구하자 이를 거부하면서 파문을 일으키기도 했다. 1115년 아골타는 만주 회녕에서 황제에 즉위하고 국호를 대금大金이라고 칭하면서 동아시아 국제 정세의 중요 변수로 등장했다.

12세기 송은 휘종1100~1125재위의 시기로 그는 시, 서, 화에 뛰어난 재능이 있었고 음악 애호가로 문예 보호 육성에 열성적이었다. 이 시기는 호화로운 건물이 세워지고 화원이 육성되는 등 문화 전성기였으나, 사치에까지 이른 문화 탐닉은 재정 파탄을 낳았고 신법당과 구법당의 치열한 정권 다툼은 송을 극도로 문약한 상태로 몰아갔다. 이런 분위기에서 송강을 두령으로 황하 유역 양산박에 진을 치고 왕실에 반기를 들었던1121 농민반란군 이야기가 '물가의 전설수호전'이 되어 인구에 회자되기 시작했다.

이런 상황에서 휘종은 연운 16주 탈환을 위해 금과 동맹하여 요를 협공했으나 오히려 군사력의 약체를 드러내 금의 공격 대상이 되었다. 금이 변경을 공격1125하자 휘종은 흠종1126~1127재위에게 제위를 양위했고, 송은 막대한 세폐를 제공하기로 하고 금나라를 백부로 칭하는 조건으로 화의를 성립시켰다. 그러나 강경론이 대두된 송이 이를 지키지 않자 금은 결국 변경을 함락시켜 휘종, 흠종 이하 왕실의 3000여 명을 포로로 잡아 돌아갔다. 가까스로 달아난 흠종의 동생 조구는 임안항주, 항저우에서 고종으로 즉위하며 남송 시대를 열었다. 정강흠종 시대 연호 연간1126~1127에 벌어졌던 이 사건을 '정강의 변'이라고 부르며 이는 북송과 남송 시대를 구분하는 기준이 되었다.

금군은 남진을 계속하여 장강양쯔강, 양자강 이북의 중원 땅을 완전히 장악, 건국 12년 만에 중원의 절반을 차지1142했고, 요 또한 사마르칸트로 몰아내1161 동아시아 최대의 군사대국으로 자리매김했다. 남송에서는 국치를 씻고 북방을 수복하자는 주전론과 현실을 인정하고 금과 중원을 양분하자는 화의론이 팽팽하게 맞섰다. 그러나 금과의 전투에서 승리를 거두었던 대표적 주전론자 악비1103~1141가 체포, 처형되면서 화북 수복을 주장하던 주전파 관료들과 군벌 세력은 위축되었고 화의론이 대세를 이루게 되었다. 악비를 제거한 진회1090~1155는 흠종과 함께 포로로 끌려갔다가 탈출한 남송 재상으로 현실주의에 입각한 화의론을 주장하며 고종을 설득, 모든 군권을 손에 넣었다. 악비는 이후 중국인의 수호신으로 추존, 관우와 함께 추앙받게 된 반면, 진회는 현재까지도 중국인들이 이름 자에 진회의 '회檜'자를 사용하지 않을 만큼 간신의 대명사가 되었다.

남송이 처했던 이와 같은 굴욕적인 정치 상황은 불교와 도교에 밀려 1000

📍정강의 변 전과 후

여 년 동안 권위가 실추되었던 유교가 성리학性理學의 등장으로 정통성을 되찾는 배경이 되었다. 성리학주자학, 송학, 이학은 당의 한유를 거쳐 북송의 주돈이, 정호, 정이, 장재가 부흥시켰던 학풍을 남송의 주희1130~1200가 1180년경 집대성한 유학의 학풍이다. 인간의 본성에 우주 만물의 근본적 이치가 담겨 있다는 '성즉리性卽理'에서 유래된 성리학은 훈고학에 대한 반성으로 일어난 철학적 유학이었기 때문에 '신유학'이라고도 불렸다. 이기理氣 철학에 공자의 윤리학이 더해져 인仁을 실천해 자신을 수양하고 사회 전체에도 인을 구현하는 수기치인修己治人에 힘쓸 것을 주장했으며, 특히 중화와 오랑캐의 구별에 기초해 대의명분과 군신, 부자, 지주와 전호 등 상하 관계의 질서를 중시했다. 성리학은 '존왕양이론'에 입각한 '배타적 중화사상'을 대의명분으로 삼음으로써, 물리적으로는 북방 민족에게 패배한 남송이지만 정신적으로는 남송이 여전히 '중화'라는 것을 합리화하여 남송인들의 자긍심을 지켜주었다.

성리학은 이후 근대 동아시아에 닥쳤던 위기 상황에서 보여준 비합리적 대처 방법으로 많은 비판을 받았다. 경제적으로 번영했던 송이 산업혁명에 도달하지 못한 채 쇠퇴, 이후 중국 경제가 같은 수준을 맴돌며 1인당 GDP는 오히려 후퇴했던 가장 큰 이유로 성리학이 꼽히기도 한다. 정치, 사회, 경제적 문제를 천리, 인욕, 선과 악 등의 도덕적 방법으로 해결하고자 하면서 사유재산 보호 같은 민법이 발달하지 못했고 그 이유로 실제 현실 문제를 제대로 해결해내지 못했다고 보기 때문이다. 그럼에도 성리학은 12세기 말부터 19세기 말까지 약 700년 동안 중국·한국·베트남 등 동아시아 지배층의 정통 학문과 지배 이념으로 큰 역할을 했고, 이들이 근대 이후 제국주의 침략에서 독립을 쟁취해낸 문화적 저력의 기반이 되었다.

화북을 삼킨 숙적인 금을 몰아내기 위해 남송이 금을 공격하는 몽골군을 지원한 것은 당연한 일이었다. 금을 완전히 멸망1234시킨 몽골은 남송에게 참전의 대가로 하남 일대를 떼어주기도 했으나, 50년도 못 되어 대원의 쿠빌라이 칸은 남송을 향한 진군을 명령했다. 세계사록

지금 뚝배기 깨러 갑니다 (feat. 칭기즈칸)

칭기즈칸	이랴

하나요

大칸

나, 몽골의 테무친.
얼마 전에 유목부족들 하나로 뭉치고
칸 중의 칸, 위대한 칸이 됐어.

이제 날 #칭기즈칸이라 불러줄래?

둘이요

샤
샤
샤

ㅋㅋㅋㅋ오구오구
뭘 놀라고 그러냐~

난 걸음마보다
말타기 먼저 배웠어.

말 위에서 먹고 자면서
초원을 누볐지ㅋㅋ

하지만 큰 사람이 되려면
재주만큼이나 사람도 아껴야 하는 법!

어디~ 새친구 한번 사귀어볼까?

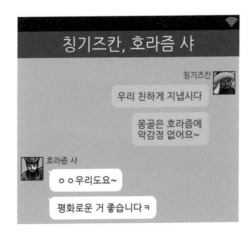

칭기즈칸

그럼 친구하기로 하고ㅎ

말나온 김에 선물 보내줄게요~

[한정판] 보석X비단 럭셔리 세트

한정판으로 환불 불가합니다

※ 잔액은 돌려주지 않소이다!

[자연방목] 최상급 낙타 500마리

부모의 마음으로 키웠습니다.

※ 잔액은 돌려주지 않소이다!

사신단 보낼테니
평화협정서에 도장찍어줘요~

그래도 내가 막~
인정머리 없는 사람은 아니야.
이번엔 좀 화가 나서 그런 거지.

적이라도 똑똑하면
기꺼이 스카우트 한다고!

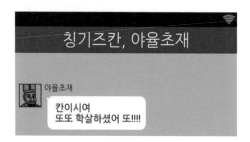

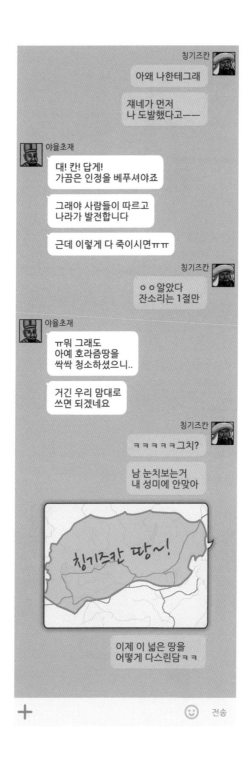

그랬다고 합니다.

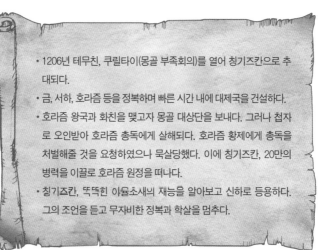

- 1206년 테무친, 쿠릴타이(몽골 부족회의)를 열어 칭기즈칸으로 추대되다.
- 금, 서하, 호라즘 등을 정복하며 빠른 시간 내에 대제국을 건설하다.
- 호라즘 왕국과 화친을 맺고자 몽골 대상단을 보내다. 그러나 첩자로 오인받아 호라즘 총독에게 살해되다. 호라즘 황제에게 총독을 처벌해줄 것을 요청하였으나 묵살당했다. 이에 칭기즈칸, 20만의 병력을 이끌로 호라즘 원정을 떠나다.
- 칭기즈칸, 똑똑한 야율소재의 재능을 알아보고 신하로 등용하다. 그의 조언을 듣고 무자비한 정복과 학살을 멈추다.

1206년~1227년

500년　700　900　1100　1300　1500

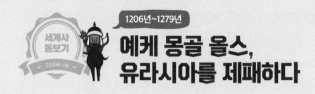

1206년~1279년
예케 몽골 울스,
유라시아를 제패하다

[LIVE] 칭기즈칸과 함께 수다타임!

LIVE

수부타이
저 칸 팬인데요ㅠㅠㅠ
칸처럼 위대한 사람이되려면
어떻게 하나요?

칭기즈칸 : 질문 받는다.

몽골인은 튀르크, 퉁구스 등과 함께 중앙아시아 초원지대의 유목민족을 대표한다. '말'이 원래 몽골어에서 나온 만큼 걸음마보다 말 타기를 먼저 배우고 말 위에서 죽기를 열망하는 기마 민족이다. 말 타기에 편리하게 개발된 바지와 가운데가 터진 카프탄외투을 입고, 빨리 먹을 수 있게 고안된 속성 요리 징기스칸샤브샤브는 일본어를 만들었으며, 쉽게 만들고 해체할 수 있는 게르이동식 가옥에서 살았던 몽골인은 10만 남짓한 몽골군으로 수억의 인구가 사는 유라시아 대륙의 지도를 다시 그렸다.

1206년 몽골 초원지대에 100만 명의 인구와 2000만 마리의 가축을 보유한 통일 제국이 출현했다. 새로운 나라의 이름은 '예케 몽골 울스큰 몽골 나라/몽골 제국', 통치자의 칭호는 '칭기즈칸1162~1227'이었다. 칭기즈칸은 부족 간 납치를 금지하고 종교의 자유를 선포했으며, 시베리아 부족과 위구르족까지 친족 관계를 확대해 부족이나 민족 전체 단위로 가족적 유대를 맺는 정책을 폈다. 탕구트서하를 공격1207~1209한 이후 금의 수도 연경북경, 베이징을 함락1218시킨 몽골 울스는 동아시아 강대국으로 떠올랐다. 연경 함락 당시 몽골 지지를 선언한 거란계 중국인 재상 야율초재의 큰 키, 멋진 수염, 지혜, 인상적 목소리에 반한 칭기즈칸은 그를 기용했으며, 그는 30여 년간 몽골을 문명국으로 만드는 데 기여하였다.

확대된 영토를 통치하면서 교역과 상업에 관심을 기울이기 시작한 칭기즈칸은 유라시아 대륙을 통하는 동서무역로를 확보하기 위해 서방으로 눈을 돌렸다. 그는 아프가니스탄에서 흑해에 이르는 광대한 지역을 다스리며 서아시아 이슬람 세계의 보호자로 자임해오던 호라즘과 교역 조건을 협상하고 공식적 관계를 맺고자 했다. 그러나 제안을 받아들인 호라즘의 샤왕 무함마드 2세에게 파견한 통상사절단이 학살되자 이에 대한 징벌로 칭기즈칸의 대원정1219~1225이 시작되었다.

몽골군의 진격은 파죽지세와 같았다. 무함마드 샤는 성전을 선언하고 압도적 군세로 10만 몽골군을 맞았지만 첩보전과 심리전을 동반하며 전진하는 몽골군에게 잇따라 초토화되었다1221. 몽골군은 부하라, 사마르칸트 등을 정복했고 수천 년의 역사를 자랑하던 대도시 니샤푸르를 잿더미로 만들면서 시신들의 생존 가능성을 없애기 위해 목을 잘라 인두탑을 세웠다. 도망간 샤를 뒤쫓던 몽골군은 코카서스와 남부 러시아를 침공1222했다. 킵차크인의 호소에 따라 지원에 나섰던 8만의 러시아군은 볼가강 연안에서 전멸해 '타타르의 재앙'이 되었다. 몽골군은 크림반도를 침공, 약탈을 자행한 후 귀국했고, 무함마드 2세는 몽골군에게 쫓기다 카스피해의 섬에서 사망, 그 아들이 인더스 강변에서 몽골군과 맞섰지만 패했다. 칭기즈칸은 귀국 후 서하 원정을 감행하던 중 60세를 일기로 세상을 떠났다. 오논강의 발원지에서 화려하게 치장된 미소녀 40명이 준마와 함께 순장되면서 풍장으로 장례식이 치러졌고, 지도자들은 장지까지 가는 길에 인간을 포함해 살아 있는 모든 것을 죽여 고인의 영광을 기렸다.

칭기즈칸의 3남으로 후계자가 된 오고타이 칸1185~1241은 몽골 올스의 정복을 이어갔다. 고려를 침입1231하고 다루가치를 두며 내정에 간섭하기도 했던 오고타이 칸은 남으로 밀려간 금을 완전히 멸망시켰다. 금의 마지막 보루 개봉은 러시아 원정의 영웅 수베 에테이의 공성에 마지막 황제 애종에게 충성하는 여진족 신료들이 장렬히 전사하며 무너졌다. 애종 자신도 채주에서 재기를 꾀했지만 몽골의 기병과 남송의 지원병이 밀려드는 가운데 자결했으며 이로써 금은 완전히 멸망했다1234.

오고타이 칸은 오르혼강 상류에 수도 카라코룸을 건설1235하고, 이곳을 기점으로 전 영토로 향하는 도로를 건설했고 이것이 역참제의 시작이었다. 이후 서하를 멸하고 잠시 세력을 회복했던 호라즘을 격파했으며 조카인 바투를 사령관, 수부타이를 실질적 지휘관으로 하는 대규모 서방원정1240~1242을 감행했다. 지구력 강한 몽골 말, 보급부대를 두지 않는 간편함육포와 마른 젖덩어리 휴대, 고도로 조직화된 부대 편재는 몽골군의 기동력을 세계 최강으로 만들었다.

세계사에서 최초로 군인들 간 계급과 체계적 군사제도를 도입한 몽골군에게는 정복전쟁이 결정되면 절대 복종이 요구되었다. 그들은 군법을 위반한 군인에 대해 가죽으로 싼 뒤 말이 그 위에서 죽을 때까지 뛰어다니게 하거나 산 채로 가마솥에 삶아 처벌했다. 포로들을 통해 공성전술과 무기, 선전전, 기습전술, 교란전술을 익히고, 유럽 보병의 하루 20킬로미터에 비해 70킬로미터를 주파하는 경이적인 행군 속도를 내는 몽골 궁기병은 유럽에 두려움 그 자체였다.

러시아 너머 유럽 대륙까지 넘어간 몽골군은 1241년 4월 폴란드 영내로 진격, 신성로마제국에 인접한 리그니츠시를 점령했다. 시를 지키던 독일 기사단을 전멸시키고 시체의 귀를 잘라 아홉 푸대에 담았다는 소문이 퍼지면서 유럽인은 공포에 떨었다. 남진해서 헝가리를 제압하고 도나우강을 건너 유럽의 관문인 비엔나 공략을 눈앞에 두었을 때, 유럽의 운명에게는 다행히도 오고타이의 사망으로 쿠릴타이가 소집돼 바투가 수도 카라코룸으로 돌아갔다1242. 이후 대칸을 둘러싼 내분의 격화로 유럽 원정은 재개되지 못했으나 바투가 귀환 도중 정복한 남러시아에는 킵차크 칸국1243~1502이 건설되었다.

귀이크 칸의 뒤를 이어 대칸이 된 몽케1208~1259는 고려를 침공1252, 1254했고 훌라구에게 서방 정벌을 맡겨 이슬람 아바스 왕조를 멸망1258시켰으며, 동생 쿠빌라이에게 중국 정복 완수라는 과업을 맡겼다. 몽골은 금 정복 이후 남송을 공략했으나, 험준한 강과 산맥을 넘어 인구가 조밀한 대도시를 상대하는 것은 초원에서의 전쟁에 익숙한 몽골군에게 쉽지 않은 일이었다. 중국 문화에 가장 정통했던 쿠빌라이는 남송 포위를 위해 사천과 운남을 공격하는 전략을 쓰면서 최초로 남중국을 차지한 북방 유목민족이 될 준비를 했다.

몽케 칸이 남송 정벌 과정에서 장티푸스로 사망1259한 뒤 동생 부케와의 경쟁에서 승리해 대칸1260이 된 **쿠빌라이**1215~1294는 수차례의 끈질긴 공성전 끝에 남송의 수도 임안을 무너뜨려 숙원이던 남송 정벌을 시작했다. 남으로 퇴각하며 반격을 노리던 남송의 애국자들은 애산섬에서 몽골 함대의 공격을 받아 장렬한 최후를 맞이했다. 1279년 4월 3일 기습적으로 상륙한 몽골 해군이 쏘아대는 화살에 마지막 충신 육수부가 아홉 살의 어린 왕 병을 안은 채 절벽으로 몸을 던지며 남송은 멸망했다. 유목민으로서 최초로, 세계 최고의 문화와 경제적 번영을 자랑하던 송 왕조 치하의 중국 대륙을 평정한 것이다.

중국을 세력권으로 삼아 정치적 야망을 키웠던 쿠빌라이 칸은 이미 연경북경에 새 수도 '대도'를 건설하기 시작했고, 『역경易經』의 '대재건원大哉乾元 크도다 하늘의 으뜸이여'에서 그 뜻을 취하여 중국식 국호인 '대원大元'이라는 국호를 선포1271하였다. 몽골의 중국화를 추진해 몽골 올스의 안정과 중앙집권화를 이룩하고자 했던 쿠빌라이 칸이 남송을 정벌함으로써 대원은 중국 정통 왕조의 뒤를 잇게 되었다. 이후 쿠빌라이 칸은 오고타이 칸국의 카이두가 원의 종주권을 부정하고 일으킨 반란을 효과적으로 진압해야 했다. 또한 원 내부가 다양한 인종 구성을 극복하고 질서를 확립해 중국 정통 왕조에 버금가는 문화국으로의 성장과 몽골이라는 올스의 중심을 고수해야 하는 과제를 안게 되었다. 세계사록

님아 날 좀 보내주오 (from. Polo)

 마르코 폴로   날 좀 놔줘ㅠㅠ

 쿠빌라이   내꺼♥

I
외노자

나는야~ 이탈리아 사나이ㅋㅋ

가끔 여행 갔다가
여행지가 너무 맘에 들어서
눌러앉게 됐다는 얘긴 들어봤거든?

근데 내가 그럴 줄은 몰랐지ㅋ

이태리타그램

🅜 **마르코폴로** @marcopolo   📍원나라

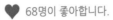 68명이 좋아합니다.

야근중... 이것이 외노자의 길ㅋ
#집떠나면개고생 #퇴근고파 #야근러들
#힘내요 #칼퇴간절 #외노자들힘힘

말도 안 통하는 나라에서
일하는 게 쉽진 않은데
고용주께서 날 워낙 예뻐하시니까ㅋㅋ

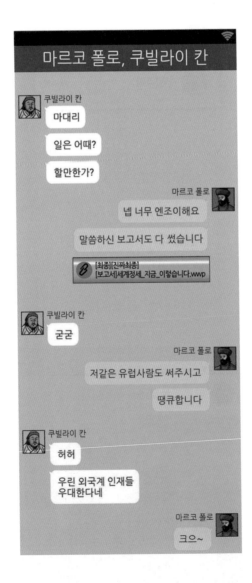

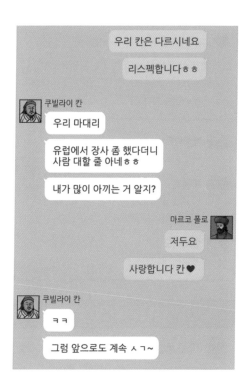

이야~ 얼마나 좋니ㅋㅋ
일하면서 돈도 벌고~
여행도 다니고~

978명이 좋아합니다.

프리패쓰권 하나로 #먹고 #자고 #차바꾸고
#5성급 #역참호텔 #실화냐 #이맛에돈번다
#이게진짜외노자의길

 베로니카
나도 가고싶다ㅜㅜ 1일 전

 피에로
나 지금 출발한다ㅋ
내껏도 하나 만들어놔라ㅋㅋㅋ 17시간 전

 안토니오
개부럽 8시간 전

이태리타그램

 마르코폴로 @marcopolo 회의실

 2,789명이 좋아합니다.

회의 쉬는시간에 보쓰랑 찰칵ㅋㅋ
#웃어요 #칸
#이런_부하_어디있나

 피에로
캬아~ 니 원나라 사람 다됐네ㅋㅋ 2시간 전

 베로니카
우와ㅎ 상사가 원나라 황제ㅎㅎㅎ
부럽네요ㅜㅜ 40분 전

다들 동양에 관심이 많아서
덕분에 팔로워도 늘고
파워인★그래머도 됐어ㅎㅎ

그런데.

III

컴백홈

아… 응……

사실 요즘 좀 향수병 왔어…
타지에서 워낙 오래 머물다 보니ㅠㅠ

집에 가고 싶어ㅠㅠㅠㅠ

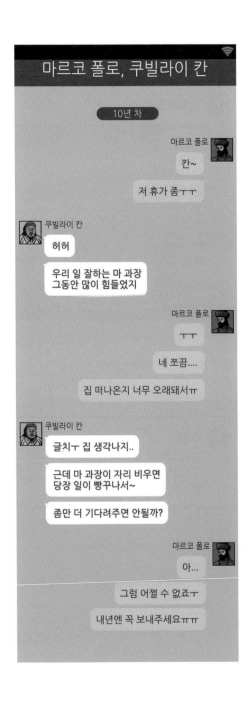

#17년간 #신하살이
떠났을 땐 #10대 돌아오니 #40대
귀국해서 출간한 #동방견문록

그랬다고 합니다.

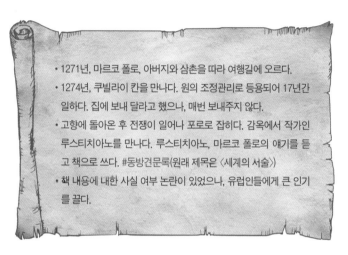

- 1271년, 마르코 폴로, 아버지와 삼촌을 따라 여행길에 오르다.
- 1274년, 쿠빌라이 칸을 만나다. 원의 조정관리로 등용되어 17년간 일하다. 집에 보내 달라고 했으나, 매번 보내주지 않다.
- 고향에 돌아온 후 전쟁이 일어나 포로로 잡히다. 감옥에서 작가인 루스티치아노를 만나다. 루스티치아노, 마르코 폴로의 얘기를 듣고 책으로 쓰다. #동방견문록(원래 제목은 〈세계의 서술〉)
- 책 내용에 대한 사실 여부 논란이 있었으나, 유럽인들에게 큰 인기를 끌다.

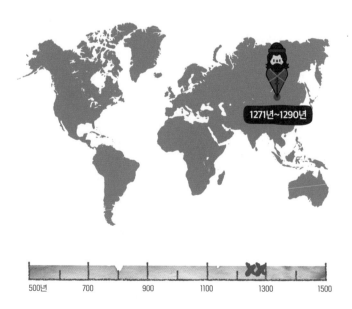

1271년~1290년

500년 700 900 1100 1300 1500

1260년~1368년
팍스 몽골리카와
『동방견문록』

이태리타그램

마르코폴로 @marcopolo 📍역참호텔

❤️ 978명이 좋아합니다.

프리패쓰권 하나로 #먹고 #자고 #차바꾸고
#5성급 #역참호텔 #실화냐 #이맛에돈번다
#이게진짜외노자의길

몽골은 유럽과 아시아에 걸쳐 대원과 4칸국으로 이루어진 대제국을 건설했다. 이들을 하나로 묶은 것은 유라시아를 잇는 교통 통신망인 역참제도와 거대한 경제권이었다. 역참이란 간단한 숙박시설과 수레나 말, 식량을 두고 관리나 사절이 이용하도록 한 곳이다. 중요한 도로를 따라 40킬로미터 간격으로 배치되었고 초원이나 사막에도 예외는 없었다. 정예기병으로 구성된 파발부대들은 달리는 말에서 먹고 자며 역참에서 교대하면서 24시간을 달려 다른 국가

는 한 달 걸릴 거리 450킬로미터를 하루에 주파했다고 한다. 초원의 찬바람과 사막의 열기를 견디기 위해 온몸에 붕대를 감고 달렸던 몽골 파발병은 몽골의 세계 경영이 결코 우연이 아님을 보여주었다.

남송을 무너뜨려 세계에서 가장 발달한 강남의 경제력을 확보한 원은 이슬람의 도로망과 바닷길을 잇는 상업망을 활용, 새로운 경제 질서를 만들었다. 원의 수도 대도북경, 베이징는 유라시아 대륙의 초원길과 비단길은 물론, 대운하로 남중국의 바닷길까지 연결되었다. 바닷길은 동남아시아, 인도양을 거쳐 페르시아만의 일 칸국, 육로는 유럽의 킵차크 칸국까지 이어졌다. 이와 같은 육상과 해상 교통로의 발달로 그 어느 시대보다 활발한 동서간 경제와 문화교류를 촉진시켰던 14

세기 몽골의 시대를 '팍스 몽골리카Pax Mongolica'라고도 부른다.

원과 4칸국과의 관계가 항상 원만했던 것은 아니었다. 4대 대칸 몽케의 죽음 이후 칸국의 대립과 분열이 깊어졌고 쿠빌라이가 칸의 자리에 오른 뒤1260 4칸국은 분리를 선언하며 저항했다. 이는 중국 대륙을 정복하며 개화한 원과 이슬람 문명의 중심 아바스 왕조 위에 세워진 일 칸국이라는 유목과 농경 양 지역을 영유한 세력과, 유목 지역을 본거지로 종래의 유목적 전통생활을 보존하려 한 오고타이, 차가타이, 킵차크 칸국과의 대립이었다. 결국 원을 중심으로 한 세력이 승리1303했고 대립했던 여러 칸국도 점차 개화되면서 화의를 맺어, 몽골 올스의 상호 연대성이 부활되었다. 원은 몽골 올스의 정통을 계승한 종주국이 되었고 1310년 차가타이에 병합된 오고타이 칸국을 제외한 3칸국은 서로 연합한 왕국의 형태로 거의 60년간 '타타르의 평화'를 누렸다.

원은 광대한 영토를 다스리기 위해 중국의 통치기술과 제도를 받아들였다. 그러나 정치와 군사의 중요한 자리는 국족인 몽골인이 차지했고 세금 징수나 하급 관리직은 파란 눈의 튀르크, 이란, 유럽인들인 색목인에게 맡겼으며 화북의 백성을 한인, 강남 남송의 유민을 남인으로 차별했다. 경제에서는 송대의 대토지 소유와 지주전호제가 지속되었고 세금제도도 강남지방은 송의 양세법을 유지했지만 화북지방은 몽골 고유의 세량을 부과했다. 지배층 사이에서는 티베트 불교가 유행했고 동서 교통로를 통해 가톨릭과 이슬람교가 유입되었다. 이슬람 전파로를 따라 3대륙을 주유한 이븐 바투타는 원과 14세기 초반 이슬람화 된 일 칸국, 킵차크 칸국을 그의 여행지로 삼았다. '원곡'으로 불리는 희곡과 『삼국지연의』, 『수호지』같이 당시 유행했던 소설은 송대에 비해 수준이 매우 높았는데, 이는 몽골 지배하에서 출셋길이 막혔던 한족 지식인들이 서민 문학의 세계에 뛰어들었기 때문이었다. 국제적이면서도 서민적인 원 문화의 단면이었다.

원에는 동방에 대한 유럽인의 관심과 안전해진 통상로 덕분에 외국인이 많이 드나들었다. 길이 험해 3년이 넘게 걸렸음에도 상인과 선교사들 행렬이 줄을 이었고 이들에 의해 유럽에 동방에 관한 소문이 전해졌다. 7000킬로미터나 떨어진 원의 수도를 처음 찾은 유럽인은 교황 사절 카르피니와 프랑스 왕 사절 뤼브리크였다. 이들은 유럽인에게 공포의 대상이던 몽골인을 기독교로 개종시켜 침략의 위협을 줄이고, 이슬람 세력을 무너뜨려 성지를 회복하기를 원했다. 그들의 목표는 이루지 못했으나 선교 활동의 자유는 얻었다. 프란체스코와 도미니쿠스 수도회의 수사도 파견되어 몬테코르비노는 대도의 주교가 되기도 했다. 북유럽이나 베네치아의 상인들도 몽골 제국을 드나들었다. 베네치아 상인인 아버지를 따라 원에 온 마르코 폴로1254~1324는 개인적 이력과 색목인 우대정책에 힘입어 17년 동안 쿠빌라이 칸의 궁정에서 관리로 일했다. 베네치아로 돌아온 후 전쟁에서 포로가 된 마르코 폴로는 제노바의 감옥에 갇혀1298~1299 피사 출신 작가 루스티치아노에게 자신의 여행 이야기를 들려주었고, 루스티치아노는 그것을 받아 적었다. 감옥에서 이루어진 이 구술의 결과가 이탈리아어로 『일 밀리오네Il Milione』라는 제목으로 널리 알려진 『세계의 서술Divisament dou monde, 동방견문록』이다. 임종을 앞둔 마르코 폴로에게 친구들은 영혼의 안식을 위해 『동방견문록』에 실린 '거짓말'들을 취소하고 회개하라고 권했다. 그가 둘러본 원은 유럽인들로서는 상상조차 할 수 없는 거대한 세계였기 때문이었다. 그러나 그는 "내가 본 것들의 절반도 다 이야기하지 못했다."라며 인생의 끝을 맺었다. 1368년 원의 멸망과 함께 몽골의 지배가 끝난 후에도 『동방견문록』을 통해 소개된 동방의 풍족함은 유럽인들에게 희망이었고 근대 신항로 개척의 큰 원동력이 되었다. 세계사록

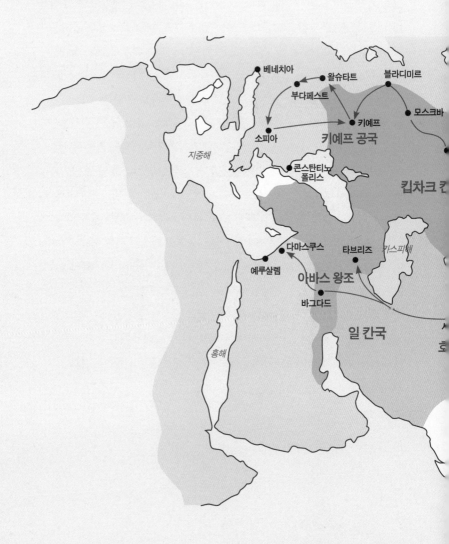

몽골 올스의 유라시아 지배

베네치아
왈슈타트
블라디미르
부다페스트
모스크바
소피아
키예프
키예프 공국
지중해
킵차크 칸
콘스탄티노
폴리스
다마스쿠스
타브리즈
카스피해
예루살렘
아바스 왕조
바그다드
일 칸국
홍해

칭기즈칸의 정복지(1206~1227)
오고타이 칸의 정복지(1229~1241)
몽케 칸의 정복지(1251~1259)
쿠빌라이 칸의 정복지(1260~1294)
오고타이 칸 시기 원정로
몽케 칸 시기 원정로

오고타이 칸국

차가타이 칸국

우랄

카라코룸

몽골(원)

상도 ●

대도(베이징)

고려

합포

일본

서하

토번

장안 ●

채주 ●

금

라싸 ●

성도 ●

양양 ●

항주 ●

중경 ●

남송

광주 ●

천주 ●

대리

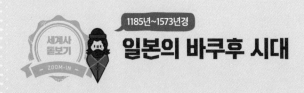
10세기경 일본에서는 왕권이 약화되고 유력한 귀족, 호족, 사원이 장원을 보호하기 위해 고용했던 무사는 지배층으로 편입되기 시작했다. 이는 미나모토노 요리토모1147~1199가 겐페이 전쟁1180~1185에서 승리한 후 다이라 정권을 무너뜨리고 '가마쿠라 바쿠후1185~1333'를 세워 바쿠후 시대1185~1868를 여는 배경이 되었다. 바쿠후막부는 쇼군을 중심으로 한 일본의 무사정권으로 '장군의 진영'이라는 뜻을 가지고 있는데, 원래는 중국에서 출전 중인 장군이 군정을 집행하는 막사를 뜻했다. 일본 역사의 중요한 특징인 바쿠후는 전국시대1573경~1603에 일시적으로 중단되었던 것을 제외하고 약 7세기 동안 일본 통치제도였다.

가마쿠라 바쿠후는 천황이 있는 교토 조정인 '공가'와는 별도로 에도 근처 가마쿠라에 정부 조직인 '무가'를 구성해 귀족 대신 사무라이들이 실질적 지배 권력으로 떠올랐고, 이에 따라 천황은 형식적으로 존재할 뿐 정치적 군사적 실권은 잃었다. 바쿠후의 쇼군이 실질적인 지배권을 행사하는 일본 특유의 봉건제는 쇼군이 장원에 대한 지배권을 가신에게 하사하여 그들을 통해 간접적으로 농민을 지배했다.

가마쿠라 바쿠후의 붕괴는 여몽 연합군의 일본 원정과 관계있다. 고려 정동행성을 중심으로 결성된 여몽 연합군이 두 차례 일본을 침략1274, 1281했다가 태풍으로 인해 돌아갔다. 이는 당시 일본 민심을 흉흉하게 했고 무사층은 몽골과의 수비전에서 얻은 것이 없었기 때문에 지배 가문에게 불만이 쌓였다. 이를 바쿠후 타도의 기회로 생각한 천황을 중심으로 바쿠후 타도 운동이 벌어졌고 가마쿠라 바쿠후는 멸망했다.

이후 수십 년간의 바쿠후와 천황이 대립하던 남북조 시대를 지나고 이에 승리한 아시카가 다카우지의 '무로마치 바쿠후1336~1573'가 전국을 통일했다. 중국에서는 원 대신 명이 들어섰고 한국에서는 고려 대신 조선이 건국되었던 이 시기에 왜구들이 중국과 한국의 해안지대를 침입했다. 왜구는 일본 열도를 근거로 소형 선박으로 편대를 이뤄 육지에 상륙, 양민의 재산을 약탈하고 인명을 살상하거나 포로로 잡아가는 만행을 저지르는 해적이었다. 이들 때문에 한반도 남해안뿐 아니라 중국의 산동, 강소, 절강 등지에서도 심각한 피해가 발생했다. 이들로 인한 피해 규모가 점차 커지자 이들을 통제하는 것이 한중일 삼국 사이에 중요한 문제로 대두되면서 무로마치 바쿠후에서는 이를 이용했다. 왜구를 통제하는 대신 조선, 명과의 무역을 허가 받고 무역에 대한 불만이 있을 때에는 왜구의 침략을 간과하기도 했던 것이다.

이러한 바쿠후 시대의 문화는 일명 '무사사무라이 문화'로 용감, 절제, 검소, 명예를 중시하는 것이 특징이다. 특히 무사들이 전쟁에서 패배했을 때 자살하는 '할복'의 풍습이 관행화되어 10세기 사무라이들 사이에서 정착되었다가 17세기 이후 무사의 명예를 존중한 사형제도로 형식을 갖추었고 메이지 유신 때 폐지되었다. 엄숙한 명상, 엄격한 자기 수련을 강조하는 '선종', 차 마시는 풍습, 작고 섬세한 일본 고유의 독특한 정원과 건축 양식이 발달하기도 했다.

서민 중심의 경제와 문화가 발전했던 무로마치 바쿠후는 15세기 중엽 이후부터 세력을 키운 각지 무사들의 독립적인 소국 틈바구니에서 명맥을 유지했다. 이후 오다 노부나가1534~1582에게 권력이 넘어가면서 일본은 역사적 인물들의 탄생을 예고하며 새로운 시대로 접어든다. 세계사록

5부

중세에서 근대로

1290 전후 ≫ 1400 전후

만사무사

금 필요하신분?
가진게 많아서 나눔합니다ㅋㅋ

중세유럽쓰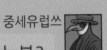

필요없고 페스트치료법 아시는분?
공유 부탁드려요ㅜㅜ

 주원장

여기도 전염병에 기근 도는데ㅜ

 로마교황

그냥 기도하세요
하느님께서 다 보살펴주십니다

 필리프

응 세금도둑ㅋ 너 이제 교황아냐
교황 새로 뽑았어ㅋㅋ

 로마교황

누구맘대로!

 주원장

역병같은 존재들 싹다 치우고
내가 나라 세운다!!!

  전송

죽음을 피하는 방법

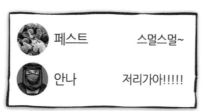

아픈 사람들이 많네ㅠㅠ

요즘 감기는 심해서

잘 낫지도 않는다던데ㅜ

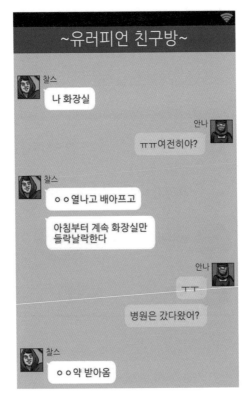

요거 꾸준히 먹으면
금방 낫는대

안나

? 해골 뭐지ㅎㅎ

그래도 다행이다ㅠㅠ

까먹지 말구
제때제때 챙겨먹어ㅜㅜ

찰스

ㅇㅇ

걱정해줘서 고맙다

다 나으면 함보자ㅎㅎ

II 민간요법

아ㅜㅜ 난 몰랐어…
저 약 정체 알았더라면
먹지 말라고 했을 텐데ㅠㅠ

#As #비소 #독극물

찰스   콜록..콜록;;;

ㅠㅠㅠㅠㅠㅠㅠㅠ
내 친구 찰스ㅠ
불쌍해서 어떡해ㅜㅜ

근데… 어…?
하루 종일 울어서 그런가?
나도 열이 좀 오르는 것 같아…

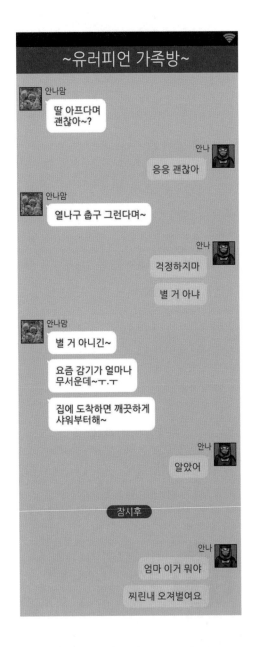

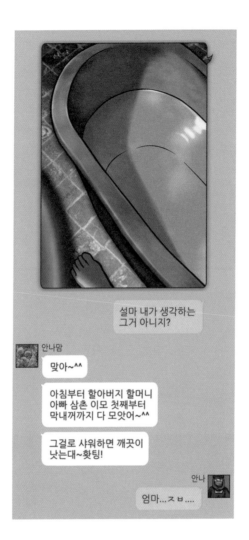

설마 내가 생각하는
그거 아니지?

안나맘

맞아~^^

아침부터 할아버지 할머니
아빠 삼촌 이모 첫째부터
막내꺼까지 다 모았어~^^

그걸로 샤워하면 깨끗이
낫는대~홧팅!

안나

엄마...ㅅㅂ....

III

검은 죽음

하…
쉬야에 목욕이라니…ㅜㅜ

근데 다른 사람들도
민간요법 많이 쓰더라.

워낙 사망률도 높고
의사도 손을 못 쓰니까
이렇게라도 해야지ㅜ

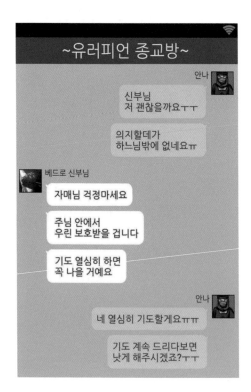

온라인 커뮤니티 **페스티즈**	☐ Sign in	☐ Login
[BEST]	확진 판정 받았습니다.. 1주 남았다네요..	(9)
[HOT]	★거머리로 검은 피 빼세요!! 효과100%	(7)
1020	가만 보면 유대인들만 안 걸리는 듯??	(15)
1019	(스압)피부째고 불로지져서 페스트균 죽이..	(4)
1018	이 글이 마지막일 것 같습니다..	(20)
1017	이 증상도 페스트인가요?? (+사진)	(2)
1016	XX보험회사랑 통화했네요..ㅋ	(1)
1015	[페스패치] 오늘자 페스트 사망자수 집계	(5)

솔직히 나도 좀 겁나ㅜㅜ
나랑 증상이 비슷했던 사람들
다 하늘나라 갔거든ㅠ

나도 그렇게 되는 건 아니겠지…?

~유러피언 종교방~

안나
신부님
저 괜찮을까요ㅜㅜ

의지할데가
하느님밖에 없네요ㅠ

베드로 신부님
자매님 걱정마세요

주님 안에서
우린 보호받을 겁니다

기도 열심히 하면
꼭 나을 거예요

안나
네 열심히 기도할게요ㅠㅠ

기도 계속 드리다보면
낫게 해주시겠죠?ㅜㅜ

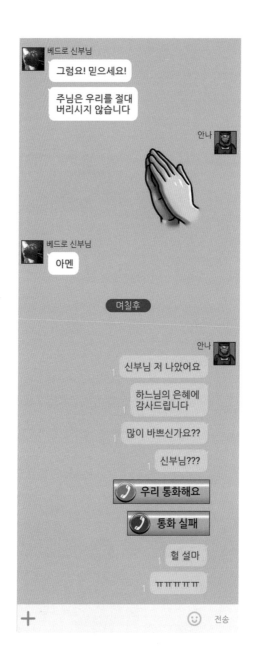

"14세기, 유럽에 전염병이 창궐하다."
"유럽 인구 1/3의 목숨을 앗아가다."

#페스트 #흑사병

그랬다고 합니다.

- 유럽인의 비위생적인 생활 방식이 페스트를 더 확산시키
  는 원인이 되다.
- 비소를 먹고, 동물의 피를 바르고, 소변에 목욕을 하는 등
  얼토당토않는 치료법이 유행하다.
- 장례 절차 등으로 페스트 보균자와 접촉할 일이 많았던 성
  직자들, 예외 없이 목숨을 잃다. 사람들의 신뢰가 낮아지
  고, 신앙심이 줄어들다.

14세기 유럽

| 500년 | 700 | 900 | 1100 | 1300 | 1500 |

교황 뚜까패는 황제

 황제 필리프　　　곽씨——

 교황 보니파키우스　　ㅠㅠ

I

돈구멍

왜 머니는
있어도 있어도 모자란 걸까…

계좌조회

< 이전

나랏돈 대표 주거래 통장
1309-1377-2018486

잔액 -600,000

잉글랜드정복	출금	1,000,000
나라운영비	출금	300,000
백성들 세금	입금	700,000
프랑스 품위 유지비	출금	645,000

돈 나갈 데는 많은데
지금 수입으로는 감당이 안 되네.
급전 땡길 만한 곳 어디 없나?

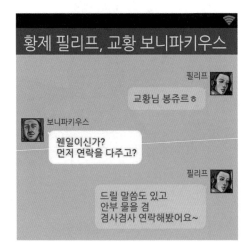

황제 필리프, 교황 보니파키우스

필리프
교황님 봉쥬르ㅎ

보니파키우스
웬일이신가?
먼저 연락을 다주고?

필리프
드릴 말씀도 있고
안부 물을 겸
겸사겸사 연락해봤어요~

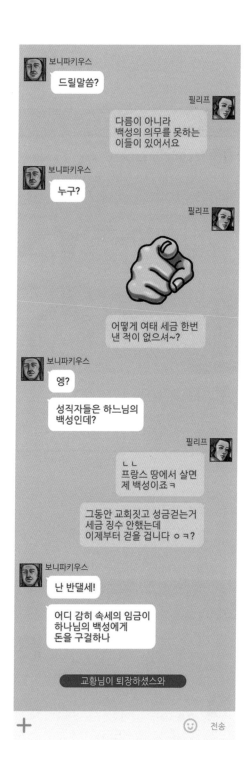

하! 내가 곱게 존댓말 써주니까
이게 부탁으로 들리냐?

얼씨구~우?
이 와중에 휴가 갔네~에?

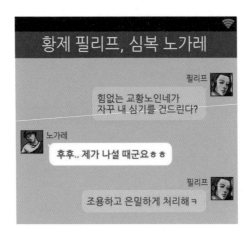

알지?

노가레
ㅋㅋ넵 물론이죠

얼마후

노가레

납치 성공ㅋㅋ

못 나가게 감금중이에요ㅎ

필리프
ㅋ 근데 빰은 왜 저래?

노가레
하도 말을 안들어서
제가 살짝 어루만져줬습니다ㅋ

필리프
ㅋㅋㅋㅋㅋ

교황늙은이
이제 좀 정신 차렸겠지?

+ 　　　　　　　　😊 전송

로마뉴스

로마 교황, 풀려난지 한달만에 '사망'···

사망 원인은 '홧병'으로 추정···
애도의 물결 밤새 이어져···

헐········?

···ㅋ······ㅋ크하핳핳ㅎㅎ
이러면 얘기가 간단하지!

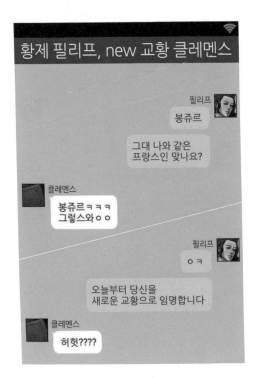

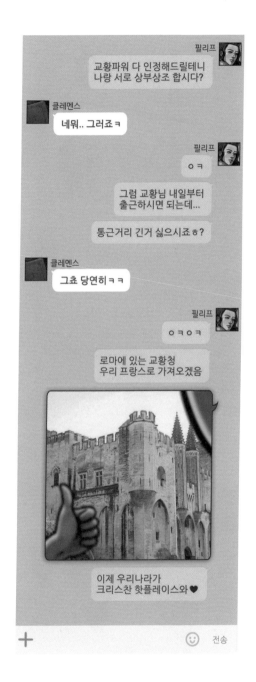

필리프
교황파워 다 인정해드릴테니
나랑 서로 상부상조 합시다?

클레멘스
네뭐.. 그러죠ㅋ

필리프
ㅇㅋ

그럼 교황님 내일부터
출근하시면 되는데...

통근거리 긴거 싫으시죠ㅎ?

클레멘스
그쵸 당연히ㅋㅋ

필리프
ㅇㅋㅇㅋ

로마에 있는 교황청
우리 프랑스로 가져오겠음

이제 우리나라가
크리스찬 핫플레이스와 ♥

ⓒ   전송

\#아비뇽유수

그랬다고 합니다.

• 필리프 4세, 성직자 과세 문제로 교황 보니파키우스 8세와 대립하다.
• 급기야 교황을 이단자로 규정, 아나니 별궁에 가 있던 교황을 납치, 감금하다. 교황, 사흘 동안 갇혀 있다 시민들의 도움으로 풀려나다. 그러나 한 달 뒤 사망하다.
• 필리프 4세, 새로운 교황을 프랑스인으로 선출하고, 로마에 있던 교황청을 프랑스 아비뇽으로 옮기다. 그 후 약 70년간 교황들이 아비뇽에 거주하다.

1309년~1377년 프랑스

500년   700   900   1100   1300   1500

14세기
중세의 끝에 선 유럽

땅에 떨어진 교회의 권위

보니스타그램

보니파키우스 @god_bony ♥아나니에서

♥ 6,423명이 좋아합니다.
오랜만에 즐기는 여유~^^
#교황별장 #황금휴가 #느므좋아요

십자군전쟁이 종결된 유럽의 14세기는 추위와 함께 시작되었다. 잉글랜드는 한여름에도 어깨가 서늘할 정도로 추웠고, 아이슬란드의 밀 경작지는 남부만 남고 사라졌으며 대륙에서도 추위는 마찬가지였다. 최하층 농민들은 적은 일조량으로 인한 소금 부족으로 영양결핍과 기아에 시달렸고 가축도 부족한 사료와 질병 때문에 죽어 갔다. '빙하기'라 불릴 만큼의 여름철 저온과 폭우로 농산물 수확은 타격을 입어 곡가는 폭등했으나 세금은 여전했다.

14세기 중반에는 전 유럽이 페스트 지옥을 겪었다. 몽골 제국의 동서 교역로를 통해 들어와 1348년 베네치아에서 유럽 최초의 환자가 발생한 이후 이탈리아 각 도시, 프랑스, 에스파냐, 이듬해에는 독일과 영국, 발트해 연안, 그 다음해에는 북동유럽과 러시아까지 페스트에게 점령당했다. 멀쩡하던 사람의 피부가 까맣게 타들어가고 고열이 나며 의식이 몽롱해진 후 순식간에 사망하는 치사율 100퍼센트에 이르는 이 전염병으로 수년 사이 유럽 인구의 3분의 1인 약 2500만 명이 사망했다. 페스트는 1200년대 말 이미 중앙아시아 지역에서 나타나 맹위를 떨치다 베네치아에 이르기 전 카스피해 연안과 비잔티움을 강타했었다. 쥐에 기생하는 벼룩이나 오염된 공기를 통해 인간에게 들어가 발병한다는 사실이 19세기 말에 밝혀지기 전까지 '신의 징벌'로 여겨질 수밖에 없을 만큼 페스트의 위력은 어마어마했다.

이런 14세기의 상황은 서유럽에서 시작된 변화의 속도를 높여주었다. 이미 십자군전쟁의 실패로 실추된 교황권은 '성직자의 과세권과 재판권'을 둘러 싼 국왕과의 싸움에서 연달아 패배하면서 더욱 약화되었다. '아비뇽의 유수1309~1377'는 프랑스 필리프 4세가 교황청을 로마에서 아비뇽으로 옮겨온 후 프랑스 군주가 약 70년간 교황을 통제함으로써 교황권의 약화를 보여준 대표적 사건이다. 이런 상황에서 유행한 흑사병에 교회가 처방으로 제시한 '기도 요법'이 전혀 효험을 발휘하지 못했고, 1378년에서 1417년까지 로마와 아비뇽 각각에 선출된 교황이 있었던 '교회의 대분열'로 교회의 권위는 더욱 실추되었다.

신성로마제국은 교황에게 저항한 대가를 대공위 시대로 톡톡히 치르며 유럽에서의 위상이 약화되었다. '빌헬름 텔의 사과'를 계기로 독립을 선언한 주들이 연방을 결성해 스위스로 독립1291하는 것을 인정하면서 13세기를 마쳐야 했다. 14세기 잉글랜드 오컴 출신의 윌리엄?1300~1349은 젊어서는 프란체스코회 수도사였고 옥스퍼드에서 배운 뒤 모교와 파리 대학에서 강의를 하며 면도날처럼 날카로운 논리로 '무적박사'라는 별명을 얻었다. 당시 교황과 앙숙이었던 신성로마제국의 루드비히는, 교황청으로부터 이단 판정을 받고 망명하며 "당신이 칼로 나를 지키면 나는 논리로 당신을 지켜주겠다."고 말한 그를 받아들였다1328. '보편적인 개념은 단지 이름뿐일 뿐 실재하지 않으므로 신 또한 존재하지 않는다.'는 논리로 이어진 '유명론' 때문에 이단 판정을 받은 윌리엄 오컴은 루드비히 덕분에 뮌헨에 머물면서 저작 활동을 할 수 있었다. 그의 이론은 개별 사물에 대한 구체적 연구를 진전시켜 근대 과학 발전을 촉진시켰고 17세기 영국의 프란시스 베이컨이나 홉스와 같은 경험론자들에게까지 큰 영향을 미치게 된다.

신성로마제국 황제에 선출된 카를 4세1347~1378재위는 황제 선출 과정에서 교황을 배제한다는 내용의 문서를 제후들에게 선포하고 금인으로 서명한 「금인칙서」를 공포1356했다. 이에 따라 신성로마제국 황제는 7개 영방 제후들이 선거인단이 되어 다수결로 선출하게 되었고 교황 승인이나 교황 입회하의 대관식은 폐지되었다. 또한 아비뇽에서 유수 중인 교황을 로마로 귀환시켜 그동안 실추되었던 신성로마제국의 국제적 지위를 높였고, 이는 교황권 실추의 또 하나의 예가 되었다.

농노 해방과 장원의 해체

페스트로 생산과 교역이 중단되면서 물가는 상승했고, 인구가 감소하여 노동 비용은 치솟았다. 엄청난 노동력의 손실을 입은 영주는 이전처럼 쉽게 농노를 부릴 수 없었고 임금이 오르면서 부유한 농민과 귀족의 경제적 격차가 좁혀지기 시작했다. 이 때문에 일부 귀족들은 화려한  패션으로 경제적 상실을 보상받고 신분을 과시하고자 했으며, 농민의 지위 상승과 장원의 해체라는 변화를 무시하며 농민을 더욱 억압하기도 했다. 이에 대해 농민들이 봉기를 일으키며 저항했는데 그 대표가 프랑스 자크리의 난과 잉글랜드 와트 타일러의 난이다. 자크리의 난은 1358년 3개월 동안 프랑스 북동부 전역을 휩쓴 농민 봉기로 농민을 흔히 '촌놈'이라는 뜻의 '자크Jacques'라고 부르기 때문에 명명되었다. 영주의 성채를 부수고 가족들을 살해하면서 시작되었던 이 난은 2만여 명의 희생자를 낸 피의 진압작전으로 막을 내렸다. 1381년 6월 보름 동안 잉글랜드의 절반을 휩쓸었던 농민 봉기는 그 지도자의 이름을 따 '와트 타일러'의 난이라고 불린다. 잉글랜드 정부가 프랑스와의 전쟁백년전쟁 비용 조달을 위해 13세 이상 국민에게 인두세를 부과하면서 가혹한 징세에 불만을 품은 농민들이 동부지방을 휩쓸고 런던으로 진입했다. 그들의 세력이 커지는 것을 두려워한 리처드 2세는 협상을 체결하면서 와트 타일러를 살해했고 이로써 봉기는 진압되었다.

이러한 일부 봉건세력의 반동도 있었지만 교황과 장원의 영주, 기사들은 쇠락의 길로 접어든 지 오래였다. 특히 중세 전력의 핵심을 담당했던 기사들은 중국의 흑색 화약이 서유럽에 전해지면서 대포가 개발, 전술이 대전환됨에 따라 그 지위를 상실해갔다. 목탄과 유황, 초석을 혼합해 만들어진 화약은 본래 신호용이나 의약품으로 개발되었다가 돌을 멀리 던지는 용도로 쓰이고 있었다. 그러다 서유럽의 철 가공 기술과 만나면서 이전과는 다른 전쟁 풍경을 만들어냈고 그 중심인 화약·총포의 사용은 기사의 몰락을 가져왔다. 13세기경 이미 영주에게 내는 토지 임대료지대가 현물 대신 화폐로 바뀌었고지대의 금납화, 농산물 가격 상승과 화폐 가치

하락, 그리고 14세기경 임금의 상승으로 농노들의 지위가 높아지면서 15세기 이후가 되면 서유럽에서 농노는 사라진다. 더불어 무역과 상업에 종사하는 상인으로 대표되는 시민부르주아: 성 안의 사람들은 성장을 거듭했다. 이들이 중심이 되어 발달한 상업도시들은 14세기에 더욱 성장하여 1356년에는 런던에서 북해와 발트해 연안을 거쳐 러시아의 노브고로트에 이르는 상업도시 대표들이 뤼벡에 모여 '한자동맹' 결성을 선포해 거대한 상업도시 벨트를 형성하기도 했다. 서쪽 플랑드르의 직물, 맥주, 소금 등을 동쪽의 노브고로트 등지에 팔고 이에 대해 모피, 가죽 등을 거래하면서 발달한 뤼벡, 함부르크, 브레멘 등 상업도시가 그 대표였다. 상업도시들의 급속한 성장으로 이들이 속한 프랑스, 독일, 모스크바 공국의 국왕들은 상업도시도 지배하고자 했고, 이는 앞으로 시민과 국왕 사이의 권력 문제를 불러일으키게 된다.

그동안 도시의 자유와 자치 획득의 선봉장 역할을 했던 길드는 폐쇄적으로 변화했다. 상인 길드는 조합의 이익에 반하는 행동을 하지 못하도록 가격 인하, 작업 시간 등 경쟁 행위를 철저히 규제했다. 장인, 직인, 도제 등 계층구조로 이루어진 수공업 길드는 그 가입과 계층 상승이 점차 어려워져 수년간의 도제와 직인 생활을 거쳐도 장인이 되지 못하는 경우가 허다했다. 길드는 원거리 무역상과 기술자들의 단합을 통해 '자유로운 도시'의 공기를 중세 사회에 불어넣어 농노 해방과 장원제도 해체의 한 요인으로 작용했다. 그러나 시간이 지남에 따라 길드의 폐쇄적이고 독점적인 운영은 상공업 발전을 저해하여 결국 근대 산업의 발달과 함께 16세기 이후 쇠퇴해야 할 운명이었다. 세계사록

뭘 하든 니들 뜻대론 안 될 것이야

에드워드   ㅇ ㅅ ㅇ

I
납치

읍! 읍읍! 으으읍!
(나는 잉글랜드의 왕자 에드워드.)

으읍! 으으으브븝!!
으으으읍읍…ㅠㅠ
(살려줘! 나 납치당했어!
지금 옴짝달싹 못하는 중…ㅠㅠ)

으브, 으으읍읍으브…?
〔시몽, 왜 이런 짓을 하는 거지…??〕

당신 할아버지, 당신 아빠, 당신은 신하들을 소중히 여기지 않았지

[기사]
존왕, 신하말 안 들어… "갑질"

[기사]
헨리왕, "신하들은 왕 발깔개"
왕자 에드워드, "아버지가 농담한 것… 민감하게 굴지마"

왕은 신하를 존중해야 한다고 대헌장에도 나와있건만..

이제 혁명을 시작하지

영국은 우리 귀족 것이다

에드워드

ㅇ 거보&@(&:&$&"?!??!

II

반격

으브브! 읍읍으으으!!!
읍읍으으읍브브븝!!
[그래! 아빠랑 할아버지가
무능했던 거 인정!!!
그래도 범죄는 안 되지!!!!!]

읍… 으으읍, …ㅠㅠ

(하… 어떻게 탈출한다…ㅠㅠ)

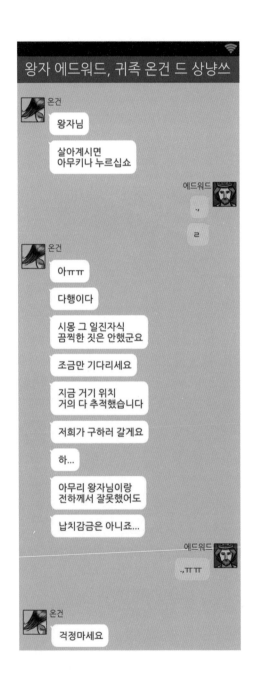

아직 저희같은
충신들 몇 있습니다

같이 몰아내시죠!!

\+   ☺   전송

그리고? 어떻게 됐냐고?
인실반 화려하게 했지ㅋㅋㅋ

#인생은_실전이다_반역자야

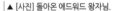

"강력한 왕권 만들 것"

댓글(3,683개) | 인기순 | 최신순

윌리엄
와... 왕자님 역공 지리네...

조쉬
윌리엄님;; 이제 임금님요 (소근소근)

매튜

[혐짤주의] 반역자 시몽 최후의 모습
http://simon.ah.nadegizomma.jpg

메리
헐;; 저 사진 링크 진짠가요???

조쉬
와이제 왕한테 아무도 못 기어오를듯...

매튜
조쉬님 그게 정상이죠ㅋㅋ

흠… 근데…
임금이 무조건 갑질하는 게 답일까?
할아버지랑 아빠도
그래서 망했잖아ㅜㅜ

그렇다고 귀족들 말을
오냐오냐 다 들어줄 수도
없는 노릇이고ㅠ

음…!!! 결심했다!

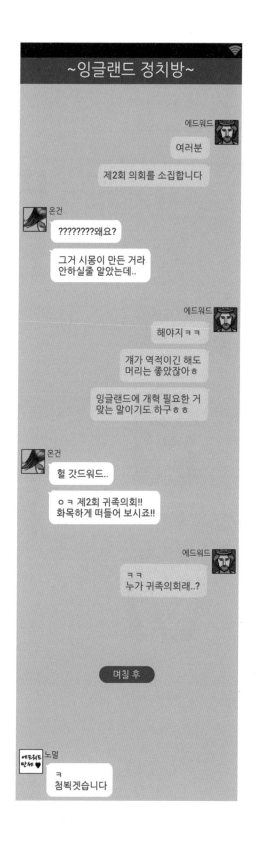

그랬다고 합니다.

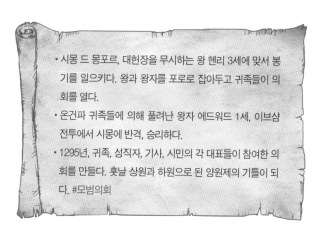

- 시몽 드 몽포르, 대헌장을 무시하는 왕 헨리 3세에 맞서 봉기를 일으키다. 왕과 왕자를 포로로 잡아두고 귀족들이 의회를 열다.
- 온건파 귀족들에 의해 풀려난 왕자 에드워드 1세, 이브샴 전투에서 시몽에 반격, 승리하다.
- 1295년, 귀족, 성직자, 기사, 시민의 각 대표들이 참여한 의회를 만들다. 훗날 상원과 하원으로 된 양원제의 기틀이 되다. #모범의회

1295년 잉글랜드

500년 700 900 1100 1300 1500

백년 동안 이어진 집안싸움

🧑	필리프	끄응..
🧑	에드워드	ㅋㅋ

I

왕좌의 게임

그대들, 혹시 조카 있는지?

고 작은 악동녀석들,
불쑥 들이닥쳐서는
귀한 물건 죄다 싹쓸이한다며?

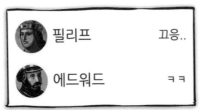

와... 테러당함ㅋ..ㅋㅋ... 조카가 와서
내 피규어 다 훔쳐감ㅠ 아빠는 그런 유치한거
애기 주라네요ㅠㅠㅠ 그게 얼마짜린데ㅠㅠㅠ

나도 조카 있어.
근데 꿈에도 생각 못했지.

필리프 (프랑스의 왕)

고놈이 피규어도, 장난감도 아닌
내 왕관을 노릴 줄은!!!

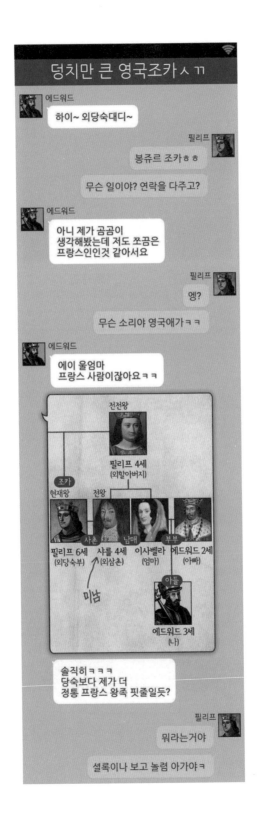

괜히 니 엄마 반쪽짜리 핏줄 들먹이지 말고ㅋㅋ

에드워드

ㅎㅎ그냥 팩트 말한건데 왜 이리 예민하세요?

안되겠다~ 정당한 내 권리 찾아야지~

왕좌 내놓으세요~ 내가 더 원조 맛집이니까ㅋㅋ

필리프

이런 버릇없는 놈 같으니라구!

야! 너 땅 내놔!

이제 여기 내꺼야!

에드워드

응 유치~

어쩔 수 없죠 나랑 붙어요 노인공격 기대해ㅋㅋㅋㅋ

II

근로계약

와 어이없네--

이게 웬 마른 하늘에 날벼락?? 내가 원조 프랑스왕이라고!!!

(*게르만법(살리법전)에 의하면, 여성의 왕위 계승은 인정되지 않았다.)

그런데.

얼씨구? 쫌 하네??

그래도 나한테 충성맹세한
기사들을 우습게 보지 말라고!

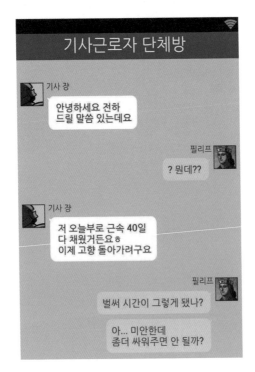

안 그래도 영국에 밀리는데
요즘 인력난때문에
싸울 사람이 없다ㅜㅜ

기사 쟝

흠... 어쩔 수 없죠

그럼 오버된 시간만큼
추가수당 지급되는 거죠?

제4조 1항

기사 쟝은 필리프를 위해 1년에 40일 동안
전쟁에 의무적으로 참가한다.
단, 의무 시간 외 전쟁은 추가수당을 지급한다.

필리프

아...

그럼 줘야지...

기사 쟝

옛썰!

열심히 싸우겠습니다

+ ☺ 전송

Ⅲ

100년

나참… 조별과제도 아니고
이렇게 사정 다 봐주면서
무슨 전쟁이야!

이대로 가다간 영국 조카녀석한테
프랑스 다 먹히겠스와ㅜㅜ!!!

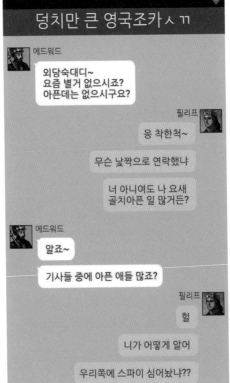

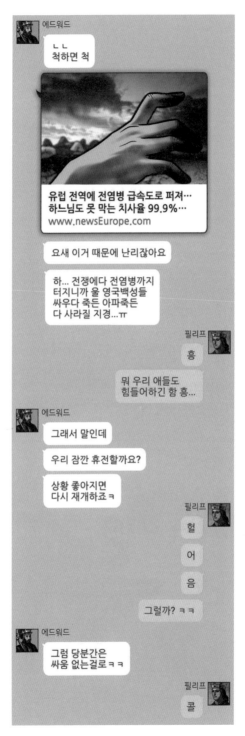

에드워드

ㄴㄴ
척하면 척

유럽 전역에 전염병 급속도로 퍼져…
하느님도 못 막는 치사율 99.9%…
www.newsEurope.com

요새 이거 때문에 난리잖아요

하... 전쟁에다 전염병까지
터지니까 울 영국백성들
싸우다 죽든 아파죽든
다 사라질 지경...ㅠ

필리프

흥

뭐 우리 애들도
힘들어하긴 함 흥...

에드워드

그래서 말인데

우리 잠깐 휴전할까요?

상황 좋아지면
다시 재개하죠ㅋ

필리프

헐

어

음

그럴까? ㅋㅋ

에드워드

그럼 당분간은
싸움 없는걸로ㅋㅋ

필리프

콜

#싸웠다가 #휴전했다가
#백년전쟁

그랬다고 합니다.

- 프랑스의 샤를 4세, 아들 없이 사망하다. 그의 사촌 형제인 필리프 6세가 왕위에 오르다.
- 잉글랜드 에드워드 3세, 샤를 4세의 누이인 이사벨라가 자신의 어머니인 것을 이유로 자신에게도 프랑스 왕위를 계승할 자격이 있다고 주장하다.
- 필리프, 프랑스 내 잉글랜드 영토인 가스코뉴를 몰수하다. 백년전쟁이 시작되다.
- 100년(정확히는 116년) 내내 전쟁만 한 것은 아니고, 페스트, 농민 봉기 등으로 싸움이 중단되었다가 다시 싸우는 식으로 전쟁이 장기화되다.

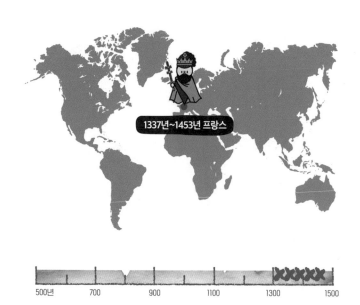

1337년~1453년 프랑스

500년 700 900 1100 1300 1500

1226년~1453년

프랑스, 유럽의 강국으로 떠오르다

200여 년의 십자군전쟁은 그 시작 의도와는 완전히 다른 결과를 낳았다. 신앙적 열기와 이해관계 등이 맞물려 연설 한 번으로 십자군전쟁의 발발을 이끌었던 교황의 권력은 십자군의 거듭된 실패로 약화 일로를 걸었다. 화약 유입에 따른 전술 변화로 기사와 영주들은 몰락하는 데 반하여 <u>군주권은 강화</u>되었다. 외지에 나갔던 사람들이 '내 조국, 내 조국의 중심 국왕'에 대해 관심을 가지게 되었고 군주들은 권력을 집중해 국가 체제 정비를 꾀했기 때문이다.

특히 신성로마제국 황제가 20여 년의 대공위 시대를 거치며 위상이 급속히 퇴조한 가운데 프랑스가 그를 대신할 유럽의 강국으로 떠올랐다. 서프랑크에서 이어진 프랑스는 그동안 신성로마황제의 그늘에 가려져 있었다. 그러나 <u>필리프 2세</u>부터 황실 행정기구를 창설, <u>잉글랜드 국왕의 영지를 몰수</u>하고 존 왕과 싸워 승리하는 등 왕권 강화의 기반을 닦았다. 그의 손자 루이 9세가 1226년부터 45년간 재임하는 동안 약소국 프랑스는 유럽을 대표하는 강대국으로 성장했다. 루이 9세는 2차에 걸친 십자군을 몸소 결성, 진두지휘했는데 교황과 신성로마황제를 배제하고 단독으로 결행한 것이 프랑스의 대외적 위상을 비약적으로 높였다. 내정에서도 왕실 재판소의 권한을 대폭 확대하면서 왕권을 강화해 프랑스 주민들은 영주 위의 존엄한 존재인 국왕에 대해 막연한 상징 이상의 현실적 권력을 느끼기 시작했다.

이는 미남왕 필리프 4세1285~1314재위 대에 더욱 강화되었다. 필리프 4세는 종교가 더 이상 절대적인 힘을 누리지 못하는 시기적 특징을 이용, 유럽 각지의 군주들과 외교를 통해 프랑스의 독립성을 확고히 했으며 아들들의 결혼과 영토 전쟁으로 영지를 확장했다. 그 과정에서 전비 마련을 위한 성직자 과세를 둘러싸고 교황과 대립했는데, 이를 위해 성직자, 귀족, 도시 대표가 참가하는 삼부회를 소집1302했다. 이들의 지지를 바탕으로 '아나니 사건1303', '아비뇽의 유수1309'로 승리함으로써 교황권에 대한 황제권의 우위를 확립하였다. 도시 대표의 의회 참여를 승인하여 그 세력을 인정한 필리프 4세 시대 프랑스는 왕을 중심으로 한 중앙집권화에 한 발 더 다가갔다.

필리프 4세의 막내아들이자 카페 왕조의 마지막 왕인 샤를 4세1322~1328재위가 후계자 없이 숨을 거둔 1328년 이후 프랑스에서는 왕위 계승 문제가 발발했다. 중세 유럽은 봉건제도하에서 결혼과 상속, 가문, 봉토 등의 요인들이 국가라는 개념 위에 얽혀 있었기 때문에 왕위 계승은 매우 중요한 문제였고, 근대까지도 국가는 왕위 계승을 위해서라면 전쟁도 불사했다. 샤를 4세의 가장 가까운 남계 혈족인 필리프 6세1328~1350재위가 왕위를 계승했지만 잉글랜드의 에드워드 3세는 반론을 제기했다. 어머니 이사벨라가 샤를 4세의 누이동생이었기 때문에 자신도 왕위 계승권자임을 주장했던 것이다. 모범의회를 연 에드워드 1세의 손자, 에드워드 3세는 발루아가의 왕위 계승에 반대하며 플랑드르에 수출해오던 양모 공급을 중단했다. 필리프 6세는 에드워드가 프랑스에 땅을 가진 이상 프랑스 왕의 봉신이므로 주군에게 충성해야 한다고 주장하면서 프랑스 내의 영국 영토인 기엔가스코뉴 지방의 몰수를 선언하였다.

이에 1337년 잉글랜드가 프랑스에 선전포고를 하며 '백년전쟁'이 시작되었다. 그 표면적 원인은 발루아 가문의 왕위 계승 문제인 듯 보였지만 더 중요하고 해묵은 이유가 있었다. 유럽 최대의 모직물 공업지대로 성장한 플랑드르는 프랑스 왕의 종주권 아래에 있었으나, 실질적으로는 원료인 양모의 최대 공급국인 영국의 지배를 받고 있었다. 기엔 지방 역시 유럽 최대의 포도주 생산지였기 때문에 프랑스 왕들은 계속적으로 이 두 지방의 탈환을 원했다. 1066년 노르만 왕조 성립 이후 프랑스 내에 영국이 소유한 영토를 둘러싸고 오랫동안 계속되었던 분쟁이 결국 백년전쟁 발발의 근본적인 원인이었던 것이다. 백년전쟁은 프랑스를 전쟁터로 하여 여러 차례 휴전과 전쟁을 되풀이하면서, 1337년부터 1453년까지 116년 동안 단속적으로 계속되었다. 그 사이 이들은 흑사병을 겪었고 <u>자크리의 난과 와트 타일러의 난</u>을 진압했다.

필리프 6세는 '1600만의 인구를 가진 프랑스에게 고작 인구 350만의 잉글랜드가 덤벼봤자'라고 하며 코웃음 쳤다. 그러나 예상과 달리 잉글랜드의 대승으로 전쟁은 시작되었다. 잉글랜드 보병이 한 손에 든 장궁은 1미터 정도의 긴 화살을 1분에 5, 6개 이상 날릴 수 있는 위력에 사정거리가 400미터에 이르러 프랑스의 기마병과 제노바에서 달려온 용병까지 맥을 못 추게 만든 비장의 무기였다. 에드워드 3세의 맏아들 <u>흑태자 에드워드</u>는 크레시 전투에서 장궁대를 활용하여 프랑스 기사단을 격파1347했다. 페스트의 유행과 악화된 재정 사정으로 잠시 중단되었던 전쟁은 흑태자가 남프랑스를 침입하며 재개되어 필리프 6세 이후 즉위한 장 2세1350~1364재위를 포로로 잡기도 했다1356. 전쟁의 참화와 영국군, 귀족의 약탈 등으로 피폐가 극심해지면서 자크리의 난1358에 직면한 프랑스는 장 2세의 석방보석금으로 300만 크라운을 지급, 아키텐 지방과 칼레를 영국에게 할양해야 했다. 이후에도 프랑스는 내분으로 잉글랜드 헨리 5세에게 왕위 계승권을 빼앗기기도 했고1420, 오를레앙을 포위당하여 샤를 7세1422~1461재위는 궁지에 빠지기도 하는 등 계속 수세에 몰렸다.

<u>프랑스 잔 다르크</u>의 출현1428은 이러한 전세를 역전시켰다. 전투에서 항상 선두에 선 그녀의 지휘로 영국군은 격파되었고 샤를 7세는 정식으로 대관식을 거행 적법한 프랑스 국왕이 되었다. 결국 샤를 7세가 노르망디 전역을 회복1450하고 1453년 영국군 최대의 거점인 보르도를 점령함으로써 백년전쟁은 프랑스의 승리로 끝났다. 전쟁의 결과 프랑스는 칼레를 제외한 프랑스 내 모든 잉글랜드 영토를 탈환했고 명실공히 유럽을 대표하는 강국으로 부상하게 되었다. 십자군전쟁에서 백년전쟁을 치르는 동안 성장한 프랑스는 이후 <u>절대왕정</u> 시기 유럽 중심국가로서의 화려한 지위를 누리게 된다. 세계사록

없어도 문제, 많아도 문제

 만사 무사 친추하면 금괴드림ㅋㅋ

I

ㄴㄴㅇㅊㅊ

어느 날 돈벼락을 맞아서
돈이 아~~주 많~~이
생기면 뭐 할 거야?

#맛난거먹고 #옷사고
#집사고 #차사고
다~~하고도 남는다면??

난 펀딩ㅎ
후원하는 재미가 쏠쏠하거든ㅋㅋ

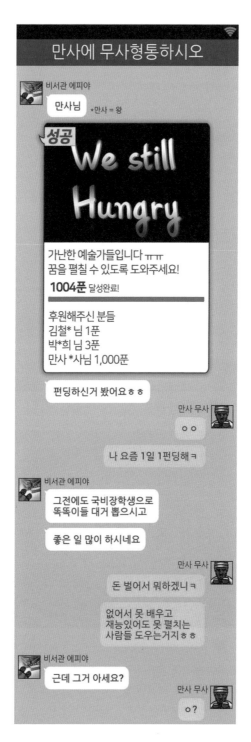

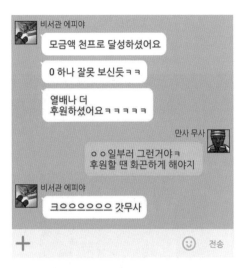

비서관 에피야
모금액 천프로 달성하셨어요
0 하나 잘못 보신듯ㅋㅋ
열배나 더
후원하셨어요ㅋㅋㅋㅋㅋ

만사 무사
ㅇㅇ일부러 그런거야ㅋ
후원할 땐 화끈하게 해야지

비서관 에피야
ㅋㅇㅇㅇㅇㅇㅇ 갓무사

＋   ☺ 전송

하~ 이렇게 퍼주고 다니는데도
통장잔고 티가 안 나네ㅎ

내가 돈이 많아도 너무 많거든ㅎㅎ

무사타그램

만사무사 @moosa   📍말리왕국에서

♥ 9,020명이 좋아합니다.
금이 돌처럼 흔한 우리 말리왕국!
황금 보기를 돌같이 할수밖에 없네ㅋㅋ
#ONLY #24K

아브나
와 친구하고 싶다 8분전

 암마
부럽다.. 3분전

 쿠에시
금수저가 아니라 비브라늄 수저네
형님이라고 불러도 될까요,, ^^ 지금

아무리 펑펑 써대도
금이 남아돈다 돌아ㅋㅋ

하~ 이제 또 뭘 해볼까??

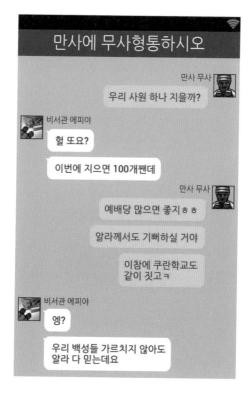

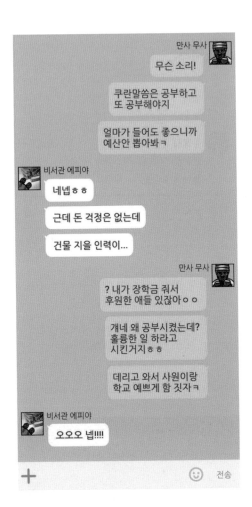

갓사 무사

펀딩은 나의 빅픽쳐ㅋㅋ

아~ 근데 이렇게나 해도
금이 또또 남네?

그렇다면 식솔들 데리고
여행 한 번 가즈아!!!!!!!

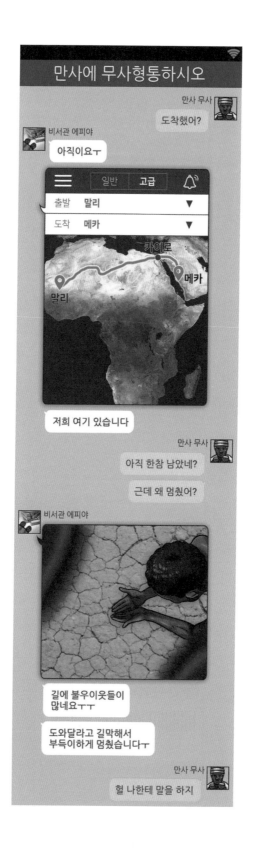

만사 무사

도착했어?

비서관 에피야

아직이요ㅜ

저희 여기 있습니다

만사 무사

아직 한참 남았네?

근데 왜 멈췄어?

비서관 에피야

길에 불우이웃들이
많네요ㅜㅜ

도와달라고 길막해서
부득이하게 멈췄습니다ㅜ

만사 무사

헐 나한테 말을 하지

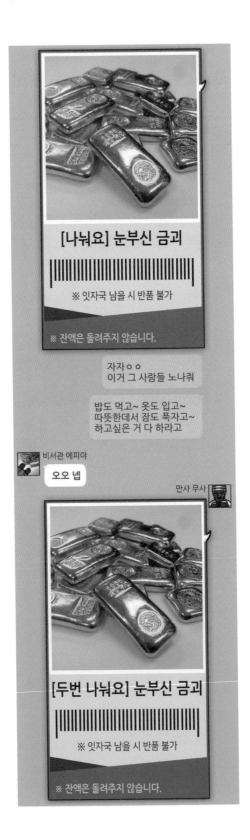

"만사 무사, 카이로에서
가난한 사람들을 만나다."
"금을 아낌없이 나눠주다.
너무 많이 퍼주다."

#금값폭락 #물가상승
#인플레이션 #밥한끼에100만원

그랬다고 합니다.

- 말리 왕국, 전 세계 금 생산량 중 70퍼센트, 소금은 50퍼센트를 생산하다.
- 만사 무사, 미국의 『타임』지가 선정한 인류 최고의 부자로 뽑히다. 자산 규모는 약 4000억 달러(약 455조 원)로, 빌게이츠 자산의 5배에 달하는 재산을 보유하다.
- 1324년, 메카에 성지순례를 가던 중, 카이로의 가난한 이들에게 금을 나눠주다. 너무 많이 주는 바람에 금값이 폭락, 인플레이션이 오다.
- 메카에서 학자, 예술가, 건축가들을 데려와 모스크와 학교를 짓도록 하다. 그들을 후원하는 데 지원을 아끼지 않다.

1324년 말리 왕국

500년   700   900   1100   1300   1500

1250년~1380년경

이슬람 세계의 중심이 된 아프리카

무사타그램

만사무사 @moosa 📍말리왕국에서

❤️ 9,020명이 좋아합니다.
금이 돌처럼 흔한 우리 말리왕국!
황금 보기를 돌같이 할수밖에 없네ㅋㅋ
#ONLY #24K

노예 출신 군인맘루크인 아이바크가 아이유브 왕조를 잇는 맘루크 왕조를 창건1250하면서, 십자군전쟁으로 인한 침략과 분쟁에 시달리던 이슬람 세계가 이집트를 중심으로 통일을 이루기 시작했다. 아이바크는 튀르크 계열의 맘루크로 십자군과의 전투에서 숱한 전공을 쌓아 아이유브 왕조의 이집트 지역 총사령관이 되었다. 그는 맘루크들의 강력한 추대로 십자군전쟁에서 전사한 전 술탄의 뒤를 이었고 국호를 변경했다.

당시 이슬람권은 이베리아의 후우마이야, 북아프리카의 파티마, 아나톨리아의 셀주크 튀르크, 이란계 호라즘 등이 모두 멸망하면서 극심한 불안에 시달리고 있었다. 맘루크 왕조는 십자군과 비잔티움 제국과의 대립뿐 아니라 몽골의 침략에도 철저히 대비했다. 몽골과의 지하드성전에서의 승리1260는 연승하는 몽골군을 유라시아에서 최초로 격파한 것이었다.

맘루크 왕조의 최대 도시는 카이로였다. 전 이슬람 세계의 중심 도시가 된 카이로는 이미 400년 전부터 아프리카의 경제적 중심지였다. 북아프리카의 모로코와 튀니지, 이탈리아, 서유럽 등지의 상인들이 알렉산드리아 항구에 실어다 놓은 직물과 포도주 등이 나일강을 따라 운반되었다. 남으로부터는 중국, 인도 등지에서 홍해를 통해 들어온 배들이 도자기와 향신료를 가지고 왔다. 서남쪽에서는 말리와 수단, 차드 등지로부터 사하라를 가로질러 황금과 노예를 싣고 오는 대상 행렬이 끊이지 않았다.

맘루크 왕조와 사하라 사막 남부 카넴 왕국 등과 함께 아프리카의 중북부를 분할하며 전성기를 구가했던 왕조가 말리 왕국이다. 말리 왕국은 만딩고족 순 디아타가 800년 역사의 가나 왕국을 정복하고 건설1235경한 나라로 팀북투와 가오 등 사막 남부의 대상무역 중심지를 장악했다. 이들은 사하라 사막의 대상무역을 통해 이슬람 세계로부터 의류, 사치품, 장신구 등을 들여온 대신 노예, 상아, 금, 소금 등을 수출했고, 특히 '황금의 제국'이라고 불릴 만큼 금이 많이 생산되었다.

말리 왕국은 14세기 초 엄청난 황금으로 맘루크 왕조의 경제를 뒤흔들어 놓기도 했다. 말리의 만사왕 무사1312~1335재위는 독실한 이슬람 신자로 메카를 순례하는 길에 카이로를 방문했다. 금실을 섞은 비단옷을 입고 황금 지팡이를 든 500명에 달하는 노예를 앞세운 채 높은 말 위에 올라앉은 만사 무사의 뒤를 이어 금실 비단 옷으로 치장한 1만 2000명의 노예와 4만 8000명의 상인 등이 뒤따랐다. 그 뒤를 각각 140킬로그램에 가까운 황금을 실은 80마리의 낙타가 뒤따라 입성하면서 말리 왕국의 부유함을 보여주었다. 무사가 가난한 사람들에게 황금을 나누어주는 등 카이로에 막대한 황금을 풀어 금 인플레이션이 발생했고, 이로 인해 카이로의 경제가 뒤흔들렸다. 이런 소식을 접한 유럽인 사이에서 말리에 대한 환상이 퍼지기도 했다.

북아프리카 모로코의 해안 도시에서 메카 순례를 떠난 젊은 여행가 이븐 바투타1304~1368도 카이로를 방문했다. '이슬람의 손길이 닿은 곳은 어디냐'라는 목적을 가지고 출발해 마린 술탄국모로코 등 북아프리카 이슬람 국가들, 맘루크 왕조, 소아시아의 오스만 튀르크, 이슬람으로 회귀한 일 칸국과 킵차크 칸국, 인도의 델리 왕조 등 이슬람 국가에 발을 디뎠고, 중국까지 여행한 거리가 10만 킬로미터, 장장 24년간의 탐험이었다. 『여러 지방의 기사와 여러 여로의 이적을 목격한 자의 보록』으로 여행에 대해 기록한 책은 이븐 바투타의 『여행기』로 알려졌다. 이슬람 세력의 전파를 보여주며 중세에 관한 귀중한 사료가 된 이 책에는 알렉산드리아 파로스의 등대, 나일강 유역의 피라미드, 인도의 코뿔소와 마법사, 사티힌두교 의식으로 남편이 죽으면 남편의 시체, 옷과 함께 그의 아내도 산 채로 화장을 하던 풍습, 아프리카의 하마와 식인종이 기술되어 있다.

　14세기 후반 튀니지현재 알제리 출신의 석학으로 북아프리카와 에스파냐에서 활약했던 이븐 할둔1332~1406 또한 카이로로 이주해 강연 활동을 했고 그곳에서 사망하였다. 아라비아의 최대 역사철학가인 그는 서아시아 이슬람사의 체계화를 시도하여 『이바르의 책성찰의 책』이라는 세계사를 완성하였다. 이 책 권두의 『역사 서설』로 통칭되는 「무깟디마」에서 그는 사회의 형성과 변화에 대한 고찰을 통해 역사철학, 사회학, 경제학의 객관적 법칙들을 해명했다. "세계사는 유목민족과 정착민족의 투쟁의 역사"라는 이븐 할둔의 통찰은 튀니지, 모로코, 에스파냐그라나다 등 여러 이슬람 국가에서 정변에 참여하고 정사를 맡았던 그의 인생 자체로부터 권위를 얻었다. 19세기 유럽의 동양학자들 사이에서 '아라비아의 몽테스키외'라고 불린 그 또한 아프리카의 이슬람 세계에서 그 사상의 꽃을 피웠던 것이다. 세계사록

나라를 세운 흙수저

| 주원장 | 강남토박이ㅋ |

하나요

거지스님

난 하루 시주 받아
하루 먹고사는 난세의 스님,
중팔이라고 해ㅎㅎ

부처님 북

주중팔 @weekdays8
2일 전

어려서부터 우리집은 가난했었고
남들 다하는 외식 한 번 한 적이 없었고
고생만 하다가 가버린 우리 부모님
집 나와 스님되어 살아온 세월
중팔이는 삼시세끼 배고파 굶었어
중팔이는 삼시세끼 배고파 굶었어...
야이야이야~ 한번만 도와줘요
배고파 죽겠어요 시주해 주세요
예금주 : 주중팔
계좌번호 : 13281021-1398624

👍 양초이님 외 19.62K

주방울
다들 굶어죽는 형국이라…ㅜ

완소오
1푼 입금요..

양초이
거지가 따로 없네

기근에 전염병까지 돌아서
요즘 벌이가 시원치 않네ㅜ

그래도 굶어 죽을 순 없지ㅠㅠ

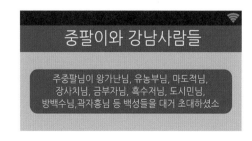

중팔이와 강남사람들

주중팔님이 왕가난님, 유농부님, 마도적님,
장사치님, 금부자님, 흑수저님, 도시민님,
방백수님,곽자흥님 등 백성들을 대거 초대하셨소

《시주 받습니다》
저는 일찍이 부모님을 여의고
형제들마저 전염병으로 잃은
천애고아입니다ㅜㅜ
부디 불쌍한 저를 한번만
도와주세요ㅜㅜ
예금주 : 주중팔
계좌번호 :
13281021-1398624
※시주하시면,
염불 외워드려요!
※정기후원,
자동이체 받습니다!

장사치님이 나가셨소이다

금부자님이 나가셨소이다

왕가난님이 나가셨소이다

유능부님이 나가셨소이다

마도적님이 나가셨소이다

방백수님이 나가셨소이다

도시민님이 나가셨소이다

흑수저님이 나가셨소이다

 곽자흥

이보게 자네

[힘내요] 보리 한 줌

원산지 : 강남부자들 곳간

※ 잔액은 돌려주지 않소이다!

내가 가진 건 없지만
이거라도 받으시게

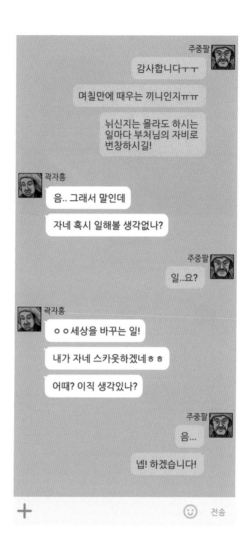

요즘 같은 세상에
일자리를 구하다니ㅠ
정말 다행이야ㅜㅜ

다단계냐고? 아니거든?
엄… 굳이 말하자면 도적단…?

둘이요

홍건적

ㄴㄴ 나쁜 도적 아니고,
진짜 도적들이랑 싸우는 도적이랄까ㅎ

가난하고 불쌍한 사람들
방치하는 무능력한 황실보다
백배는 낫다고!

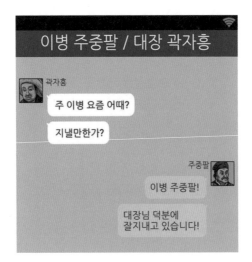

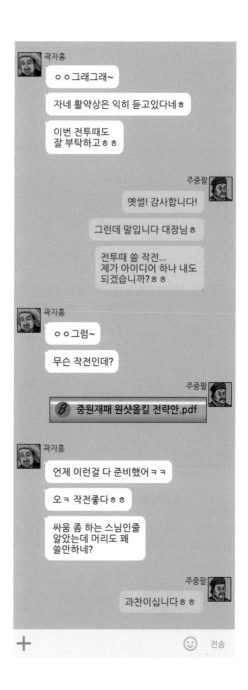

곽자흥

ㅇㅇ그래그래~

자네 활약상은 익히 듣고있다네ㅎ

이번 전투때도
잘 부탁하고ㅎㅎ

주중팔

옛썰! 감사합니다!

그런데 말입니다 대장님ㅎ

전투때 쓸 작전...
제가 아이디어 하나 내도
되겠습니까?ㅎㅎ

곽자흥

ㅇㅇ그럼~

무슨 작전인데?

주중팔

📎 중원재패 원샷올킬 전략안.pdf

곽자흥

언제 이런걸 다 준비했어ㅋㅋ

오ㅋ 작전좋다ㅎㅎ

싸움 좀 하는 스님인줄
알았는데 머리도 꽤
쓸만하네?

주중팔

과찬이십니다ㅎㅎ

➕   ☺ 전송

사실 나 공부 좀 했거든ㅋ
틈날 때마다 책 많이 읽었다ㅋㅋ

그러다 보니
어느새 2인자까지 됐네ㅎㅎ

이름도 바꿨어ㅋ
주.원.장.으로ㅎㅎ

자, 이제 날 누가 막으랴!
내가 바로 대장 중의 대장 주원ㅈ…
엥?

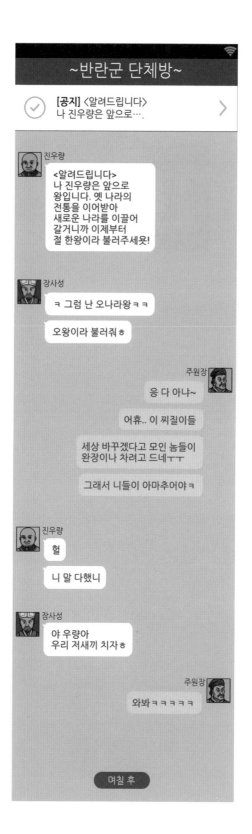

박제ㅋㅋㅋㅋㅋㅋ

암튼 나대는 놈들은
주옥되는 거야ㅋㅋ

기대해 백성 여러분
내가 새 세상 열어줄게

"1368년 주원장,
명나라를 건국하다."

그랬다고 합니다.

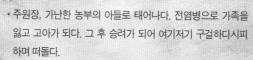

- 주원장, 가난한 농부의 아들로 태어나다. 전염병으로 가족을 잃고 고아가 되다. 그 후 승려가 되어 여기저기 구걸하다시피 하며 떠돌다.
- 그러던 중 백련교의 군 조직인 홍건군에 들어가다. 대장 곽자흥의 눈에 띄어 참모로 승진, 그의 양녀와 결혼하는 등 2인자 자리까지 오르다.
- 곽자흥이 죽은 후, 그의 군벌을 흡수하여 반원 세력을 규합하다. 1368년 금릉(난징)을 수도로 명나라를 건국하다. 강남에서 흥기한 최초의 통일 왕조가 되다.

1368년 명나라

500년 700 900 1100 1300 1500

명과 티무르 제국의 출현

세상을 바꿔요 ♥

곽자흥

유라시아를 호령하던 몽골 울스는 14세기 중반이 되면서 세력이 약화되었다. 원은 근본적으로 신분차별 정책으로 인해 항상 반란의 불씨를 안고 있었다. 최상층 몽골인인 국족과 몽골인 다음 가는 신분과 특권을 누린 색목인은 40만~50만 호 정도로 추정된 것에 비해 화북 백성 한인은 200만 호였다. 남인은 마지막까지 저항했던 강남의 남송 유민으로 1200만 호에 달했던 가장 큰 차별을 받는 신분이었다. 원의 차별 정책하에서 한인과 남인이 살아남을 수 있는 길은 두 가지였다. 경제 관료로 성공한 한인 노세영처럼 원을 위해 목숨을 바치거나 몽골에 반대한 백련교 비밀결사처럼 불법적으로 무기를 들고 싸우는 것이었다.

쿠빌라이 칸 사후 대칸 계승권을 둘러싸고 왕실 내부에서는 분열이 일어났고 라마승의 횡포로 국가 재정은 파탄이 났다. 원은 외국과의 무역을 제외한 국내에서는 교초지폐를 사용했는데 인플레이션을 잡기 위해 동전인 대원통보를 발행해 시중에 유통시키기도 했다. 지폐는 무제한적 발행이 가능했지만 동전은 생산과 유통에 한계가 있어 통화 조절이 가능하다고 보았기 때문이었다. 그러나 당시 지배층의 낭비와 과도한 군사비 지출을 해결하지 않고는 미봉책에 불과했다. 여기에 가뭄, 홍수, 지진 등 잇따른 자연 재해가 발생하면서 원 지배에 대한 한족의 불만은 더욱 커져갔다. 가혹한 세금과 차별 정책, 지배층의 부패로 인한 민생파탄, 그로 인한 잦은 반란이 원을 쓰러뜨린 요인이었다.

1333년 원의 마지막 황제 토곤 테무르순제의 즉위 후 일어난 광동, 하남, 사천 등지의 농민 반란으로 강남 일대의 곡물 생산과 유통은 심각한 타격을 입었다. 이들의 저변에는 백련교가 중심이 된 결사체가 있었고, 1350년대에는 이들을 중심으로 머리에 붉은 두건을 쓴 홍건적 한족이 반란을 일으켜 황하 이남을 장악했다. 주원장은 강남 일대의 대표적 홍건군 대장이었다. 기근으로 부모 형제를 잃고 탁발승 노릇을 하다 백련교도 난에 호응해 기병했는데 전투력과 지도력이 탁월하여 민심을 얻었다. 비슷한 시기 세력을 키웠던 장사성과 진우량을 물리쳐 강소, 절강, 강서, 복건으로 세력을 확대했고 "오랑캐를 쫓아내고 중화의 대민족을 회복하자"는 구호를 내세우며 원을 물리치는 북벌을 성공시켰다.

주원장은 1368년 금릉난징, 남경에서 제위에 올라 국호를 명明, 연호를 홍무洪武라 하며 명 태조1368~1398재위가 되었다. '명'은 하늘의 일월日月로 '대정광명大正光明을 통해 하늘의 도를 얻었다.'는 유학자들의 글자 풀이에서 취했다. 같은 해 원의 수도인 대도를 점령했고, 원 순제가 북으로 도망하여 세운 북원北元도 정벌하여 요동, 섬서, 사천, 운남 등지를 평정, 전 중국을 통일1382했다. 이에 따라 명은 강남에서 일어나 중국 전역을 통일한 최초의 왕조이자 한족 지배를 부흥시킨 왕조가 되었다. 태조 홍무제는 재상제를 폐지하고 6부를 황제 직속화하면서 황제 독재 체제의 기틀을 다졌고 법령인 대명률과 대명령을 제정, 향촌조직인 이갑제, 토지대장인 어린도책, 호적대장인 부역황책을 만들어 민생안정을 꾀했다. 또한 전통문화의 부흥을 위해 과거제를 부활하고 6유를 제정하여 국가의 통치 기반을 구축했고 이는 성조 영락제 시기 전성기를 누리는 토대가 되었다.

원의 멸망에 이어 다른 칸국들에도 태풍과 같은 거대한 변화가 몰아닥쳤다. 그 태풍의 눈은 차가타이 칸국의 귀족으로 칭기즈칸의 후손을 자처하는 티무르1370~1405재위였다. 그는 처남 후사인과 군대를 일으켜 서 차가타이 칸국의 지배권을 장악한 뒤 후사인마저 제거해 자신의 왕조 티무르 제국1370~1507을 건국했다. 튀르크계의 언어를 쓰고 이슬람교도였던 티무르는 이란 이슬람 문화의 중심지인 사마르칸트를 도읍으로 삼아 동서 차가타이 칸국과 일 칸국을 병합하였고, 킵차크 칸국과 북인도에 침입했다. 이어 소아시아 방면에서 일어난 오스만 튀르크까지 앙카라에서 격파해 몽골 올스의 서반부를 영유하는 제국을 건설했다. 티무르는 중국을 아우르는 몽골 제국의 재통일을 실현하고 소아시아와 인도까지 손에 넣겠다는 구상으로 명 정벌을 기도했지만 원정 도중 오트라르에서 병사했다.

시스탄 전투에서 오른 발을 다친 그를 '티무리 랑절름발이 티무르'이라고 불렀고 이 때문에 유럽에서는 '테멀레인Tamerlane'이라고 불렀지만 이는 비웃음이라기보다 두려움의 표현이었다. 말을 달리면서도 칼에서 손을 떼지 않고 활시위를 귀까지 당길 수 있었던 그는 타고난 기마 민족의 무사였다. 그럼에도 이슬람교도로서 이맘이슬람 학자들을 존중하고 산업을 장려하며 이슬람 예술을 아꼈던 그의 영향으로 티무르 제국은 이슬람 문화에 페르시아, 튀르크 문화까지 더해져 동서 문화의 교량 역할을 했다. 16세기 초 티무르의 5대손 바부르가 델리를 정복하고 창건1526하는 왕조가 인도 최후의 통일 왕조 무굴아라비아어로 '몽골'이라는 뜻 제국이니 몽골 올스의 명맥은 놀라운 방법으로 세계사 속에서 이어졌다 하겠다. 세계사록

📍 **명과 티무르 제국**

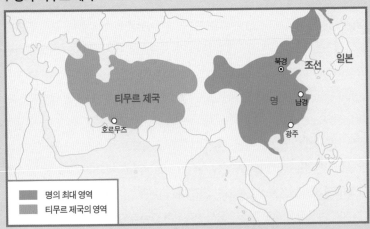

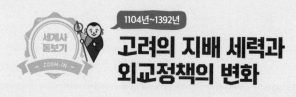

고려의 지배 세력과 외교정책의 변화

문벌귀족 VS 신진관료

숙종1095~1105재위과 함께 시작된 고려의 12세기는 문벌귀족사회가 분열되면서 붕괴에 이르는 시기였다. 문벌귀족은 과거나 음서를 통해 관직을 독점하고 정권을 장악했으며 공음전 등의 방법을 통해 토지 또한 독점해 권력과 경제력에서의 특권을 향유했다. 지배층의 향락과 만월대, 벽골제 같은 과중한 토목공사로 농민이 몰락해가던 이 시기, 지배층은 전통적인 문벌귀족에게 지방출신 신진관료가 도전하면서 갈등이 표출되었다. 그 대표가 인종1122~1146재위 대 일어난 이자겸의 난1126과 묘청의 서경천도운동1128~1136이었다.

예종의 장인이요 인종의 외할아버지로 권력을 독점했던 이자겸이 왕이 되기 위해 척준경과 함께 일으켰던 이자겸의 난은 실패로 끝났다. 그러나 이 사건으로 많은 인명이 살상되고 개경의 궁궐은 소실되었으며 귀족층의 분열과 대립이 표면화되었다. 이자겸이 제거된 이후 개경의 귀족세력 가운데 특히 김부식 형제경주김씨가 크게 부상하였다. 반면 척준경 탄핵의 공로를 세운 정지상을 중심으로 승려 묘청 등의 서경 출신 신진관료 또한 주요 인물로 등장하였다.

묘청 등 서경세력은 금에 대해 사대를 실시했던 문벌귀족의 외교정책에 반발했다. 금을 세운 여진족은 11세기 말부터 고려 국경선을 자주 침범했는데, 윤관이 숙종 9년1104 별무반을 창설해 국경을 침범하는 여진족을 정벌한 후 동북 9성을 쌓았다. 그러나 고려는 강성해진 금의 압력에 굴복해 동북 9성을 반환하며 사대했고, 이에 묘청 등은 반발하며 개경 대신 북진정책의 상징인 서경평양으로 수도를 옮기자는 운동을 벌인 것이다. 그러나 서경천도운동은 개경파인 경주계 김씨의 승리로 끝났다. 이후 고려의 보수성과 사대성은 심화되었으며, 이 시기 편찬 1145된 역사서 『삼국사기』는 보수적이면서 유교적 입장에서 사회통합을 시도하고자 한 당시 지배층의 입장을 대변한다. 외교정책에 첨예한 대립을 가져왔던 문벌귀족사회의 모순과 분열은 무신에 대한 차별로 이어졌고 이는 무신정변이 일어난 배경이 되었다.

무신정권 시기: 대몽항쟁

의종1146~1170재위의 보현원 놀이 때 정중부 등이 정변을 일으키고 의종을 폐위, 명종을 옹립하면서 일어난 무신정변으로 무신집권기1170~1270는 시작되었다. 중방 중심의 연합정치로 집권한 초반기1170~1196에는 권력 기반이 미약한 무신 내부의 상하층간 권력 갈등이 있었다. 정중부, 경대승, 이의민으로 정권이 넘어갔고, 반反무신란과 민란이 발생했던 시기를 진압하며 최충헌이 정권을 잡았다. 이후 13세기 중반까지 이어지는 최씨 무신정권기에는 교정도감, 정방, 삼별초와 같은 독자적인 통치 기구와 기반이 구비되었는데 특히 서방을 통해 문신들이 다시 등용되기 시작했다. 몽골과의 통교1219 이후 몽골 사신 저고여 피살1225을 계기로 몽골의 침입을 맞은1231 이들은, 이후 몽골의 6~7차례에 걸친 침입이 전쟁으로 이어지는 동안 강화도로 천도1232~1270하여 대몽항쟁을 벌였다. 이런 와중에도 금속활자를 발명해 상정고금예문을 인쇄1234했고 고려대장경 조판에 착수1236하기도 했다.

원간섭기: 권문세족 vs 신진사대부

원간섭기는 최씨 정권 몰락1258 후 왕정이 복구되고 고려가 원과 강화를 맺은 1259년고종46 이후부터 공민왕의 반원운동이 성공1356할 때까지의 시기이다. 이 시기 고려는 왕조를 유지했지만 원의 간섭으로 자주성이 훼손되었다. 고려에는 동녕부, 탐라총관부, 쌍성총관부 등 원의 지방관청이 설치되어 영토가 축소되었다. 고려 국왕은 성인이 되기 전까지 몽골에서 살아야 했고 원의 부마사위가 되었으며 원에 대한 충성을 보이는 '충忠'이 들어간 묘호왕이 죽은 뒤 붙이는 호칭를 받았다. 국왕이 재위 중에 원에 의해 퇴위되거나, 퇴위했던 국왕의 복위도 여러 차례 일어났다. 정치제도도 3성 6부 체제에서 첨의부 4사 체제로, 왕실에서 사용하는 용어도 격하되는 등 고려 전기 이래의 황제국 체제 대신 제후국 체제로 변화했다. 일본 원정에 동원되어 군대와 각종 물자를 제공했으며 금, 은, 인삼, 약재, 매 등 공물과 공녀 등을 빼앗기며 경제가 침탈되었다.

이 시기 고려 지식인들 사이에서는 무신집권기 이규보 『동명왕편1193』의 뒤를 이어 자주적 역사의식을 보인 일연 『삼국유사1285』, 이승휴 『제왕운기1287』와 같은 역사서들이 나오기도 했다. 그러나 정치권력을 차지하고 국가를 운영했던 지배 세력은 친원파인 권문세족이었다. 권문세족은 전통적 문벌귀족가문, 무신집권기에 대두한 세력, 원 간섭기 몽골어 통역이나 매의 사냥과 사육을 담당한 관청인 응방을 통해 성장한 세력들이었다. 이처럼 그 구성원은 다양했지만 정치권력 유지와 경제기반 존속을 위해 원의 세력을 이용한 것은 공통적이었다. 유교적 소양은 부족했으나 원의 권력을 이용해 최고 정무기관인 도평의사사를 장악, 귀족연합정치를 펼친 이들의 권력 강화로 왕권은 약화되었다. 토지겸병과 재력을 이용한 토지 개간 등으로 이들이 소유한 대농장은 산천을 경계로 했지만 농민에게는 송곳 하나 꽂을 땅이 없었고, 농민 한 사람이 경작하는 땅에 6~7명의 주인이 있기도 했다.

권문세족의 독점체제를 견제하고 원의 간섭에서 벗어나기 위해 고려 국왕들은 계속적으로 개혁정치를 시도했고 그 결실이 공민왕1351~1374재위의 개혁이었다. 공민왕은 반원자주정책을 펼쳐 친원파를 숙청, 이문소를 폐지했으며 쌍성총관부를 공략하고 친명정책을 표방했다. 왕권을 강화하기 위해 권문세족과 대립해 관제를 복구하고 정방을 폐지했으며 신돈을 등용하여 전민변정도감을 설치하는 등 개혁정치를 추구했다.

이러한 공민왕의 개혁을 뒷받침한 세력이 신진사대부였다. 최씨 집권기 서방을 통해 대두되어 무신정권 붕괴 후 활발하게 중앙 정계에 진출한 이들은 권문세족과 대립하며 국왕과 연결, 개혁운동을 도모했다. 이들은 대부분 중소지주 출신으로 향리나 하급 관리에서 시작해 과거를 통해 중앙관리로 진출한 성리학적 학문 배경을 가진 세력이었다. 성리학은 충렬왕 때 안향의 소개로 고려에 유입되어 사대부 계층에 수용되었다. 『소학』과 『주자가례』 등을 존중하는 실천적 기능에 이색, 정몽주, 정도전 등에 의한 이론적 정비가 이루어지면서 철학적 유학으로 변화, 불교가 맡았던 종교의 기능까지 담당할 수 있게 되었다. 친명 세력이었던 이들은 개혁 방향을 두고 고려 왕조 내에서의 개혁을 주장한 정몽주, 길재 등의 온건파와 역성혁명을 주장한 정도전, 조준 등의 급진파혁명파로 나뉘었다. 급진개혁파 사대부는 14세기 홍건적과 왜구를 격퇴하면서 성장한 이성계와 같은 신흥 무인 세력과 함께 왕조 교체를 추진해 조선 전기 지배 계층인 훈구파로 이어졌다. 온건파는 조선 개창에 불참하면서 지방에서 은거, 교육에 힘쓰다 16세기 이후 중앙 정계로 진출한 뒤 정권을 장악하여 사림파로 성장한다.

1388년우왕14 명은 쌍성총관부가 있었던 철령 이북의 땅에 철령위를 설치하겠다며 영토의 반환을 요구해왔다. 최영 등은 명과의 일전을 위해 요동 정벌을 명령했으나 이성계는 압록강의 위화도에서 회군1388함으로써 정권을 장악했다. 우왕의 아들 창왕이 옹립되었다가 이성계에게 권력이 집중되는 과정에서 신돈의 후손으로 몰려 폐위되었고 공양왕이 고려의 마지막 왕의 자리에 올랐다. 이성계와 급진파 사대부들은 과전법1391을 실시하여 국가 재정을 확충하면서 사대부들의 경제적 기반을 마련했고, 정치와 군사에 이어 경제적 권력까지 장악한 이듬해인 1392년 조선은 건국되었다. 세계사록

사람 잡는 재규어 전사

 재규어　　　　　　　크아앙

I

밀리터리룩

군복이 촌스럽다?
깔깔이 극혐이다?

쿡… 내 신상 깔깔이를 보고도
그런 말이 나올까?

아즈텍그램

재규어전사 @jaguar　　　📍 야생에서

4,687명이 좋아합니다.

유행 안타는 밀리터리룩 인증ㅋ
#직업군인 #귀신잡는 #재규어전사

 세르게이
와 보급품인가요??? 싸제인가요?? 4분 전

 이반
고급지다 쇼핑몰 정보좀ㅠㅠ 1분 전

ㅋㅋㅋㅋ이런 귀여운 사람들!
이거 파는 거 아냐.
직접 만드는 거라구ㅋㅋㅋㅋㅋ

재규어 전사 @Jaguar_1004
7분 전

재규어 깔깔이 만드는 법.salbul.
1. 재규어를 때려잡아요~
2. 가죽을 '홀~랑' 벗겨요!
3. 예쁘게 입어요!^^ 참 쉽죠ㅋ?

 세르게이님 외 20.4 K

재규어 전사 @Jaguar_1004
7분 전

재규어 깔깔이 만드는 법.salbul.
1. 재규어를 때려잡아요~
2. 가죽을 '홀~랑' 벗겨요!
3. 예쁘게 입어요!^^ 참 쉽죠ㅋ?

재규어 북

 재규어 전사 @Jaguar_1004
7분 전

재규어 깔깔이 만드는 법.salbul.
1. 재규어를 때려잡아요~
2. 가죽을 '홀~랑' 벗겨요!
3. 예쁘게 입어요!^^ 참 쉽죠ㅋ?

👍 세르게이님 외 20.4 K

 세르게이
헐.........

 이반
바느질도 필요없는 핸드메이드 ㄷㄷㄷ

 디에고
먼저 재규어를 잡을 수 있는지부터
물어봐야 하는 거 아니냐 ——;;

카아~~~ 나 어때?
재규어처럼 날렵하고 빠르게
적을 칠 것 같지 않아?

곤잘레스
응 너 그래봤자 천것~ 1분 전

음… 그래 뭐…
사실 내가 첨부터
전사였던 건 아니야…

떠올리기도 아픈 과거가 있어…

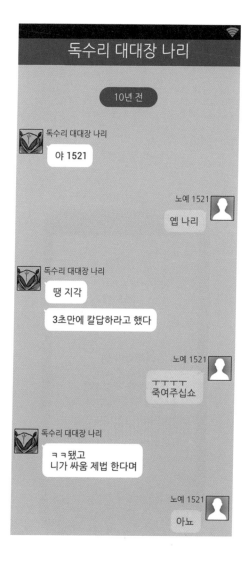

독수리 대대장 나리

10년 전

독수리 대대장 나리
야 1521

노예 1521
옙 나리

독수리 대대장 나리
땡 지각
3초만에 칼답하라고 했다

노예 1521
ㅜㅜㅜㅜ
죽여주십쇼

독수리 대대장 나리
ㅋㅋ됐고
니가 싸움 제법 한다며

노예 1521
아뇨

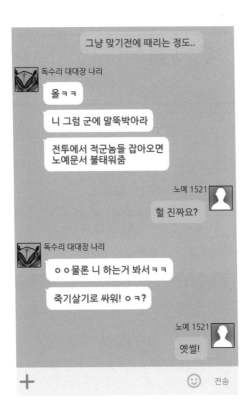

하아~ 그동안
전쟁포로 적립하느라
참 다사다난했다ㅋㅋ

응? 그 많은 사람… 아니
노예들 잡아서 대체
뭐 할 거냐고?

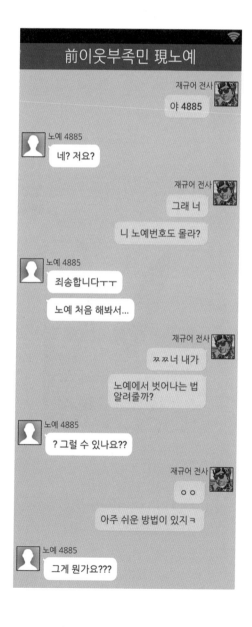

前이웃부족민 現노예

재규어 전사
야 4885

노예 4885
네? 저요?

재규어 전사
그래 너

니 노예번호도 몰라?

노예 4885
죄송합니다ㅜㅜ

노예 처음 해봐서…

재규어 전사
쯔쯔너 내가

노예에서 벗어나는 법
알려줄까?

노예 4885
? 그럴 수 있나요??

재규어 전사
ㅇㅇ

아주 쉬운 방법이 있지ㅋ

노예 4885
그게 뭔가요???

449

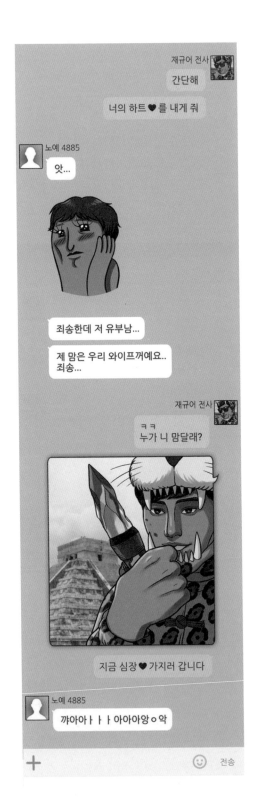

그랬다고 합니다.

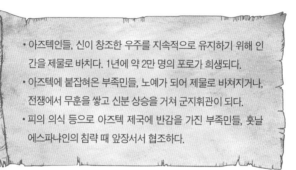

- 아즈텍인들, 신이 창조한 우주를 지속적으로 유지하기 위해 인간을 제물로 바치다. 1년에 약 2만 명의 포로가 희생되다.
- 아즈텍에 붙잡혀온 부족민들, 노예가 되어 제물로 바쳐지거나, 전쟁에서 무훈을 쌓고 신분 상승을 거쳐 군지휘관이 되다.
- 피의 의식 등으로 아즈텍 제국에 반감을 가진 부족민들, 훗날 에스파냐인의 침략 때 앞장서서 협조하다.

아즈텍 제국 전반

500년　　700　　900　　1100　　1300　　1500

메소아메리카는 멕시코와 과테말라, 벨리즈, 엘살바도르, 온두라스 등 중앙아메리카 북서부를 포함한 아메리카 지역을 가리키는 말로 문화적 개념이며 때로는 중앙아메리카와 혼용되기도 한다. 3세기 이후 메소아메리카에는 당시 유럽이나 아시아의 도시들보다 많은 인구와 높은 문명 수준을 누렸던 것으로 추정되는 도시들을 중심으로 문명들이 발달했다.

테오티우아칸 문명은 중앙아메리카 멕시코 고원에 있는 철저한 계획도시를 중심으로 발전했다. 강줄기조차 계획에 맞춰 바로잡았을 만큼 질서정연한 구획을 갖추고 있었던 테오티우아칸은 당시 콘스탄티노폴리스를 제외한 유럽 어떤 도시도 인구 2만을 넘지 못했던 것과 달리 전성기350~650경에 이미 인구 20만을 돌파했다. 원주민들 사이에서 해와 달의 발생지이자 시간이 시작되는 곳으로 여겨져 많은 신전이 건설되었고, 태양 피라미드와 달 피라미드라는 아메리카 건축의 백미를 남겼다. 태양 피라미드는 세계에서 세 번째로 큰 피라미드로 여기에 사용된 햇볕에 말린 벽돌은 1억 개를 상회해 1만 명을 동원한 건축에도 20년은 걸렸을 것으로 추정되며, 달 피라미드에서는 사람의 심장과 피를 바쳤던 의식이 행해졌던 것으로 추측된다. 이들이 모시는 최고신은 깃털 달린 뱀 모양의 케찰코아틀로 대서양을 건너와 테우티우아칸을 세운 도시 건설자로 여겨졌다. 중앙과 북아메리카를 연결하는